W0299430

DANS L'ENFER DE BERCY

www.editions-jclattes.fr

Marion L'Hour et Frédéric Says

DANS L'ENFER DE BERCY

Enquête sur les secrets du ministère des Finances

JC Lattès

Maquette de couverture : Atelier Didier Thimonier

Photo de couverture : Tiridifilm/Getty Images

ISBN : 978-2-7096-5857-7
© Éditions Jean-Claude Lattès, 2017.
Première édition janvier 2017.

« Quelle idée d'écrire un bouquin sur Bercy…
Encore faudrait-il qu'il y ait des lecteurs ! »

Francis Mer, ministre de l'Économie
et des Finances de 2002 à 2004

Sommaire

Préface

« Si vous répétez ce que je viens de vous dire, je vous étrangle ! » À l'instar de cet ancien ministre, mi-menaçant mi-ironique, nombre de nos interlocuteurs ont demandé à ne pas être cités. Il ne fait pas bon raconter les dessous de ce vaste ministère qui fixe les impôts, tranche les budgets et élabore la stratégie économique de la France. Nous avons pu rencontrer quatre-vingts interlocuteurs, mais certains ont préféré éviter nos questions. Le très médiatique Emmanuel Macron a refusé nos demandes d'entretien. Officiellement, l'angle du livre ne lui convenait pas. Officieusement, « il craint un ouvrage trop polémique », nous a-t-on confié au sein des cabinets ministériels. D'autres ont invoqué des problèmes d'agenda ou leur devoir de réserve.

Il est vrai que les longs couloirs du ministère des Finances accueillent rarement des journalistes. Beaucoup d'enquêtes ont été menées sur l'Élysée ou Matignon. Peu sur Bercy. C'est peut-être parce que le « paquebot », cet immense bâtiment moderne perché sur la Seine, ne fait pas rêver de prime abord. Il ne possède pas les mythiques attributs du pouvoir : pas de gardes républicains, pas de dorures, pas de mobilier Grand Siècle. Il recèle pourtant les postes les plus convoités de la République. Il est riche d'une administration puissante. Il exerce une influence jalousée. C'est son histoire secrète que nous allons vous raconter.

1.

Bienvenue au paquebot

Les conseillers du ministre se sont rassemblés une dernière fois. Une écrasante majorité d'hommes, dont quelques-uns, pour l'occasion, ont fait tomber la cravate.

Au septième étage de l'hôtel des ministres, dans le salon Michel-Debré, ils devisent à voix basse. La vaste salle toute en boiseries accueille les grandes conférences de presse du ministère. Ce 30 août 2016, Emmanuel Macron, ministre de l'Économie, y annonce officiellement sa démission du gouvernement. Face à lui, sur un mur, une tapisserie des Gobelins qui a demandé dix ans de travail. Le jeune ex-ministre, lui, est resté moins de deux ans dans les murs. Le temps de façonner sa cote de popularité, de renforcer ses réseaux, d'acquérir l'expérience de l'État, bref, de préparer l'offensive, dans le confort d'un ministère puissant.

« Je souhaite aujourd'hui entamer une nouvelle étape de mon combat [...]. Je suis déterminé à tout faire pour que nos valeurs, nos idées, notre action, puissent transformer la France dès l'année prochaine », lance le jeune loup devant les journalistes, avant de s'éclipser par une porte dérobée, au fond de la salle. Cette porte conduit à un ascenseur secret, qui permet au ministre de descendre dans ses appartements. Mais Emmanuel Macron a utilisé Bercy pour s'élever. Comme beaucoup avant lui, il en a fait une rampe de lancement pour sa carrière politique.

« La dernière année, il a levé le pied[1] », soupire devant nous Michel Sapin, le ministre des Finances. Emmanuel Macron recevait à tour de bras les personnalités influentes dans son bureau du troisième étage. Y compris des hiérarques religieux, des philosophes, des responsables associatifs, tous estimables, mais qui n'avaient pas grand-chose à voir avec les attributions officielles du ministre, économie, industrie et numérique. Exemple : le politologue Stéphane Rozès, consulté pendant deux heures un samedi matin, pour évoquer « l'imaginaire politique des Français ». À Bercy, Emmanuel Macron réunit également son « groupe informel », comme le raconte le journaliste Marc Endeweld : « L'écrivain et ancien conseiller de François Mitterrand, Erik Orsenna, ancien membre de la commission Attali, en fait partie, tout comme le journaliste des *Échos*, Éric Le Boucher, [...] ou le philosophe Olivier Mongin, de la revue *Esprit*, ou bien encore

1. Entretien avec les auteurs, le 27 septembre 2016.

le communicant Gilles Finchelstein, qui détaille des enquêtes d'opinion réalisées pour l'occasion[1]... »

« Il multipliait les dîners, parfois deux par soir », raconte un autre membre du gouvernement installé à Bercy. Selon nos informations, en 2016, Emmanuel Macron a utilisé à lui seul 80 % de l'enveloppe annuelle des frais de représentation accordée à son ministère par le Budget. En seulement huit mois, jusqu'à sa démission en août. « S'il était resté, on ne sait pas comment il aurait fini l'année », observe une source administrative. L'enveloppe annuelle des frais de représentation du ministère de l'Économie dépasse cent cinquante mille euros, soit au moins cent vingt mille euros utilisés en huit mois par le jeune ministre pour ses seuls déjeuners et dîners en bonne compagnie. « Pourtant, ici, il y a de quoi s'occuper. Le matin et le soir ! » s'indigne Michel Sapin. Il a eu vent de ces repas par les huissiers et les chauffeurs de Bercy.

Dans les murs du ministère, Emmanuel Macron a aussi reçu des centaines d'« amis » Facebook. Par deux fois, il a organisé avec eux des soirées de discussion, dans le centre de conférences Pierre-Mendès-France, au cœur de Bercy. « Je ne suis pas un pro de la politique. J'ai ma trajectoire, expliquait alors le ministre à ses convives. Mais, j'ai toujours une frustration de ne pouvoir voir assez de gens normaux[2]. » *A posteriori*, ces rendez-vous ressemblent davantage à un pré-meeting électoral qu'à une réunion Tupperware sur l'économie ou la compétitivité. Autant

1. Marc Endeweld, *L'Ambigu Monsieur Macron*, Flammarion, 2015, p. 316.
2. *Ibid.*

de signaux d'alerte. Après coup, Michel Sapin se reproche sa naïveté : « Avec Macron, nous avions une relation très simple, très fluide. C'est un esprit alerte, très léger, pas lourdingue. Je m'en veux de n'avoir pas vu assez vite qu'il avait une ambition cachée. Ce qu'il a fait, vis-à-vis du président, c'est une trahison, nous lâche-t-il peu après le départ d'Emmanuel Macron. »

Les autres locataires de Bercy ne se montrent pas plus tendres avec ce curieux trentenaire, ministre le jour, animateur de réseau le soir, puis dirigeant de son mouvement « En Marche » le week-end, à partir d'avril 2016. « Je ne sais pas comment il trouve le temps de gérer un mouvement politique, grogne Christian Eckert, dans son bureau de style Empire. Moi je n'ai même plus le temps d'aller à la pêche, aux champignons, au cinéma, ni au théâtre ! On a un boulot à faire pour les gens, c'est vraiment engageant[1]. » Il arrive que le président de la République lui-même, sentant son chouchou prêt à s'émanciper, se joigne aux critiques de ses ministres. *Off the record*, bien sûr. En mai 2016, lors d'un déjeuner avec quelques journalistes, le chef de l'État compare Emmanuel Macron à… Donald Trump ! « Trump est un milliardaire, donc les gens se disent : "Tiens, il ne va pas être corrompu car il est déjà riche." » Cette observation s'appliquerait aussi à Macron, ancien banquier d'affaires chez Rothschild : « Comme il n'est pas politique, il a pour lui une présomption de sincérité et de vérité. Il n'est pas membre d'un parti, il n'est pas député, pas élu. Les gens se disent :

1. Entretien avec les auteurs, le 1er juin 2016.

celui-là, il doit être plus pur que les autres[1] ! » Devant ses convives, le président de la République ajoute, l'air innocent : « Quand j'ai rencontré Macron, sa première volonté était d'être député au Touquet. » Une pique discrète, allusion aux déclarations du jeune ministre à l'automne 2015. Invité à un forum, il avait qualifié de « cursus d'un ancien temps[2] » le fait de se présenter à la députation.

Le carnet d'adresses

Volontiers critique du « système » et des « élus », Emmanuel Macron n'a pourtant pas manqué de les courtiser en privé. Au printemps 2016, la frondeuse socialiste Marie-Noëlle Lienemann l'appelle au sujet d'une entreprise de l'Yonne, Solargil, spécialisée dans les céramiques. La Banque publique d'investissement hésite à intervenir. En dernier recours, la députée demande son aide au ministre. Réponse d'Emmanuel Macron : « T'inquiètes, Marie-No', je m'en occupe ! » Marie-Noëlle Lienemann, figure de l'aile gauche du PS, est encore sous le charme de ce ministre aux convictions si éloignées des siennes, dont elle fait un éloge inattendu. « Macron est beaucoup plus malin que Valls. Il argumente, il parle, il écoute[3]. » Le ministre profite aussi de son poste à Bercy pour glaner de précieux soutiens parmi

1. Conversation avec l'un des auteurs, le 11 mai 2016.
2. Déclaration au Forum du *Monde*, le 27 septembre 2015.
3. Conversation avec l'un des auteurs, le 18 juillet 2016.

les parlementaires. Ainsi, Richard Ferrand, député PS du Finistère plutôt proche des frondeurs au début du quinquennat, devient rapporteur de la loi Macron et l'un des premiers convertis au « Macronisme ».

Emmanuel Macron a pleinement profité de la piste d'envol de Bercy. Une trentaine de fois, il a rallié de grandes capitales européennes, où il a noué des liens avec les décideurs de l'Union. Notamment la commissaire européenne à la concurrence, la Danoise Margrethe Vestager, et le vice-chancelier allemand, le social-démocrate Sigmar Gabriel. Le ministre de l'Économie a aussi donné des interviews dans les grands médias internationaux (BBC, CNN...), où son niveau d'anglais contraste avec celui de la plupart de ses collègues du gouvernement.

Ces déplacements à l'étranger lui ont aussi permis de tisser des réseaux dans la société civile. Comme parmi les entrepreneurs français de Londres, rencontrés à l'occasion du lancement du French Tech Hub, en avril 2016. Certains de ces patrons de startups ont été surpris de se voir recontacter, cinq mois plus tard, par le mouvement d'Emmanuel Macron, « En Marche ». Quelques jours après la démission du ministre, Albin Serviant, cofondateur de French Connect London, organisait à Londres un petit déjeuner et deux dîners, où il était clairement question de collecter de l'argent pour l'homme politique. « Emmanuel Macron est parti en emportant les fichiers de la French Tech », accuse un autre ministre de Bercy. Le mélange des genres ne s'est pas arrêté là. Pas moins de quatre conseillers au cabinet d'Emmanuel Macron ont relu et amendé son grand discours du 12 juillet 2016 à la

Mutualité. Problème : il ne s'agissait pas d'un discours du ministre, mais de celui du dirigeant d'« En Marche ».

Un poste en or

« Ministre de l'Économie ». Sur un CV politique, peu de titres sont plus jalousés. « Être passé par Bercy, c'est un atout énorme. C'est indispensable quand on nourrit des ambitions », affirme Jean-François Copé, ministre du Budget entre 2004 et 2007. « Quand on veut ouvrir un restaurant, il faut être incollable sur la cuisine, les achats, l'aération… Un passage par Bercy est incontournable pour comprendre le fonctionnement de l'État. Le ministère du Budget, c'est la tour de contrôle de l'État, c'est de là que tout procède. J'étais très demandeur d'aller au Budget[1]. » Jean-François Copé raconte qu'il a fait un « sketch » à Jean-Pierre Raffarin, qui « avait l'impression que je l'emmerdais tous les jours avec ça ». Il sera finalement nommé fin 2004.

Certes, François Hollande ou Georges Pompidou ont pris l'Élysée sans passer par le ministère de l'Économie. Mais Nicolas Sarkozy, Valéry Giscard d'Estaing, Laurent Fabius ou Christine Lagarde ont forgé aux Finances leur statut d'homme – ou de femme – d'État. « Christine Lagarde n'aurait pas pris la tête du FMI si elle n'était pas passée par Bercy, estime l'ancien directeur du Trésor Ramon Fernandez, qui a travaillé avec elle : « Le contexte [de la crise financière] lui a donné une exposition et une crédibilité

1. Entretien avec l'un des auteurs, le 21 juillet 2016.

qu'elle n'aurait peut-être pas eues aussi spontanément. Elle a su montrer les qualités nécessaires pour gérer une organisation, créer du consensus, du liant entre intérêts opposés[1]... »

Ministre des Finances, une fonction convoitée ? Euphémisme. À la fin du printemps 2011, une guerre sans merci oppose deux ambitieux au physique de gendre idéal. Bruno Le Maire et François Baroin s'imaginent bien remplacer Christine Lagarde. « Ce n'est pas un ministère comme les autres, c'est le cœur du nucléaire[2] », justifie aujourd'hui François Baroin. Un problème se pose, toutefois. Les candidats ont tous les deux cru comprendre que le poste leur reviendrait : « Quand il a été question que Christine Lagarde parte, le Premier ministre m'a dit : "Tu prends tout [le ministère] et tu choisis tes secrétaires d'État" », relate François Baroin. Le quadragénaire a déjà choisi le nom de celui qui le seconderait au Budget : Gilles Carrez. Quant à Bruno Le Maire, il raconte dans *Jours de pouvoir* : « Le président se dirige en claudiquant légèrement vers sa voiture [...] et me prenant à part, la main posée sur mon épaule : "Bon, pour Bercy, ce sera toi. Tu dis rien, hein ?" »

Entre les deux impétrants, pas de quartier : rumeurs, piques anonymes dans la presse, médisance sur le niveau en anglais de l'un, sur les compétences économiques de l'autre...

« Objectivement, comme ministre de l'Agriculture, il n'y avait aucune raison pour que Le Maire s'intéresse à

1. Entretien avec les auteurs, le 14 avril 2016.
2. Entretien avec les auteurs, le 27 avril 2016.

Bercy, à part celle de vouloir être candidat à tout ce qui passe. Et moi j'étais dans la place depuis dix-huit mois », argumente aujourd'hui François Baroin. Le maire de Troyes laisse même entendre qu'il menace à l'époque de quitter le gouvernement : « Il y avait des engagements pris, je les ai rappelés. J'ai rappelé aussi que Sarkozy était venu me chercher comme ministre du Budget. Il avait même avancé mon nom pour le poste de Premier ministre à l'époque. Ma carrière ministérielle était déjà faite, je n'avais pas vocation à rester au gouvernement. Ça, il le savait, et ça s'est joué dans les toutes dernières heures. Les engagements ont été tenus. »

Bercy, instrument de pouvoir

Que viennent-ils donc tous chercher à Bercy ? Une expérience prestigieuse ? Certes. Mais encore ? Le pouvoir de piloter la politique économique de la France ? Sans doute, même si le ministre a perdu de son influence, avec la construction de la zone euro. Fini, le temps où des rumeurs de démission du ministre de l'Économie suffisaient à faire plonger le franc[1].

Mais l'endroit s'avère idéal pour se forger des alliés. Y compris les plus inattendus. Dans son bureau de Force Ouvrière, près de la gare Montparnasse, le syndicaliste

1. En 1991, plusieurs journaux évoquent une possible démission de Pierre Bérégovoy. Le cours du franc tombe immédiatement. Il faudra un communiqué de l'Élysée, en fin de journée, assurant que Bérégovoy reste ministre, pour que le franc remonte.

Jean-Claude Mailly nous fait une confidence surprenante. Parmi les dizaines de ministres « bercyens » qu'il a côtoyés, parfois affrontés, l'un d'entre eux a particulièrement gagné son estime… Il s'agit de Christian Estrosi, ex-ministre de l'Industrie sous Nicolas Sarkozy. « Je sais, ça surprend quand je dis ça, s'amuse Jean-Claude Mailly. Mais c'est quelqu'un de sincère. Il ne se laissait pas raconter n'importe quoi. Quand vous arriviez à le convaincre sur un dossier d'entreprise en difficulté, il mouillait sa chemise. Je suis persuadé que ceux qui ont eu sa peau, ce sont les grandes entreprises[1]. »

Un appel sur son portable interrompt le dirigeant syndical. Il répond et tutoie son interlocutrice : « Oui, Myriam, je vais étudier ça… » Au bout de quelques minutes, Jean-Claude Mailly raccroche. Il vient de s'entretenir avec la ministre Myriam El Khomri. Il doit la retrouver dans l'après-midi pour une nouvelle séance de négociation consacrée à la très conflictuelle « loi Travail ». Jean-Claude Mailly, encarté au Parti socialiste, reprend son éloge du ministre sarkozyste : « Christian Estrosi est très pragmatique. Et puis, en tant que ministre de l'Industrie, il avait un côté social. Je l'ai vu décrocher son téléphone, appeler une direction d'entreprise, et lui passer un savon parce qu'elle se comportait mal. Il a fait le boulot. C'est lui qui a lancé les états généraux de l'industrie, le travail en filière, qui a ensuite été repris par Montebourg. »

1. Entretien avec les auteurs, le 29 juin 2016.

Bercy donne des ailes

Du haut de leur bureau qui surplombe la Seine, certains ministres se laissent griser par l'altitude. Beaucoup ont en tout cas tenté d'utiliser Bercy comme un tremplin vers d'autres fonctions – au sommet de l'État, bien sûr. Le 1er avril 2014, Pierre Moscovici envoie à François Hollande une missive secrète, que nous avons pu consulter. À cette époque, les élections municipales s'annoncent mauvaises pour la gauche, et le gouvernement bruisse des rumeurs d'un remaniement. Dans cette lettre adressée à « Monsieur le Président, cher François », Pierre Moscovici offre ses services pour le poste de Premier ministre. Sans l'écrire ouvertement. Le ministre de l'Économie en place suggère au président de « changer l'image » du gouvernement dirigé par Jean-Marc Ayrault. L'auteur de la lettre insiste sur la nécessité de nommer des personnalités « proches », « loyales ». Loyauté : d'un mot, Pierre Moscovici rappelle à François Hollande qu'il a dirigé sa campagne victorieuse en 2012. Et qu'il l'a soutenu dès avant la primaire, contrairement à Manuel Valls et Arnaud Montebourg.

Pierre Moscovici lorgne aussi sur un poste de commissaire européen. Dans cette lettre, il demande à François Hollande, s'il ne le conserve pas au gouvernement, d'« annoncer immédiatement » qu'il est « le candidat de la France pour le poste de commissaire européen ». Le ministre de l'Économie précise à François Hollande qu'à Bercy, il a conquis « l'estime de ses pairs ». Quelques mois plus tard, le chef de l'État nomme Pierre Moscovici à la Commission européenne.

Arnaud Montebourg, lui aussi, se sent pousser des ailes dans l'enceinte de Bercy. Le ministre du Redressement productif conclut un pacte avec Manuel Valls, pour évincer le locataire de Matignon, Jean-Marc Ayrault. L'opération, baptisée « Narvik », fonctionne. Manuel Valls devient Premier ministre, son allié est promu ministre de l'Économie. Le duo entend profiter de la faiblesse politique de François Hollande. « Le deal, c'était qu'on lui fasse inaugurer les chrysanthèmes[1] », nous confie Arnaud Montebourg.

Pierre Moscovici se souvient de ces manœuvres de Valls et Montebourg, rejoints par Benoît Hamon. Assis, un peu raide, dans son bureau parisien de la Commission européenne, il relate un échange avec son ex-collègue de Bercy[2] : « Montebourg est venu me voir un jour – c'est un type très drôle, il peut être hilarant. (Il l'imite) : "Tu sais Ayrault et Hollande, c'est des misérâables, ils sont en train de câârboniser la France. Ayrault, c'est un nul, faut qu'il s'en aille ! Donc avec Manuel et Benoît, on a décidé qu'on allait prendre le pouvoir et il faut qu'un de nous soit Premier ministre. Ça ne me gêne pas que ce soit Manuel, parce qu'à Matignon, on s'use, donc il va se cramer. Il y aura une primaire, je me présenterai et je battrai Hollande." » Des propos tenus au printemps 2014, dont la substance nous est confirmée par l'intéressé.

---

1. Entretien avec les auteurs, le 7 janvier 2015.
2. Entretien avec les auteurs, le 13 avril 2015.

Pierre Moscovici continue d'imiter la diction de Montebourg, pour raconter la suite de l'échange : « "Alors, Pierre, tu es avec nous ou contre nous ? Si tu es contre nous, on va te pulvériser comme un figurant !" » Pierre Moscovici n'a pas donné suite.

Montebourg s'est-il vu trop haut, trop fort ? L'opération Narvik atteint son objectif, certes. Mais moins d'un an plus tard, l'élu de Saône-et-Loire se fait congédier du gouvernement de Manuel Valls. Quelques mois après son éviction, il ne nous cache pas son amertume, dans un café proche des Grands Boulevards, à Paris. « J'étais avec une bande de branquignols. C'est des idiots, ces types, là, Hollande, tout ça ! Ils sont pas au niveau[1]. » À l'époque, Arnaud Montebourg est en retrait de la vie publique et travaille chez le fabricant de meubles Habitat. « Je ne vis plus la politique en professionnel. Je ne vais pas solliciter un mandat, cantonales, régionales, législatives, non ! Je connaissais les limites de la politique. Mais la mauvaise surprise, c'est l'incompétence et l'inconséquence de mes chefs. Je ne m'attendais pas à devoir me battre comme un dingue pour imposer des évidences. » Devant son café allongé, un croissant à la main, Arnaud Montebourg continue sa démonstration. « On devrait considérer que la gauche intervient dans l'économie, c'est le b. a.-ba, tous les gouvernements le font. Mais on est obligé de s'excuser devant la presse libérale à chaque fois qu'on essaie de faire quelque chose ! La gauche n'existe

1. Entretien avec les auteurs, le 7 janvier 2015.

plus, même Sarkozy est plus interventionniste que nous. Si vous n'êtes pas soutenu par le président et le Premier ministre, vous n'avez aucune chance ! À un moment vous dites : "Je donne ma dém'." Je leur ai dit : "Vous me virerez, point." C'est ce qu'ils ont fait. La réalité c'est qu'ils sont tous d'accord : vous prenez Juppé, Bayrou, Valls, c'est les mêmes. D'ailleurs, je pense qu'ils vont gouverner ensemble[1]. »

Le « tremplin de Bercy » réserve donc parfois quelques déceptions. « Un tremplin ? Alors pour moi, c'est un plongeoir de piscine ! » glisse Michel Sapin, conscient que sa carrière ministérielle est plutôt derrière lui.

La guerre des étages

À l'intérieur de la citadelle Bercy, tout, dans l'architecture, semble pensé pour exciter la rivalité entre ministres. Les quatre appartements de fonction, d'abord. Qui disposera du magnifique duplex de plus de 100 m², patio intégré, au-dessus de la Seine ? Qui se contentera de l'appartement de plain-pied ? À qui reviendront les deux studios ?

Peu ont fait le choix de Francis Mer, ministre entre 2002 et 2004, qui continuait d'habiter dans sa maison familiale de Bourg-la-Reine, près de Paris.

De même, dans l'hôtel des ministres, la répartition des bureaux traduit une hiérarchie invisible. On préfère

1. Entretien avec les auteurs, le 7 janvier 2015.

les étages les plus élevés, pour leur vue sur la Seine. Traditionnellement, le plus haut, le sixième étage, accueille le ministre des Finances. Mais les initiés observent d'autres détails : au sixième et au quatrième, les antichambres sont mieux disposées qu'au cinquième et au troisième. « Très pratique : le ministre peut sortir de son bureau, raccompagner ses visiteurs, sans être vu par les suivants », note un habitué de Bercy. De même, « le troisième étage est un cadeau empoisonné », selon lui, il est moins long : il ne passe pas au-dessus de la Seine et une partie des conseillers se retrouvent relégués à l'étage supérieur. Dans ce labyrinthe, les ministres finissent par se désigner mutuellement par leur numéro d'étage. Pas toujours avec grâce. Michel Sapin, locataire du sixième : « J'ai l'impression qu'il y a un virus du troisième étage Un virus qui frappe les ministres et leurs egos[1] », ajoute-t-il en riant. Et pour cause, Montebourg puis Macron l'ont fréquenté.

Au cours de notre enquête, un conseiller d'Arnaud Montebourg nous lance : « On les a bien baisés, ceux du sixième ! » Le climat entre les étages se jauge à la « popote », la cantine des conseillers. Située au septième, elle constitue un bon baromètre des relations entre ministres. On y sert, à l'assiette, un menu du jour, à ces armées de l'ombre qui travaillent avec les ministres. « C'est d'assez bonne tenue, quoiqu'un peu gras », apprécie un conseiller. À table, les membres des différents cabinets ne se mélangent guère. « Chacun pour soi, chacun son couloir, chacun fait sa

1. Entretien avec les auteurs, le 31 mai 2016.

vie. Je n'ai jamais mangé avec mes homologues de chez Macron », rapporte un proche d'Axelle Lemaire, la secrétaire d'État au Numérique. Les relations entre les deux ministres étaient en effet exécrables. Un ancien du cabinet Cahuzac se souvient : « L'équipe de Montebourg, c'était la secte, la citadelle assiégée. Ils prenaient toujours une table au fond à gauche et nous disaient à peine bonjour. » Bien sûr, les cabinets peuvent tenter parfois de jouer les intermédiaires entre deux personnalités qui se haïssent. Mais le ressentiment dure parfois fort longtemps.

Les nominations

« Le pouvoir ne se partage pas », a écrit Édouard Balladur. Le pouvoir de nomination, si. Et il représente l'un des terrains privilégiés pour l'expression des rivalités, des haines sourdes ou des ambitions concurrentes. Il en va ainsi de la très stratégique Agence des participations de l'État (APE). Un mastodonte financier qui regroupe l'ensemble des actions détenues par l'État dans les grandes entreprises (Renault, Orange, mais aussi bien sûr SNCF ou EDF). Qui doit nommer son directeur ? Ni Michel Sapin, chargé des Finances, ni Arnaud Montebourg chargé de l'Économie, n'ont voulu laisser à l'autre ce choix majeur. Montebourg avait posé une condition : « Je ne veux pas d'un énarque. Ils se prennent pour le nombril du monde. » Résultat : près de cinq mois pour trouver un candidat qui convienne aux deux ministres, après de multiples consultations, négociations, vetos. Pour les mêmes raisons, il a fallu à peine moins (trois mois) pour recruter un directeur de la communication au ministère – poste pourtant essentiel.

Bataille pour la visibilité

Le tweet date du 4 juillet 2016 à 17 h 18. Il apparaît sur le réseau social *via* le compte @Ceckert56, celui du secrétaire d'État au Budget, Christian Eckert :

« #Macron passe des commandes de Sea Bubble pour la douane. Il fait donc tout à la fois ce surhomme. Ministre de tous les étages de Bercy ? »

On imagine son auteur pianoter rageusement sur son smartphone. « Il tweete lui-même », précise la conseillère presse de Christian Eckert. Que signifie ce tweet, ce court message, un peu obscur ? Deux jours plus tôt, lors d'un déplacement au salon de la High Tech, Emmanuel Macron a eu un coup de cœur pour le prototype d'un véhicule qui vole sur l'eau, le « Sea Bubble ». Séduit, il a indiqué vouloir en commander pour équiper les douaniers. Le ministre oubliait une chose : les douanes appartiennent au champ de compétence de Christian Eckert. « Christian avait tout de même prévenu Macron avant d'envoyer le tweet », jure son entourage. Un ministre recadré en direct sur Twitter par un de ses collègues, l'épisode est inédit. « Dès que la presse entre dans la boucle, les rivalités s'exacerbent, soupire un directeur d'administration. D'ailleurs, ce sont souvent les communicants, les entourages qui attisent les batailles d'egos. » Un autre exemple en témoigne. Les communiqués de presse des secrétaires d'État doivent systématiquement faire l'objet d'une validation par leur ministre de tutelle – ou plutôt par le cabinet de ce ministre. « Or, mes communiqués obtenaient le feu vert avec systématiquement trois jours de retard, râle une secrétaire d'État d'Emmanuel Macron. Il ne voulait pas qu'on prenne la lumière à sa place. » Trois jours de retard : une éternité dans l'univers médiatique. Un enterrement de première classe pour les communiqués. Qui parle le premier ? La question obsède les locataires de Bercy. En 2010, François Baroin, ministre du Budget, se prépare à présenter la loi de finances au Parlement. Il découvre dans la presse avec stupeur une grande interview de Christine Lagarde, qui présente les grandes lignes du budget. Colère froide.

Agacé lui aussi, Éric Woerth, alors ministre du Budget, se souvient s'être fait voler sa place lors de l'examen de la loi de finances à l'Assemblée. Un siège est en effet réservé au ministre qui pilote la discussion sur le budget. Un collègue bercyen du ministre s'y était assis. « Il faut lui dire "il y a comme une petite erreur" et le problème est réglé », raconte l'intéressé. Les batailles d'egos se cachent jusque dans les détails invisibles au commun des mortels.

« Love love »

Mais l'enjeu de ces rivalités porte souvent sur des sujets moins futiles. Comme ces huit cents millions d'euros investis par l'État dans le groupe Peugeot, en 2014. L'opération vise alors à renflouer le constructeur français, plombé par les dettes et une gouvernance incertaine. En coulisses, les services du ministre de l'Économie préparent le dossier depuis plusieurs semaines. L'enjeu est lourd : outre le sauvetage du groupe, on met aussi en scène le retour de « l'État stratège ». Celui qui n'hésite pas à intervenir dans l'économie. Il s'agit donc d'un signal politique fort envoyé à la gauche. Mais à quelques heures de dévoiler le plan, le ministre de l'Économie Pierre Moscovici se fait doubler par Arnaud Montebourg. Le fougueux ministre du Redressement productif s'accapare l'annonce – et la lumière médiatique. Des années plus tard, Pierre Moscovici n'a toujours pas digéré l'affront : « C'est extrêmement usant ! D'autant que le dossier a été uniquement traité dans mon bureau. Arnaud Montebourg ne s'en est jamais occupé. Il n'avait pas la confiance des industriels, ni de la famille Peugeot, ni du président, donc il n'a rien fait. » Humiliation d'autant plus grande que Pierre Moscovici fut élu du Doubs, le berceau de Peugeot. « Exaspérant, reprend aujourd'hui Moscovici. Alors que Montebourg n'était qu'un vague secrétaire d'État à l'Industrie. J'avais plus de pouvoir que lui. Je faisais tout avec mes équipes. Il était totalement déconnant avec ses prises de parole qui partaient dans tous les sens[1]. »

---

1. Entretien avec les auteurs, le 13 avril 2015.

La défiance entre les deux hommes atteint son paroxysme lors de la très médiatique vente de la pépite française Dailymotion. Là encore, un enjeu de souveraineté nationale, car un groupe chinois veut racheter la plateforme de vidéos. Dans la cour de l'Élysée, à la sortie du conseil des ministres, Arnaud Montebourg se félicite : « Nous avons suivi le dossier ensemble. » Piqué au vif, Pierre Moscovici le contredit publiquement quelques heures plus tard, en pleine conférence de presse : « Ce n'est pas un dossier dans lequel j'ai été particulièrement impliqué, contrairement à ce que j'ai pu lire ici ou là. Je n'ai pas eu tous les éléments en ma possession. Il n'y a pas eu de réunion, de décision conjointe sur ce dossier. » En entendant ces propos François Hollande sursaute. Pas question d'accepter ce genre de couac public. Le président envoie un texto à Pierre Moscovici.

« Mais comment peux-tu le contredire ? C'est stupide, il ne faut pas faire apparaître de divisions dans le gouvernement. » Plus tard, le ministre de l'Économie tente de s'expliquer en face-à-face avec le chef de l'État : « C'est une question de vérité, quand même… » Le chef de l'État répond : « Oui, Montebourg a tort sur le fond, mais c'est toi qui as tort sur la forme, et la forme est plus importante. »

Après cet épisode, selon un membre du cabinet Montebourg, François Hollande lance, en substance : « Encore une fois comme ça et tout le monde dégage. » Ne montrer qu'une seule tête mais se faire voir dans la presse, à tout prix, voilà la consigne du président. François Hollande reproche d'ailleurs à son ministre de l'Économie et des Finances de ne pas « imprimer » suffisamment dans l'opinion publique. « Alors laisse-moi de l'encre », répond, désespéré, Pierre Moscovici, agacé de se faire voler la lumière par son fougueux collègue. Les deux hommes s'étaient pourtant mis d'accord sur une ligne de conduite en début de quinquennat : « love-love ».

Avec le recul, Pierre Moscovici conclut : « Je ne jouais pas avec les mêmes règles que Valls ou Montebourg. Je m'en veux de ne pas avoir été plus méchant. »

Mésange

À Bercy, Mésange n'a ni bec, ni pépiement, ni plumage chamarré de jaune et de bleu. Mésange est le nom d'un modèle économétrique. Ce logiciel est censé pouvoir prédire les effets d'une décision politique sur l'économie. Faut-il baisser les cotisations patronales ? Augmenter le SMIC ? Mésange fournit une réponse, nourrie par des centaines de milliers de données macroéconomiques. Lorsqu'il arrive à Bercy, Arnaud Montebourg s'agace de ne pas avoir accès à Mésange. Le modèle est en effet la chasse gardée du ministre de l'Économie et des Finances, pas celle de son collègue du Redressement productif. « Il a peut-être un peu fantasmé le champ de pertinence de Mésange, sourit *a posteriori* le directeur de l'Insee (Institut national de la statistique et des études économiques), Jean-Luc Tavernier. Il imaginait que le modèle allait lui dire des tas de choses. Certes, Mésange permet d'anticiper les effets sur la croissance de la baisse du prix du pétrole, de la baisse du taux d'intérêt, de la variation de l'euro. Mais Mésange est totalement inopérant, pour prévoir, par exemple, l'impact psychologique d'une mesure[1]. » Mésange ne fait pas le printemps économique. Constat confirmé par un grand commis de l'État, qui a pu utiliser le modèle : « J'ai trouvé que c'était un très mauvais instrument, assez fruste. Il nous ressort un peu ce qu'on met dedans ! Ce n'est pas du tout sectoriel : dans les simulations, on ne distingue pas quels secteurs créent de l'emploi et lesquels n'en créent pas. » Si Arnaud Montebourg avait su !

Le ministre de Bercy découvre aussi en avant-première les sacro-saints chiffres de l'économie française, qui feront le lendemain la une des journaux : croissance, moral des ménages, inflation... Cela grâce à l'Insee qui communique les données au ministre la veille de leur publication. Ce qui donne parfois lieu à des fuites. Comme ce jour où le directeur de l'Insee reçoit un SMS d'un journaliste des *Échos*. Il dispose visiblement des résultats de croissance trimestrielle, qui doivent être publiés seulement le lendemain. « Là, j'étais vraiment colère[2] ! » grince le directeur, pourtant habituellement placide. Suite à cette fuite, Jean-Luc Tavernier décide de ne plus communiquer les chiffres en avant-première à l'Élysée et à Matignon. Et de les envoyer aux ministres

1. Entretien avec les auteurs, le 20 juin 2016.
2. Entretien avec les auteurs, le 20 juin 2016.

de Bercy le plus tard possible, la veille à 22 heures. C'est-à-dire quand la majorité des journaux ont bouclé leur édition du lendemain.

« En Scandinavie, les ministres découvrent les chiffres dans la presse », explique le patron de l'Insee, qu'on sent un peu envieux. L'enjeu n'est pas mince : ces données permettent au ministre de revendiquer – ou non – une politique réussie. C'est à partir de ces chiffres, aussi, que l'opposition hurle – ou non – à l'échec du gouvernement. Mais peut-on vraiment se fier à ces statistiques ? Statutairement, l'Insee est indépendant… mais il se trouve tout de même sous la tutelle du ministère de l'Économie. Par ailleurs, le budget de l'Insee, qui compte cinq mille employés, dépend évidemment du gouvernement.

« Il y a un cloisonnement très important », assure Christian Eckert. Le secrétaire d'État affirme qu'il découvre habituellement les chiffres du déficit à peine quelques heures avant leur publication. Impossible, selon un ex-collaborateur de Bernard Cazeneuve au Budget : « Je n'y crois pas une seconde. L'un de mes collègues, responsable de la prévision, anticipait les chiffres deux ou trois semaines avant. Il avait ses tuyaux. »

« Un politique qui voudrait mettre sa marque ici ne pourrait pas y parvenir, dément le directeur de l'Insee. Nous avons une pratique de la collégialité. Ceux qui présentent les chiffres à la presse sont des "N-2" ou "N-3". Et puis le patron de l'Insee est recruté sur ses qualités professionnelles, en vertu des textes européens. On ne pourrait donc pas mettre le vétérinaire du chien du président dans mon fauteuil ! » Autrement dit, n'importe quel proche du chef de l'État ne peut se voir promu à la tête du très stratégique Insee. Jean-Luc Tavernier est lui-même étiqueté à droite ; il a dirigé le cabinet d'Éric Woerth. Un haut cadre de l'institution reconnaît tout de même des tentatives de pressions, selon lui assez mesurées : « De temps en temps, on nous dit que nous aurions pu écrire une phrase autrement. Ce n'est jamais le ministre directement, c'est davantage un conseiller. Mais c'est rare. » Ce cadre reconnaît avoir parfois changé des « titres de paragraphes » dans une note sur le point d'être publiée. Des titres « jugés trop négatifs ».

Pressions ? Christian Eckert conteste, exemple à l'appui. Au printemps 2015, l'Insee publie un chiffre de croissance morose : 0,2 % pour l'année précédente. Un an plus tard, l'Institut revoit totalement son estimation. Elle passe à 0,7 %. « Bon sang ! On nous a dit qu'on était dans une période de récession. D'un coup, on se dit "Merde, on a vécu une période de croissance !" » tempête Christian Eckert devant des proches. À l'époque, ces bons chiffres auraient représenté une bénédiction pour François Hollande. Dans un scepticisme général, le président s'entêtait alors à répéter : « La croissance, elle est là. »

Pourquoi un tel décalage dans les chiffres ? Attablé devant un bento dans un restaurant de Montparnasse, le directeur de l'Insee se justifie :

— Si l'on a révisé nos chiffres, c'est justement parce qu'on fait bien notre travail. Si on voulait ne pas être emmerdés, on ne réviserait pas. Nous concernant, le mot « artisanal » ne me choque pas, on n'est pas des presse-boutons et des ordinateurs.

— Mais de l'extérieur, lui rétorquons-nous, vos chiffres sont considérés comme incontestables.

— Oui, et ça nous fait un peu hurler ! À court terme, on ne dispose que d'indicateurs sectoriels, des chiffres de production industrielle, de l'import et de l'export. Une seule petite incertitude fait qu'on peut se tromper sur la croissance. Dans cet exemple, entre 0,2 et 0,7 %, la marge paraît énorme alors que, pour nous, ce n'est pas radicalement différent. Et j'ai beaucoup de mal à faire comprendre ça : 1,3 % ou 1,5 % c'est fichtrement pareil !

Le ministre tient à ces bons chiffres car ils sont rares. Ministre à Bercy en temps de crise, « c'est le ministre des mauvaises nouvelles », souligne Jean-François Copé. Les annonces aux Français sont rarement réjouissantes. À tel point que Michel Sapin a reçu le conseil suivant de la part d'un haut fonctionnaire de Bercy : « Pour les prévisions de croissance, annoncez toujours un objectif un peu en dessous de celui que vous pensez atteindre. Ainsi, le jour J, vous pourrez dire que vous avez fait mieux que prévu. »

Malgré ce rôle d'oiseau de mauvais augure, le ministre peut échapper aux critiques permanentes. L'ancien directeur de cabinet de Dominique Strauss-Kahn, François Villeroy de Galhau, en est persuadé : « Un ministre de l'Économie n'est pas forcément impopulaire. Il peut correspondre aux attentes de crédibilité des Français[1]. » Laurent Fabius, l'actuel président du Conseil constitutionnel, va même plus loin : « C'est le paradoxe de Bercy. L'économie française ne va pas bien, mais les ministres de l'Économie sont populaires. Si je vous demande de citer des grands ministres de la Santé, on ne pense guère qu'à Simone Veil. Tandis que l'Économie, pour les ministres, c'est le chemin "panthéonesque"[2]. »

La bagarre du Commerce extérieur

Laurent Fabius est désormais un sage. Le premier d'entre eux, même. Ainsi désigne-t-on les membres du Conseil constitutionnel, que dirige aujourd'hui le socialiste. Pourtant, à d'autres occasions, Laurent Fabius n'a pas hésité à remiser la sagesse au profit de la force. En particulier quand il s'est agi de récupérer la tutelle sur le commerce extérieur. Historiquement, ce portefeuille relève du ministère de l'Économie. Au début du mandat de François Hollande, Laurent Fabius, tout juste nommé ministre des Affaires étrangères, veut obtenir cette mission stratégique – et donc en délester Bercy.

Il commence par nommer des « représentants spéciaux » en charge de l'économie dans une quinzaine de pays : Martine Aubry pour la Chine, Jean-Charles Naouri (président de Casino) pour le Brésil, ou Robert Hue pour

1. Entretien avec l'un des auteurs, le 22 janvier 2016.
2. Entretien avec les auteurs, le 19 mai 2016.

l'Afrique du Sud. Ces personnalités occupent le terrain au détriment de la ministre « bercyenne » du Commerce extérieur, Nicole Bricq.

Une fronde silencieuse, mais bien réelle, gronde au ministère de l'Économie. « C'était une connerie, ça créait des doublons », peste un directeur de l'époque. Les services de Bercy multiplient les notes hostiles et les protestations écrites. Pour autant, à l'occasion d'un remaniement, François Hollande valide la proposition fabiusienne. Le commerce extérieur file dans le giron du ministère des Affaires étrangères. Une première. Les fonctionnaires de Bercy n'en pensent pas moins, mais la révolte retombe. « J'ai dit à mes gars de poser les crayons », relate le même directeur, réticent mais discipliné. Lors de sa première rencontre avec ses nouveaux collaborateurs du commerce extérieur, Laurent Fabius use lui aussi d'une métaphore liée aux fournitures de bureau. Il leur assène : « On n'a pas le temps de jouer à "Monsieur et madame Tu-m'as-pris-ma-gomme". Il y a eu un arbitrage politique, travaillons ensemble[1]. »

Une convention, signée entre les deux ministères, établit l'armistice. Seule consolation à Bercy : les quelque sept cents conseillers commerciaux du ministère ne seront pas statutairement rattachés au Quai d'Orsay[2]. Il n'empêche, pour la première fois, le secteur du tourisme, de l'aide au développement, des investissements à l'étranger se trouve donc sous la tutelle des Affaires étrangères. « C'était une

1. Entretien avec les auteurs, le 19 mai 2016.
2. Vincent Jauvert, *La face cachée du Quai d'Orsay*, Robert Laffont, 2016.

bataille séculaire du Quai d'Orsay pour avoir la main, commente l'ancien directeur du Trésor Daniel Lebègue. Fabius a bien joué. » Les esprits chagrins y voient, eux, la perte d'influence de Bercy.

Coups bas au sommet

La liste des grands brûlés de Bercy n'est pas mince : Jérôme Cahuzac, Hervé Gaymard, Alain Madelin... Le poste suscite l'envie, parfois les jalousies, souvent les peaux de banane. Plus qu'un autre, le ministre chargé des deniers du contribuable doit se montrer irréprochable. « Bercy, c'est un endroit propice aux couteaux dans le dos[1] », abonde Hervé Gaymard.

« Gaymard ne se loge pas vraiment à l'Économie », titre en effet *Le Canard enchaîné*, le 15 février 2005. Le palmipède révèle que le ministre, jeune espoir chiraquien, n'habite pas à Bercy, mais qu'il occupe, avec sa famille, un appartement de 600 m^2 dans Paris. Montant du loyer : 14 000 euros, payés par l'État. Le scandale est immédiat et conduit, moins de deux semaines plus tard, à la démission du ministre. *Le Canard* était manifestement très bien informé. Qui l'y a aidé ? « C'était évidemment lié à la guerre Chirac-Sarkozy », affirme un ministre de l'époque. Selon lui, les sarkozystes auraient voulu tuer un « bébé Chirac ». Le passage de Nicolas Sarkozy à Bercy, quelques mois plus tôt, comme ministre des Finances, lui

1. Entretien avec les auteurs, le 11 mai 2015.

aurait permis de garder des contacts bien placés dans la maison. « L'affaire Gaymard est liée aux sarkozystes. Ce sont eux qui ont tout raconté », soutient aussi un ancien directeur de cabinet de Bercy.

« Non, c'est plus simple que cela », assure un haut cadre de l'époque proche de la chiraquie. « Plus qu'une manœuvre politique, la dénonciation venait d'abord de l'administration. Ensuite, cela a été exploité politiquement par les sarkozystes, bien sûr. » Le tuyau viendrait donc avant tout des services de Bercy.

« Avant moi, deux ministres étaient logés à l'extérieur à des coûts au moins aussi élevés, personne n'a rien dit, soupire aujourd'hui Hervé Gaymard. Je ne me suis pas occupé de l'intendance, j'ai eu tort d'ailleurs. On m'a dit : "Voilà votre logement est là." J'étais la cible. Aujourd'hui je m'en fous. Je n'ai ni regret ni ressentiment. D'où ça vient ? Je le sais depuis le début. Je le garde pour moi[1]. » Ces révélations, alimentées depuis l'intérieur de la citadelle Bercy, ont en tout cas bridé l'envol d'un jeune ministre prometteur.

Jean-François Copé soupire : « Organiser une délation, c'est très facile. Vous êtes exposé. » Lui aussi, lorsqu'il était ministre du Budget a fait l'objet d'un article sur son appartement : « Ils ont essayé de me déstabiliser après Gaymard, mais ça n'a pas marché[2]… »

Dix ans plus tard, encore une affaire de logement, toujours dans *Le Canard enchaîné*. Elle concerne cette

1. Entretien avec les auteurs, le 11 mai 2015.
2. « Copé et son appartement privé de 160 m² », *Libération*, 24 février 2005.

fois-ci Emmanuel Macron. Un article de l'hebdomadaire accuse le ministre d'avoir sous-évalué son patrimoine pour échapper à l'impôt de solidarité sur la fortune (ISF). En public, l'accusé se défend : « Je n'ai évidemment jamais rien dissimulé à l'administration fiscale », écrit-il sur Facebook, avant de détailler ses prêts immobiliers. Hors micro, le ministre se montre plus cinglant. « Je regrette aujourd'hui que des fuites soient ainsi orchestrées, que des documents puissent sortir des services fiscaux », lance-t-il, dans une brasserie parisienne, invité par le Club Bourbon[1]. Quelques instants après, le ministre va plus loin : « Je parle de l'administration fiscale, parce que sinon cela me conduirait à accuser d'autres sphères. » Emmanuel Macron semble bien viser les ministres. Une cabale orchestrée par Bercy, à quelques étages du bureau de l'intéressé ?

Qui veut illustrer l'expression « se renvoyer la patate chaude » doit se rendre à Bercy un jour de fuites dans la presse.

Assis à son bureau, Christian Eckert se dédouane. Dans cette affaire, assure-t-il, il y a deux sources possibles : « soit les services fiscaux, soit la Haute Autorité pour la transparence de la vie publique, qui a été, comme c'est la règle, tenue au courant[2] ». La Haute Autorité est une institution créée par François Hollande après le scandale Cahuzac. Elle reçoit et contrôle les déclarations d'intérêts et de patrimoine des ministres et des élus. Christian

---

1. Club transpartisan de « twittos » intéressés par la politique. Le 28 juin 2016, en présence de l'un des auteurs.

2. Entretien avec les auteurs, le 1er juin 2016.

Eckert oublie donc de citer, parmi les « sources possibles », les cabinets des ministres. Il nous a pourtant confié qu'il se tenait informé des dossiers sensibles. Mais pour l'ISF de Macron, le secrétaire d'État affirme d'abord l'avoir découvert dans la presse. « On est probablement à la marge [d'un dossier sensible] dans la mesure où il s'agit d'un ministre, admet Christian Eckert. Dans ce que dit *Le Canard enchaîné* ce matin, les ordres de grandeur sont corrects, conformes à ce que je savais. » Il se reprend soudain : « Enfin, je ne savais pas. En l'occurrence, s'agissant de ce phénomène à faible ampleur, je n'ai pas été informé. »

Sans surprise, Michel Sapin nie également toute responsabilité. « Il y a beaucoup de fantasmes, on pense que le ministre des Finances a un pouvoir sur ces dossiers, constate ce fidèle du président Hollande. Certes, parfois on me fait remonter un dossier spécifique. Par exemple, je ne vais pas prétendre que je n'ai pas consulté celui de la Société générale [l'entretien a lieu juste après le jugement en appel de Jérôme Kerviel]. Mais ce sont les seuls. » Devant nous, l'un des deux ministres suggère même directement que la fuite vient de la Haute Autorité : « Certains disent qu'avant la création de la Haute Autorité, il y avait moins de fuites que maintenant… » Suivez mon regard. « Impossible ! » s'étrangle un ancien conseiller (de gauche) au ministère du Budget. « Vous imaginez vraiment Jean-Louis Nadal sortir des dossiers ? » Ce magistrat, président de la Haute Autorité, était auparavant procureur général près la Cour de cassation, l'un des postes les plus prestigieux du monde judiciaire.

Emmanuel Macron, bien davantage convaincu que la fuite vient de Bercy, a demandé une explication franche à Michel Sapin : « Arrête, tu sais très bien que c'est faux », lui a répondu ce dernier.

Dénégations à tous les étages. Reste une incongruité : après la fuite du dossier Macron dans la presse, le ministère du Budget n'a bizarrement pas lancé d'enquête interne pour trouver les responsables. Christian Eckert tente de s'en justifier : « D'abord, parce que je pense que ce type d'enquête ne débouche jamais sur rien. Ensuite, la fuite ne vient pas forcément de Bercy. » Pourtant, quelques mois plus tard, une autre fuite donne lieu, elle, à une enquête interne poussée – et même à un dépôt de plainte. Le 8 juin 2016, *Le Canard enchaîné* publie la liste des « ristournes accordées sur l'ISF » aux cinquante plus riches contribuables français. Branle-bas de combat. Des inspecteurs sont dépêchés dans les services. Ils fouillent de fond en comble les ordinateurs de certains fonctionnaires. Selon nos informations, le directeur général des finances publiques, le grand patron des impôts, appelle même, un par un, les contribuables concernés pour s'excuser ! Y aurait-il deux poids, deux mesures ?

Une ex-conseillère ministérielle remarque : « Il y a des coups bas dans tous les sens, au gouvernement. Sauf entre les "hollandais" historiques. Le Foll, Sapin, Le Drian sont unis quoi qu'il arrive. C'est une famille. » Le rejeton Macron, coupable d'avoir voulu s'émanciper de la famille ?

Dans son bureau, chemise blanche aux manches retroussées, Michel Sapin dédramatise : les mauvais coups, « c'est pénible, mais ça fait partie du jeu. Ça m'est arrivé aussi ». Désormais à la Commission européenne, loin des turpitudes ministérielles françaises, Pierre Moscovici le reconnaît : « À Bercy, on se croit un peu à l'écart de l'univers politique mesquin… Puis on s'aperçoit trop tard que ce n'est pas le cas. »

2.

L'ÉTOILE NOIRE

Le jeune homme engoncé dans son costume, serré dans sa cravate, entre, le pas timide, dans l'enceinte du ministère des Finances. Fraîchement diplômé, c'est son premier jour au paquebot. Il traverse ces couloirs beiges et vert pâle, passe plusieurs portes bleues toutes semblables… et atteint enfin le bureau 2038. « Attention à ne pas confondre les dossiers bleus avec les jaunes », prévient son nouveau collègue, un quinquagénaire affable, raie sur le côté. Tout ici sent la routine et la technocratie. Le jeune homme, oppressé, finit son gobelet de café puis… s'enfuit à toutes jambes. Générique. Cette scène finale de *L'Auberge espagnole*, où Romain Duris campe une jeune recrue de Bercy, a marqué plusieurs générations de « Bercyens ».

« C'est exactement ça, s'amuse un ancien membre du cabinet Montebourg. Il y a beaucoup de conformisme.

Tout le monde s'habille pareil. C'est le pire des règlements, parce qu'il est implicite. » À ce sujet, Jean-Jacques Barberis, qui a conseillé Pierre Moscovici puis François Hollande sur les affaires économiques, rapporte une blague récurrente dans les couloirs du ministère : « L'homme de Bercy, c'est celui qui arrive avec un costume bleu, une cravate rouge, une chemise blanche. Il est un quart d'heure en retard, il dit non à tout et il part un quart d'heure avant la fin. » Bercy est un microcosme. Il a ses codes, ses traditions, sa langue et ses habitudes.

C'est un vaisseau massif de trois cent soixante-dix mètres, dans l'Est de Paris. Comme surgi de la Seine. Un pied dans le fleuve, l'autre au bord de la gare de Lyon. Entre les deux, un long portique couleur béton en pierre de Charente, dépouillé, quadrillé de milliers de vitres toutes identiques. Le ministère a de faux airs de château fort, d'ailleurs « conçu comme un lieu de pouvoir », selon l'expression de son architecte Paul Chemetov. Une lourde porte de bronze sculpté sert d'entrée dans la cour d'honneur, pour les chefs d'État étrangers et autres visiteurs de haut rang. Les bâtiments portent les noms de célèbres grands argentiers du passé : Colbert, Necker, Sully… Le long de l'arche s'étend une douve – d'où sont d'ailleurs régulièrement repêchés des fêtards alcoolisés à la sortie de concerts de l'Accor Hotels Arena voisin. Les statues qui peuplent la fosse, elles, restent. L'une d'elles, « la dame de Bercy » représente une femme sans visage, poitrine opulente, surgissant d'un bloc encore brut. Les agents la surnomment « notre gardienne ». Gardienne de quels secrets ?

Dans le discret bâtiment Necker, coincé entre le « paquebot » et les voies ferrées, les dossiers fiscaux des personnalités sont étroitement surveillés. Au détour d'un couloir, au troisième étage, on tombe sur cette pièce, scellée de barreaux : à l'intérieur, des centaines de cartons empilés. Pour y pénétrer, il faut un laissez-passer et l'autorisation de la hiérarchie. On n'est jamais trop prudent : se trouve ici profusion de déclarations, de redressements, de demandes qui feraient les délices du *Canard enchaîné*. Car des cas délicats, il y en a, à l'image de cette scène, vue dans la série française *10 pourcent* : une célèbre actrice française parcourt les longs couloirs de Bercy. Nerveuse, accompagnée de son agent. Elle vient demander un arrangement au sujet de ses impôts, qu'elle a oublié de payer. Cette intrigue n'est pas née de l'imagination d'un scénariste. Dominique Besnehard, agent d'acteurs, ancien mentor de Ségolène Royal et coproducteur de la série, confesse avoir lui-même tenté d'obtenir un geste pour la comédienne Béatrice Dalle.

L'architecture est imposante, massive, grise. « On se sent tout petit. Il y a une forme d'excitation, on arrive dans un lieu empreint d'Histoire, se souvient un ex-conseiller de Jérôme Cahuzac. En même temps, c'est comme un trou noir, c'est un lieu qui capte les gens. » Difficile, par exemple de sortir déjeuner. Franchir tous les couloirs, prendre l'ascenseur, traverser la cour prend au moins dix minutes. Alors souvent les employés de Bercy renoncent à sortir du « trou noir ». Et vivent en vase clos. « C'est déshumanisé, confirme Xavier Musca, qui a passé vingt-cinq ans au ministère des Finances. Avec les coursives, il y a un côté Alcatraz. » Avant de devenir l'un des plus proches collaborateurs de Nicolas Sarkozy, Xavier Musca a occupé à Bercy le prestigieux poste de directeur du Trésor. Il se souvient : « Quand vous sortez de l'ascenseur, vous ne savez pas si vous êtes au troisième étage ou au septième. Les bureaux sont les mêmes, les murs sont les mêmes, les enfilades sont les mêmes. À Rivoli, il y avait des cloques au plafond, des trous dans la moquette… Mais au moins il y avait une âme. » Rivoli, c'est l'ancien emplacement du ministère des Finances, dans les bâtiments du Louvre, rue de Rivoli, jusqu'à la fin des années 1980. Ceux qui ont connu ce « temps béni » sont les plus sévères sur le « paquebot technocratique » de Bercy.

« Ce lieu est lugubre, sans grâce et sans relief, tranche l'ancien directeur du Trésor Daniel Lebègue, aux manières pourtant policées. Ce n'est pas une réussite, Mitterrand l'a reconnu lui-même. Il est allé le visiter une fois, il a dit : "Je ne reviendrai pas." »

Que d'acrimonie envers ce bâtiment ! Qu'en dit le principal responsable, l'architecte Paul Chemetov ? Dans son costume aubergine en velours côtelé, l'octogénaire enrage contre les critiques : « C'est un des rares bâtiments qui ait respecté son budget et son calendrier. Certains l'ont comparé à un péage d'autoroute. Ou à un truc mussolinien, stalinien… Ils n'en ont sans doute jamais vu[1]. » François Mitterrand ne fut pas le seul contempteur de Bercy. Édouard Balladur, alors ministre des Finances, a lui aussi

1. Entretien avec les auteurs, le 19 mai 2016.

tenté de stopper les travaux. L'architecte, amer, revoit la scène :

« Il arrive sur le chantier, avec ses souliers vernis, son manteau en loden, son chapeau à plumes. Il essaie de me vexer et me dit : “C'est assez romain tout ça.” Il fait référence évidemment aux bâtiments mussoliniens. Je lui réponds : “C'est ce que j'ai appris à l'école des beaux-arts.” » Le futur Premier ministre ne réussira pas à interrompre ce titanesque projet. Malin, l'architecte a prévu le coup et ordonné aux ouvriers de commencer par… les extrémités du long bâtiment ! Avant même d'avoir pris sa forme définitive, la « machine » Bercy résistait déjà allégrement aux consignes politiques.

Une ville dans la ville

Le ministère abrite une salle de sport fréquentée par les hauts fonctionnaires, une Poste, un distributeur, cinq restaurants administratifs, trois cafétérias, un centre médical, une supérette, une crèche… « On peut acheter des cocottes-minute, des voyages, des légumes… Et en même temps c'est un lieu qui respire le pouvoir, décrit un ancien conseiller d'Arnaud Montebourg. C'est un peu l'Étoile noire dans *Star Wars.* Après, les choses ne sont pas les mêmes selon que vous êtes Luke Skywalker ou un fantassin de l'empire. » Des fantassins nombreux, d'ailleurs : 140 000 fonctionnaires dans toute la France, dont 5 000 agents dans les bâtiments de Bercy. Les troupes parisiennes se partagent 206 000 m^2 de surface de bureaux, soit l'équivalent de vingt-neuf terrains de football. « À côté, Matignon, c'est un village gaulois », observe une ancienne conseillère de Dominique Strauss-Kahn et de Lionel Jospin, qui a fréquenté les deux lieux de pouvoir.

Les amateurs de géométrie ont de quoi s'amuser dans Bercy : toutes les dimensions du bâtiment sont des multiples de quatre-vingt-dix. Dans chaque bureau, par exemple, le plafond s'élève à une hauteur de trois fois quatre-vingt-dix centimètres. Résultat : les bureaux, tous identiques, dessinent une cité administrative austère.

Une « administration des années 1850 » ose même un grand commis de l'État, passé par Bercy et classé à gauche. « Il faudrait beaucoup plus d'*open space*, d'aération, de capacité de travailler ensemble. Quand on va à Londres, dans les ministères, c'est uniquement en *open space*. Même les ministres sont dans une cahute vitrée, avec seulement un store qu'ils peuvent baisser ! » L'architecte Paul Chemetov refuse de plaider coupable : « J'ai proposé l'*open space* à l'époque, mais ça a été une bronca générale. Cela dit, toutes les parois sont démontables, donc rien ne s'y oppose. » Rien ou presque. « Un jour, j'ai demandé à ce que le cabinet travaille en *open space*, raconte un conseiller ministériel toujours en poste. On m'a répondu : "C'est trop cher." Bon. »

Le ministère de l'Économie et des Finances, gardien de nos richesses, n'en a donc pas les signes extérieurs. Il bénéficie en revanche de « tout le confort moderne », assure aujourd'hui encore Paul Chemetov. Au sein du gouvernement, les ministres de Bercy sont les seuls à disposer de navettes fluviales. Les deux bateaux, « Concorde » et « Bercy », sont amarrés sous le massif pilier Sud du ministère et tanguent au gré des vagues de la Seine. Le drapeau français et le fanion des douanes flottent sur ces navires gris, vitres teintées, intérieur en bois clair et fauteuils cuir. Seuls les ministres et leurs conseillers peuvent les emprunter – même si Nicolas Sarkozy y faisait parfois monter ses fils.

Ces embarcations permettent, les bons jours, de rejoindre l'Assemblée nationale en seulement sept minutes. Imbattable par la route, même avec une escouade de motards et de sirènes. Et pour cause : les navettes du ministère, conduites par des agents des douanes, font partie des véhicules prioritaires sur la Seine. À l'intérieur, sur le large tableau de bord un peu vieillot, on peine à distinguer le compteur de vitesse – pour la bonne raison qu'il n'y en a pas. « Il y a une différence entre la navette et la voiture officielle, confie Michel Sapin. Quand vous êtes dans la voiture, à toute vitesse, avec le pinpon, les gens vous font parfois des gestes obscènes. Quand vous êtes dans la navette, ils vous font coucou ! » Par beau temps, la cabine de pilotage devient vite une fournaise. Ou plutôt devenait, comme nous le raconte ce douanier : « L'un de nos combats a été de faire installer la climatisation. Nous nous sommes plaints à tous les ministres successifs. Francis Mer nous a dit qu'il avait compris le problème. On était soulagé. Mais quelque temps plus tard, pour qu'on ait moins chaud, il a fait installer un… portemanteau ! » La climatisation ne sera finalement mise en place que quelques années après.

À l'intérieur de Bercy, les restaurants aussi ont leurs noms, leurs clients, leur hiérarchie – et ne vous avisez pas de les confondre. Il y a d'abord les « cantines » de l'administration, situées au niveau inférieur. Inutile d'espérer y trouver une table avec vue : vous ne pourrez observer que la dalle du ministère et vos collègues qui arrivent pour déjeuner. Ces restaurants se situent au sous-sol car ils se retrouvent ainsi en première ligne face aux éventuelles crues de la Seine. Façon de protéger les bureaux, évidemment plus stratégiques.

Il y a ensuite « Le Club », restaurant où vous pouvez inviter des contacts extérieurs. Dans l'Hôtel des ministres, vous trouverez donc la « Popote », la cantine des cabinets ministériels. Au septième étage se trouve *Le Cercle*, splendide restaurant où déjeunent les plus hauts cadres du ministère. Les grandes baies vitrées offrent un panorama sur la Seine et l'Est de Paris. Des paravents séparent les tables rondes nappées, décorées d'un bouquet de fleurs. Discrétion assurée : le directeur du Trésor y croise celui du Budget, alors qu'un important homologue étranger occupe une troisième table. Restent enfin les salles à manger des ministres. Leurs murs, couverts de panneaux anti-bruit en bois, accueillent, selon les jours, députés, journalistes ou experts, autour d'un service à l'assiette et de vins fins.

L'Hôtel des ministres, près de la Seine, se positionne en léger décalage par rapport à l'axe des autres bâtiments du ministère. Un décrochement de douze degrés. Cela offre aux occupants une vue plongeante sur la Seine, en direction de Notre-Dame. Et cela permet d'éviter dans le panorama le siège de la BRED, une banque coopérative, « d'un aspect assez barbare » selon Paul Chemetov, l'architecte.

Lorsqu'il nous reçoit dans son bureau, Michel Sapin prononce cette phrase : « Rien n'a changé. » Il a exercé la même fonction vingt-quatre ans plus tôt, sous François Mitterrand. « Dans le bureau du ministre, rien n'a changé. » Il se corrige : « Sauf le portrait du président accroché au mur et la moquette. » La ministre Christine Lagarde avait choisi un motif zèbre, fantaisie bien vite éliminée par ses successeurs. En cherchant bien, le ministre des Finances voit une autre différence : en 1993, il surveillait depuis son bureau les cours du mark et du franc, qui évoluaient sur des écrans.

La langue

Pour parler le « bercyien », il faut assimiler des dizaines de sigles : DGFIP, SG, DGCCRF, APE, DNVSF, STDR, DGDDI, IR, CSG. Pas de panique : dans cet ouvrage, tout sera traduit. Par exemple : DGDDI signifie « douanes ». Simple, non ?

Au cours de nos voyages en terre bercyenne, nous avons entendu des phrases comme : « Et encore, ils ont fusionné la DGI et DGCP ! » Surprise, un autre jour, lors d'un entretien : nous demandons – pour la énième fois – à un conseiller la signification d'un acronyme… Le voilà qui dégaine son téléphone portable, et pianote sur Internet.

« Google est ton ami », marmonne-t-il dans un demi-sourire.

Serions-nous tombés dans « La maison qui rend fou », décor d'un des *Douze travaux d'Astérix* ? Dans ce film de René Uderzo et Albert Goscinny, les deux Gaulois tentent en vain d'obtenir un formulaire dans un bâtiment labyrinthique, bardé de sigles et de guichets. Au ministère, bien que les nouvelles recrues soient de brillants esprits, issus des concours les plus prestigieux (la fine fleur des promotions de l'ENA, les meilleurs ingénieurs du corps des Mines), le jargon local peut déstabiliser. Voire entraver. Comme antidote à cette potion parfois indigeste, le secrétaire général du ministère a mis en place un plan pour simplifier les procédures. Son nom : « Bercy simple ». Il vise, par exemple, à faciliter les téléconférences et le travail à distance. Bercy simple, au risque de l'oxymore. « On a retrouvé notre communication dans un état presque archaïque, reconnaît Laurent de Jekhowsky. On avait tout simplement oublié de parler aux gens. » Une fois habitué au lieu et à la langue, encore faut-il s'acclimater aux usages du pays bercyen. Et ce n'est pas plus facile.

Kafka

Peut-être est-il un peu convenu d'évoquer l'écrivain tchèque pour décrire les méandres d'une administration. Pourtant, le terme parsème les discours de nos interlocuteurs : « kafkaïen ». C'est le premier mot qui vient à l'esprit de cette conseillère en communication d'un ministre, peu de temps après son arrivée, lorsqu'elle se rend au service des fournitures :

— Bonjour, j'aimerais des stylos de type rollerball…

— C'est pour qui ?

— Euh… pour moi. Pourquoi ?

— Les stylos de type rollerball sont réservés aux ministres et aux directeurs d'administration, madame…

— Vous plaisantez ?

— Non, madame…

— Alors dans ce cas : le ministre veut des stylos rollerball et m'envoie les chercher ! Ça vous va ?

— Voici les stylos, madame.

Mi-amusée, mi-incrédule, la même conseillère se souvient d'une autre mésaventure. Elle a dû attendre « plusieurs mois » avant d'obtenir des abonnements à la presse. Un autre conseiller a, de son côté, demandé des abonnements numériques. « Mais les formats choisis par le ministère n'étaient pas compatibles avec ma tablette. Alors j'ai dû repasser aux journaux papier… »

Bercy et la numérisation : l'histoire d'amour reste platonique. Il suffit de voir les montagnes de dossiers papier qui s'empilent dans les bureaux des ministres. Y compris celui d'Axelle Lemaire, pourtant secrétaire d'État au… Numérique. Lorsqu'elle nous reçoit, deux piles de parapheurs roses menacent de s'effondrer. « Et ça, c'est seulement depuis hier matin, soupire-t-elle en désignant l'amas. J'ai honte ! Honte quand je reçois des homologues étrangers dans ce bureau[1] ! » La jeune ministre confie avoir voulu

1. Entretien avec les auteurs, le 20 septembre 2016.

imposer la signature électronique. Sans succès. « Il n'y a pas un seul pays occidental développé dans notre cas », bouillonne-t-elle.

Le tout-papier donne lieu à des scènes cocasses. Combien de fois les huissiers ont-ils vu, le soir, les ministres rejoindre leur appartement de fonction en poussant un chariot entier de dossiers ? « Une partie du travail des huissiers, c'est de faire circuler les parapheurs », déplore très sérieusement Axelle Lemaire. La ministre est en colère : « On remet en cause les responsables politiques pour leur incapacité d'agir, mais 80 % de mon incapacité d'agir est liée à l'administration. Ça révèle l'incapacité de l'administration à se réformer. Ça fait quinze ans que ça n'a pas bougé. » Derrière cette hantise du numérique, selon elle, se cachent des enjeux de pouvoir dans l'administration : « Vous savez comment ça marche ? Je demande une note technique sur un sujet. Mon conseiller transmet la requête à un directeur d'administration. Lequel la fait rédiger par une "petite main". La "petite main" écrit le parapheur, il remonte de bureau en bureau, il est validé, revalidé, survalidé : ça me revient des semaines plus tard. Et c'est toute une chaîne papier. Il y a une question de contrôle de l'information dans tout ça. » Chacun veut pouvoir relire, annoter, apposer sa marque.

La mécanique des notes au ministre est symptomatique. Un ancien directeur juridique de Bercy raconte en avoir reçu signées par quatre personnes. « Il y a une sur-sécurité qui déresponsabilise complètement. J'ai essayé de réformer ça, mais c'est très difficile : ça privait les échelons intermédiaires de leur pouvoir. Alors, pour les choses importantes, j'ai organisé dans mon bureau des réunions avec des relectures communes. Il y a une résistance à la nouveauté. On y arrive, mais c'est beaucoup d'énergie. » Puis, un brin désabusé : « Il ne faut pas y rester trop longtemps, cinq ans, pas plus. Au début, on a des idées, on peut changer les rythmes… Après, c'est impossible. »

Mais l'administration n'est pas la seule fautive. « Le cabinet du ministre ne voulait pas que je lui envoie les dossiers en format électronique », se souvient un ancien directeur d'administration. « Alors on payait quelqu'un pour lui apporter une version papier. » Il existe pourtant bien un système de wagonnets automatiques pour le courrier. Des boîtes métalliques fermées par un couvercle circulent toute la journée sur un immense système de rails. Neuf kilomètres de rails parcourent les plafonds de tous les couloirs, à cinq kilomètres à l'heure. Le réseau dessert tout le bâtiment. À chaque étage, une pièce sert de gare de triage pour le courrier ainsi distribué. « Mais on ne sait jamais si ça arrive bien à la personne souhaitée, note cet ancien cadre. Donc on évite. »

Un État dans l'État

Il n'est pas rare de croiser au bureau, le week-end, des « Bercyens », en pull et en jean. La ministère ne s'arrête jamais de tourner. « C'est une vie d'enfer ! Je suis sorti de deux années comme directeur du Trésor lessivé. Je n'en pouvais plus, il fallait que j'arrête », raconte Daniel Lebègue. Cet ancien directeur du Trésor a fait ses calculs : lorsqu'il dirigeait cette administration, il a passé trois week-ends sur quatre dans des réunions internationales.

La machine Bercy ne permet pas de relâchement. Tout ou presque passe par elle. Aucune loi, aucune mesure, aucune réforme ne peut être effective sans son accord. C'est d'ailleurs le seul ministère systématiquement représenté dans les très importantes Réunions Interministérielles, ces réunions d'arbitrage à Matignon, souvent appelées « RIM » (pardon, encore un sigle).

Au point de favoriser un léger complexe de supériorité ? « C'est un lieu arrogant, par définition », remarque un ancien haut dirigeant de la maison, passé depuis dans le privé. « Les autres ministères viennent quémander. S'ajoutent à cela les longs couloirs, les portes fermées, les bureaux statutaires, où le nombre de travées correspondent à votre grade… » Décidément, l'architecte doit parfois avoir les oreilles qui sifflent.

D'ailleurs, après avoir construit le ministère, Paul Chemetov n'a plus obtenu aucune commande pendant cinq ans. Un quinquennat qualifié aujourd'hui de « trou noir » par l'intéressé. La France n'a pas su, selon lui, reconnaître l'édifice à sa juste valeur : « Dans tout pays normal, quand vous avez réalisé une telle œuvre, vous êtes accablé de commandes ! »

Des administrations rivales

Le ministère compte plusieurs directions. Chacune travaille uniquement sur « sa » spécialité. Le Trésor, direction réputée la plus prestigieuse, offre au ministre une analyse économique et lui formule des recommandations. La direction générale des finances publiques s'occupe de fiscalité et d'impôts. Et ainsi de suite. Une fable illustre jusqu'à l'absurde la rivalité entre ces directions cantonnées à leur spécialité. Cette histoire circule depuis des années dans les couloirs de Bercy, et nul n'en connaît vraiment l'auteur. C'est la fable d'Olive le chat, un félin qui a élu domicile dans la cour du ministère :

« La direction du Personnel, de la Modernisation et de l'Administration ordonna immédiatement la rédaction d'une circulaire interne visant à interdire de nourrir le chat et organisa une réunion interservices : humanité et efficacité administrative devaient se conjuguer pour trouver une solution à la pagaille. Elle proposa d'affecter la mission de nourrir l'animal au poste de garde-douanier qui présentait l'avantage d'une présence permanente.

La direction des Douanes objecta que l'entretien d'un chat n'entrait pas dans ses soixante-dix-neuf missions répertoriées, à l'heure où elle s'efforçait précisément de réduire ses effectifs. On ne pouvait lui demander tout et son contraire.

La direction des Affaires juridiques exposa que la cantine devait servir à nourrir le personnel du ministère et non des chats : fournir de la nourriture à cet effet était donc illégal. La direction du Budget renchérit et évoqua le spectre de la Cour des comptes qui ne manquerait pas de relever le fait, voire d'en faire un trait d'humour acide aux dépens du ministère dans un prochain rapport public.

La direction de la Répression des fraudes releva que, pour d'évidentes raisons d'hygiène, la nourriture réservée au chat devait être stockée dans un réfrigérateur à part. Il faudrait une subvention d'équipement spécifique.

La direction du Budget, exaspérée, critiqua les gestionnaires qui ne résolvaient les problèmes que par des hausses de crédits.

La direction de la Communication ajouta que le ministère des Finances se privait d'une valorisation sympathique de son image de marque à peu de frais. La dernière enquête de satisfaction montrait un effritement inquiétant : l'indice de popularité du ministère qui gravitait d'habitude autour de 10 % venait de tomber à 8 %. Olive pouvait devenir une mascotte porteuse de sens dotée d'une forte dimension affective.

La direction du Personnel se retourna alors vers la direction des Impôts en proposant de délocaliser le chat en province. Il y avait sûrement une possibilité d'hébergement quelque part dans les six mille adresses du ministère.

La direction des Impôts s'exclama que les réseaux, déjà en proie à des économies drastiques, soumis à une restructuration intense et complexe, ne joueraient pas les variables d'ajustement de l'administration centrale : on ne pourrait d'un côté réduire les effectifs et de l'autre les augmenter avec des chats ! En outre, les syndicats ne manqueraient pas de demander la création de cinq emplois pour prendre soin de l'animal en permanence compte tenu des 35 heures.

Le directeur du Personnel, excédé, mit fin à la séance en déclarant que le problème du chat devait trouver une solution dans les meilleurs délais. Deux jours plus tard, il se voyait convoqué par le secrétaire général, profondément énervé. Ce dernier brandissait une poignée de tracts de l'intersyndicale qui manifestait son soutien à Olive : "Solidarité avec Olive" ; "Non au limogeage d'Olive" ; "Aujourd'hui le chat, demain nos emplois" ; "La restructuration de la Centrale broie Olive sans pitié".

Le secrétaire général qui découvrait l'existence d'Olive demanda au directeur du Personnel s'il n'avait rien d'autre à faire qu'à pourchasser un matou sans défense en déstabilisant ses délicates négociations syndicales et Bercy en mouvement. Le ministre l'avait en effet convoqué pour des explications impossibles à fournir : l'affaire du chat commençait à courir tel un incendie de pampa dans l'appareil de l'État. Un entrefilet sur Olive figurait dans *Le Canard enchaîné* : les ministres de l'Écologie et de l'Agriculture avaient passé des petits mots en Conseil des ministres, une interministérielle menaçait et une question risquait d'être posée le mercredi suivant au Parlement, selon l'attaché parlementaire du ministre. Bref, le directeur du Personnel disposait de quarante-huit heures pour résoudre la question du chat.

La direction des Affaires juridiques rétorqua que le chat ne serait pas subventionné mais rémunéré comme prestataire de services. Tout le monde, sauf le Budget, savait qu'un chat attrapait des souris et des rats. Or ces derniers étaient nombreux à Bercy, du fait de la proximité avec la Seine. Un contrat serait donc établi par la direction du Personnel avec le chat à cet effet.

La direction de la Concurrence s'inquiéta : ne fallait-il pas une mise en concurrence sur cette prestation, avec appel d'offres plutôt qu'un marché de gré à gré ? Et que se passerait-il si d'autres chats étaient présentés par leurs propriétaires ?

La direction de la Réforme budgétaire demanda une étude : le chat, certes solution écologique, présentait-il le meilleur rapport qualité-prix pour libérer Bercy des rongeurs ? Elle proposa d'ajouter un 156e sous-groupe de travail à ses activités pour définir des objectifs et des indicateurs afin de mesurer le taux d'efficience d'Olive : nombre annuel de rats et souris à éliminer, taux de réussite, poids moyen par rongeur abattu, etc. Le chat devrait produire un rapport d'activité et de performance qui serait intégré au document que le ministère transmettrait au Parlement.

La lecture de l'approuvé provoqua la septième crise de colère de la journée chez le ministre des Finances (et il n'était que midi nota scrupuleusement l'huissier en chef qui tenait les paris) : "Mettez des énarques autour d'un chat et ils le transforment en fonctionnaire !" hurla-t-il. Il visa rageusement l'approuvé tout en demandant à la direction du Trésor une étude de privatisation du chat avec mise aux enchères et affectation du gain au désendettement de l'État.

C'est un directeur du Personnel fatigué mais heureux qui, ce soir-là, agita les approuvés au-dessus de la corbeille d'Olive installée dans son secrétariat, hors de portée du Budget. Olive ne leva pas la tête : elle était trop occupée à lécher les cinq chatons noir et blanc qui sommeillaient dans la corbeille… »

La fable n'a rien d'imaginaire dans son constat : les administrations fonctionnent bien en « silo », selon le mot même du secrétaire général de Bercy, Laurent de Jekhowsky.

« Chaque direction du ministère est un ministère à elle toute seule », reconnaît-il, depuis son poste de tour de contrôle de Bercy. « Chacune a son service de Ressources humaines, son service budgétaire, son service logistique, son service achat. » Puis, très prudent : « On cherche à mutualiser ces fonctions – je dis bien mutualiser, pas intégrer. » Il reprend, après une hésitation : « Sans mettre en cause l'autonomie de chaque direction, naturellement. » Précautions oratoires : l'affaire est sensible. Si chaque direction veille jalousement à ses moyens, c'est pour préserver son influence auprès du pouvoir politique. Toutes adressent des recommandations au ministre (des « notes »), mais elles ne communiquent pas entre elles (ou très peu). Une guerre des chapelles mariée à la culture du secret.

« Au cabinet du ministre, vous êtes submergé de notes venant de l'administration, se souvient l'économiste Jean Pisani-Ferry, qui a travaillé avec Dominique Strauss-Kahn. Vous recevez trois fois la même note, sur le même sujet, venant de trois directions différentes, avec des micro-variations… Chacun a son bout d'information donc il faut reconstituer le puzzle. » Résultat : une organisation « en étoile », avec le ministre au centre et les administrations autour.

Ramon Fernandez, respecté directeur du Trésor sous Nicolas Sarkozy puis sous François Hollande, le confirme : « Les notes que le ministre reçoit peuvent être totalement contradictoires : faut-il faire une nouvelle ligne de chemin de fer à grande vitesse ? construire un nouvel EPR ? Personne n'est d'accord. Le problème ? Les ministres ne font pas vivre la collégialité. Des réunions avec le ministre et l'ensemble de ses directeurs, j'en ai connu deux en cinq ans. » Dans la galaxie des directeurs, tous n'ont pas le même accès au soleil (pardon, au ministre). Le directeur du Trésor accompagne le grand chef dans les réunions internationales, au FMI, au G20, au G7, à Bruxelles… « Ça fait des heures de Thalys, de réunions parfois où il ne se passe pas grand-chose, donc on a le temps de bavarder », confie Ramon Fernandez. « S'il veut aborder un sujet avec le ministre, le directeur du Trésor est sûr de pouvoir le faire. La plupart des autres directeurs doivent prendre rendez-vous, c'est plus solennel. »

Le Trésor est-il la direction « chouchou » ? En tout cas, une forme de hiérarchie invisible existe, même si « elle n'est jamais acquise », estime Ramon Fernandez. Ce qu'un ancien haut fonctionnaire au Budget, classé à droite, résume plus brutalement. « Il y a une tradition de cascade de mépris entre les directions. L'inspection des Finances méprise le Trésor, le Trésor méprise le Budget, le Budget méprise la direction des Douanes, et ainsi de suite… Quand vous arrivez à la direction des Monnaies et à l'imprimerie nationale, vous êtes au fond de la piscine. » « On est considéré comme les bouseux », regrette un membre de la direction des Finances publiques. Pendant longtemps, la direction du Trésor et celle du Budget se sont affublées de doux surnoms : « putes bourgeoises » contre « moines soldats ». Ambiance. C'est donc dans cette forteresse écrasante, armée de « fantassins » compétents et travailleurs, avec ses traditions secrètes et ses rivalités latentes, que le nouveau ministre peut joyeusement s'atteler à la tâche. En commençant par les impôts et les taxes, par exemple.

3.

La fabrique des impôts

« La taxe à 75 % pour les plus riches, j'étais convaincu dès le début que cette mesure ne prospérerait pas[1] », confie cet homme en costume gris finement rayé de blanc. Depuis son immense bureau orné de moulures dorées on entend les enfants jouer parmi les colonnes de Buren. Ce bureau, parquet brillant, et fauteuils XVIIIe, c'est celui du Conseil constitutionnel. Notre interlocuteur ? Laurent Fabius, celui-là même qui était chargé début 2012 d'imaginer la première année du mandat du candidat François Hollande. L'annonce surprise de la « contribution exceptionnelle de solidarité » à 75 % sur les hauts revenus, le 27 février 2012 sur le plateau de TF1, laisse sceptique l'ex-ministre du Budget et de l'Économie, il le confie aujourd'hui. À l'époque,

1. Entretien avec les auteurs, le 19 mai 2016.

la mesure relance la campagne du futur président de la République. Elle provoque la colère des patrons de clubs de football, l'inquiétude des grands patrons. Le Premier ministre britannique, David Cameron, propose aux entreprises de s'exiler outre-Manche, il se dit prêt à « leur dérouler le tapis rouge ». Mais cette tranche d'imposition censée toucher les revenus au-dessus d'un million d'euros ne s'appliquera jamais. La taxe à 75 % est d'abord édulcorée et limitée à deux ans, à la demande, entre autres, de Laurent Fabius. Elle est finalement censurée en décembre 2012 par le Conseil constitutionnel, encore présidé par Jean-Louis Debré. Selon les Sages, cette tranche supplémentaire ne respecte pas l'égalité des foyers devant l'impôt. « Le monde est ouvert, c'est comme ça. Il faut avoir les oreilles ouvertes », analyse aujourd'hui Laurent Fabius.

Cette anecdote témoigne de l'inventivité fiscale française. Elle montre aussi que la politique économique, budgétaire et fiscale est la première confrontée à la réalité crue. « Dans la campagne électorale, je suis frappé car il y a toujours des débats fiscaux terribles, s'étonne Denis Morin, directeur du Budget au ministère des Finances. Si on écoute les candidats, ce sera génial, ou épouvantable, la fin du monde ou le début du paradis. » Un avocat fiscaliste peste lui contre ce qu'il considère comme une instrumentalisation : « Même le conseiller fiscal de François Hollande reconnaît ouvertement la stupidité de cette taxe à 75 % ! Mais quand on le lui reproche, il dit que la taxe a joué son rôle car elle a piégé Sarkozy et l'a forcé à s'afficher comme le président des riches. »

Après une campagne électorale voguant de promesses en principes, le paquebot du ministère de l'Économie et des Finances doit le premier affronter des tempêtes bien réelles. La croissance moins importante que prévu, par exemple, comme ce fut le cas après l'élection de François Hollande. Le candidat avait bâti son projet sur une hypothèse : elle atteindrait 2 % en 2015. Finalement, elle stagne en 2012, se hisse péniblement à 0,3 % en 2013, et jusqu'à 1,1 % en 2015, selon l'Insee. Un contexte beaucoup moins favorable que prévu. « Quel est alors le sens d'exiger qu'on pratique exactement la politique prévue dans le programme ? » s'interroge Laurent Fabius. Si le président entend respecter les limites de déficit, il dispose alors de deux leviers : la baisse des dépenses et la hausse des impôts. Pour les actionner, Bercy est très bien outillé, avec aussi une préférence marquée, estime une ancienne conseillère de Dominique Strauss-Kahn : « Les fonctionnaires ne sont pas formatés pour faire des économies, ça grippe de ce côté-là ! En revanche ils sont tout à fait capables de créer de nouveaux impôts. »

Impôts, mode d'emploi

Vous n'êtes peut-être pas sensible à ses attentions, mais Bercy vous contacte régulièrement. Ses courriers arrivent dans votre boîte à lettres ou votre boîte mail. Des messages noir et blanc, frappés en haut à gauche du portrait de Marianne. En caractère gras : un montant à payer. En majuscule, en tête du courrier, l'intitulé « avis d'impôt ». L'expéditeur : la direction générale des Finances publiques. Une pieuvre. Cette entité, la plus importante du ministère des Finances, compte 115 000 agents dans toute la France, sur les 145 000 personnes qu'emploie Bercy. 4 200 centres des finances publiques, les centres des impôts, en fait. Signe particulier de cette administration : une créativité incontestable. Quarante-quatre taxes ont vu le jour entre 2010 et 2014, selon l'Observatoire des politiques budgétaires et fiscales du cabinet E & Y. Depuis des années, les décrets et instructions qui accompagnent ce genre de mesures viennent gonfler le nombre de textes existants, car peu de taxes disparaissent. Pour cinq créées en 2016, une seule taxe a été supprimée. Le record de « productivité » revient à l'année 2012, où quinze taxes ont vu le jour.

Du laboratoire à la réalité

Cette inspiration fiscale débridée se ressent sur le terrain. L'automne 2013 tourne d'ailleurs au cauchemar pour le gouvernement. Samedi 26 octobre, à Pont-de-Buis dans le Finistère, des manifestants à bonnets rouges s'attaquent au portique écotaxe, qui doit recenser les poids-lourds soumis à ce nouvel impôt. Dans les heurts avec la police, un homme a la main arrachée, plusieurs autres sont blessés. Fin novembre, ensuite, des milliers de cavaliers, d'éleveurs et de chevaux battent le pavé parisien pour dénoncer l'augmentation de la TVA sur le secteur équestre. En bonnet rouge ou bombe de cavalier, les rebelles fiscaux envahissent donc les écrans de télévision. Les panneaux publicitaires, aussi, pour ce qui concerne l'« équitaxe », car les professionnels financent une campagne de communication choc : une fillette pleure, en 4 par 3 sur la barrière d'un club équestre, le départ de son poney pour l'abattoir. Les courriers de protestation contre cette « équitaxe » s'entassent dans les ministères. « On s'est arrêté de compter à 35 000 lettres, raconte un conseiller budgétaire de l'époque. 35 000, c'était à Matignon, donc sans compter celles envoyées à Bercy. » Ambiance morose, les conseillers dépriment. C'est la suite plus ou moins logique de l'imagination fiscale fertile de l'année précédente, selon le jeune conseiller, passé ensuite à Bercy, au cabinet d'Emmanuel Macron. « En 2012, beaucoup de ministères arrivaient en disant : on comprend votre problème de déficit [4,8 % du PIB cette année-là, selon l'Insee]. Ce qu'on va faire c'est créer une taxe dans notre secteur et l'affecter à une dépense supplémentaire. »

Souvent, donc, ces nouveaux impôts naissent de la tête des politiques. Côté gouvernement d'abord. Dans ce cas, la mesure se retrouve en général dans le projet de loi de finances, présenté à l'automne pour l'année suivante. Si la révolte fiscale de 2013 éclate précisément à cette période, ça n'a rien d'anodin. Pour mettre en musique ses idées, ou répondre à ses commandes, l'exécutif bénéficie des services de la direction de la Législation fiscale (DLF). « Toutes les demandes sont étudiées avec soin, précise

Bruno Parent, directeur général des finances publiques (DGFIP, le fisc français). Sur le plan juridique, constitutionnel... Il y a des études d'impact. » Les études sont moins exhaustives pour les mesures proposées par les parlementaires, ces amendements qui arrivent dans le feu des discussions sur le budget à l'Assemblée et au Sénat. Là, le temps, plus compté, ne permet pas un travail aussi approfondi. L'administration fournit quand même au ministre des éléments pour décider de soutenir ou non un amendement parlementaire. « Il peut se trouver des cas où les choses vont trop rapidement », admet le patron de la DGFIP. Avant de nuancer : « Il y a une deuxième lecture au Sénat, tout ça ne se fait pas "vite fait sur le gaz" sous une tente de camping[1] ! »

La taxe-réaction

Vite fait sur le gaz, non, mais parfois, à chaud, au bord de la mer. Le 6 novembre 2007, le président de la République Nicolas Sarkozy se déplace dans le Finistère, au port du Guilvinec, pour rencontrer des pêcheurs plombés par la hausse des prix du gazole. Cette virée sur la côte manque de tourner à la bagarre : « Descends un peu le dire ! » crie le chef de l'État à un pêcheur qui l'interpelle du haut du bastingage. Réponse de l'intéressé : « Si je descends, je te mets un coup de boule ! » De retour à Paris, pour aider les pêcheurs, le chef de l'État cherche une

1. Entretien avec les auteurs, le 30 août 2016.

façon d'intégrer cette hausse du prix du diesel aux prix des produits vendus sur les étals des poissonniers. Ainsi apparaît en janvier 2008 la « taxe crustacés ». Un prélèvement de 2 % s'appliquera à la vente de crabes, homards, crevettes, mais aussi poissons, indique l'instruction fiscale rédigée par Bercy. Bizarrement, les huîtres et moules ne sont pas concernées. Cette taxe à la consommation vient s'ajouter à la taxe déjà existante, la TVA. Et au diable les recommandations nutritionnelles sur la consommation de produits de la mer ! « C'était absurde », fulmine encore le député Gilles Carrez, aujourd'hui président Les Républicains de la commission des finances. Il tape du poing sur son beau bureau de député. « Je suis monté à la tribune pour décrire ma poissonnière sur le marché du Perreux. J'ai dit que je n'oserais plus me présenter à son étal, sinon elle allait m'arracher les yeux[1] ! » Selon le parlementaire, la mesure était inapplicable, les poissonniers et les clients ne l'auraient pas payée. Quoi qu'il en soit, la taxe disparaît le 1er janvier 2012.

Les techniciens de l'impôt de la direction de la Législation fiscale peuvent donc être appelés à intervenir, une fois prise la décision politique. Avec plus ou moins de zèle. « Il faut toujours s'y reprendre à plusieurs fois pour les faire écrire sur nos sujets », regrette un ancien conseiller au ministère de l'Économie.

1. Entretien avec les auteurs, le 16 mars 2016.

Taxes-tiroir et astuces fiscales

Quand l'imagination des politiques se tarit, les services de Bercy ne chôment pas pour autant. « Sur la fiscalité, il y a un musée des horreurs », s'amuse l'ex-ministre de l'Économie et des Finances Pierre Moscovici.

Dans les tiroirs du ministère, des propositions de prélèvements nouveaux attendent de trouver un ministre intéressé. « On prend ou on ne prend pas... on ne prend plutôt pas d'ailleurs », assure, sourire aux lèvres, celui qui est aujourd'hui commissaire européen à la Fiscalité. Et pour appuyer son propos, il cite, ironique, cette taxe sur la bière que lui a présentée l'administration. Vérification faite : le ministre a bien donné son aval à ce prélèvement, appliqué depuis le 1er janvier 2013. Il augmente de 160 % les droits d'accise, un impôt indirect sur l'alcool. Et fait monter en température les brasseurs, inquiets pour leur commerce. Cette hausse n'est pas inutile : l'impôt ainsi modifié doit rapporter près de cinq cents millions d'euros annuels à la Sécurité sociale. À cela s'ajoute l'effet dissuasif que peut avoir la hausse des prix pour les jeunes. « Alors que l'alcool tue trente mille personnes par an », ajoute, à l'époque, le ministre du Budget, Jérôme Cahuzac. L'argument de santé et les finances publiques dégradées ont fini par ouvrir la voie à ce prélèvement prêt depuis longtemps. « Généralement, ce ne sont pas les fonctionnaires qui proposent ce genre de taxe, nuance le député Les Républicains Gilles Carrez. Ils finissent par les ressortir quand on les harcèle pour trouver de l'argent en urgence ! » La même analyse vaut-elle pour la taxe sur les boissons sucrées, mise en place au 1er janvier 2012 par le gouvernement de Nicolas Sarkozy ? « Bercy reste Bercy », se lamente en août 2011 Dominique de Villepin sur France Info, quand on l'interroge sur ce projet. L'ex-Premier ministre, retiré de la vie politique, s'exprime à l'occasion d'un énième plan d'économies du gouvernement Fillon : « Chaque ministre se voit proposer les mêmes mesures. C'est le dixième ou douzième à qui on propose la taxe sur les boissons sucrées. Il y en a un qui a accepté, mais est-ce à la hauteur des enjeux ? »

Sans doute pas suffisant, en tout cas. Voilà pourquoi d'autres mesures reviennent régulièrement dans les propositions de Bercy aux ministres pour la loi de finances annuelle. « À Bercy, il y a plein de tiroirs, et dans les tiroirs, il y a toujours un truc pour trouver de l'argent supplémentaire, constate le président de la commission des Finances à l'Assemblée. C'est permanent. C'est génétique ! »

Certaines techniques sont d'ailleurs à la limite de l'avouable. Une astuce récurrente consiste à puiser dans les caisses des établissements publics ou semi-publics. Les chambres de commerce en ont fait les frais, tout comme les universités et le centre national de la cinématographie. Mais la tactique ne date pas d'hier : dans les années 1970, le président du Bureau des villes nouvelles, Roger Goetze, ancien directeur du Budget, avertissait déjà ses ouailles : « Il faudra faire en sorte qu'il n'y ait que des dettes, et jamais de fonds de roulement. Parce que si vous faites apparaître un fonds de roulement, on vous le prélèvera. »

L'actuel secrétaire d'État au Budget, Christian Eckert, recense, sourcils froncés, ce qu'il appelle les « marronniers », ces propositions récurrentes lors des discussions budgétaires : « Supprimer le crédit d'impôt recherche, mettre une TVA moins chère sur le bois de chauffage, les parcs d'attractions, créer un crédit d'impôt pour, je ne sais pas, moi, les chauffeurs de taxis... » Derrière ses fines lunettes rectangulaires, du haut de sa carrure de boxeur, il poursuit, moqueur : « Il y a toute une kyrielle de débats, au gré de l'actualité, des personnes, d'accidents, qui à tout moment peuvent enflammer la planète[1]. »

L'impôt à la niche

La créativité en matière fiscale fonctionne pour prélever mais aussi pour exonérer. C'est l'exercice de la niche fiscale, plus prisé, lui, des politiques que de l'administration de Bercy. Le paquebot a beau lui faire la chasse, il a beau plafonner ces avantages pour les particuliers, ces aménagements représentent, pour l'année 2017, quatre-vingt-dix milliards d'euros de manque à gagner. Chaque année ce montant augmente. En 2016, quatorze nouvelles niches ont été aménagées pour neuf supprimées. Les nouvelles exceptions concernent par exemple l'étalement des primes pour les médaillés des Jeux olympiques, la culture d'arbres truffiers, mais aussi le taux réduit de contribution au service public pour l'électricité consommée par

1. Entretien avec les auteurs, le 29 avril 2016.

des personnes exploitant des installations industrielles électro-intensives… Une niche à trois cent vingt millions d'euros !

L'art de la niche est loin d'être une invention « hollandaise » : en 2007, Nicolas Sarkozy, tout juste élu, fait voter la loi TEPA (travail, emploi, pouvoir d'achat). Ensemble de mesures qu'il traduit par : « Travailler plus pour gagner plus. » Montant de la facture la première année : 7,7 milliards d'euros pour l'État, selon un rapport de Bercy. Plus de la moitié provient de la défiscalisation des heures supplémentaires. Le creusement des déficits reprend à ce moment-là, si l'on en croit le président de la commission des Finances à l'Assemblée, pourtant de la même famille politique. « J'ai eu le grand bonheur de rapporter la loi TEPA en 2007, ironise Gilles Carrez. On faisait des réunions et j'expliquais TEPA en disant : “C'est merveilleux : on est le seul pays qui paie pour la réduction du temps de travail puis pour son augmentation !” Vu de l'extérieur, les Français sont fous ! » Et l'avocat fiscaliste Michel Taly de renchérir : « L'exonération de cotisations sur les heures supplémentaires, c'est la campagne de communication la plus chère de l'Histoire ! » Selon ce spécialiste de la fiscalité, l'avantage de cette exonération s'évapore en effet dès la deuxième année. Les entreprises proposeraient alors aux nouveaux embauchés un contrat au nombre d'heures réduit, et des heures supplémentaires défiscalisées pour compléter. Effet d'aubaine ?

Le taux d'impôt sur le revenu a beau atteindre 45 %, l'impôt sur les sociétés 28 % en 2020, une grande partie de l'argent ne revient donc pas dans les caisses de l'État. « Des taux dévitalisés par ces niches fiscales plus cachées les unes que les autres, complexes, très nombreuses, modifiées chaque année... » regrette le député Gilles Carrez. L'accumulation des niches permet aux contribuables les plus rusés de diminuer leur impôt sur le revenu. Ou d'y échapper. En 2015, moins de 46 % des Français acquittent cet impôt. Selon Vincent Drezer, longtemps secrétaire général du syndicat Solidaires finances publiques, le principal outil de Bercy, la fiscalité, s'en trouve affaibli : « L'impôt sur le revenu perd de son sens. Il pèse aujourd'hui moins financièrement que la contribution sociale généralisée [CSG, prélevée sur la feuille de paie], qui concerne un nombre plus réduit de personnes[1]. »

La couveuse de l'impôt

Les services du ministère n'apprécient guère ces trous qui transforment parfois l'impôt en gruyère. Mais chaque niche a son défenseur : les entreprises, le député dont la circonscription dépend de telle activité exonérée, et même parfois le ministre lui-même. François Baroin, au Budget entre mars 2010 et juin 2011, doit tailler, crise oblige, dans de nombreux dispositifs. Mais il défend les exceptions accordés à l'Outre-Mer : « Sans une politique dérogatoire, ce sont là-bas les mêmes problématiques qu'en métropole, multipliées par deux ou

1. Entretien avec les auteurs, le 14 avril 2016.

trois[1] ! » avance l'ex-ministre du Budget mais aussi des DOM-TOM. Il s'emploie à démontrer par ses calculs que Bercy n'a pas intérêt à toucher aux exonérations fiscales qui concernent l'investissement productif et immobilier à la Réunion ou à la Guadeloupe : cela coûterait plus cher en dotations budgétaires, assure le jeune chiraquien. Ce genre d'exceptions fiscales provoque la colère au sein de l'administration, notamment parmi les syndicats. « Depuis quelques années, Bercy ouvre sa porte aux lobbies en tout genre, accuse Alexandre Derigny de la CGT Finances. Dans la loi de finances il y a une niche fiscale par secteur professionnel ! Et dans les étages, ça défile en permanence. »

Pour ce qui est d'inventer des prélèvements, les experts de la direction de la Législation fiscale se défendent de vivre hors-sol. Ces fonctionnaires de haut vol ne se contentent pas d'écrire des rapports ou d'assister les ministres à l'Assemblée nationale. Ils rencontrent spécialistes et organisations professionnelles pour bâtir les dispositions fiscales. « Sur les lois fiscales, évidemment, on est consulté », confirme un haut dirigeant du Medef. « Ça va du projet de loi de finances au détail de l'instruction fiscale. » Autre interlocuteur de choix : l'avocat fiscaliste. « On consultait ces professionnels sur l'impact des mesures envisagées », raconte une ancienne dirigeante de la direction de la Législation fiscale (DLF). Une expertise indispensable pour les sujets les plus pointus, comme les « trusts », un montage fiscal permettant d'échapper à

1. Entretien avec les auteurs, le 27 avril 2016.

l'impôt. Encore faut-il qu'entre avocats et administration la confiance s'installe. Consulter un fiscaliste, c'est aussi, s'il est opportuniste, l'aider à ouvrir la porte de l'évasion fiscale. Entre l'expertise et la quasi-complicité d'évasion, il s'agit donc de trouver la voie et de savoir manier le secret. « Tout ça c'est de la pâte humaine », explique cette ancienne spécialiste des impôts. De la pâte humaine où l'on choisit ses ingrédients. Certains syndicats de Bercy regrettent que les agents et les contrôleurs ne soient pas associés à cette invention de l'impôt. « On ne nous demande jamais notre avis en amont, déplore Alexandre Derigny, de la CGT Finances. C'est bizarre et dommage, car on est des professionnels. » Lui-même mesure bien les conséquences des multiples impôts et mesures fiscales et de leur vie tourmentée : il vient d'impôts-service, la ligne d'assistance téléphonique des impôts.

L'instabilité fiscale

Nous sommes en 2003. Alain Lambert, ministre centriste du Budget, s'interroge : comment trouver des recettes nouvelles pour le budget de l'année suivante ? Soudain, une idée surgit dans la tête de l'ancien notaire : alléger la taxation des plus-values immobilières ! Si un particulier vend un appartement ou une maison autre que sa résidence principale, il sera exonéré au bout de quinze ans seulement, et non vingt-deux ans, comme c'était le cas jusqu'ici. L'État en aura pour son argent : par un mécanisme subtil de décalage, il touchera en une seule fois deux ans de taxes. Un fusil à un coup. Le ministre sourit : voilà une idée qui va aider à renflouer les caisses, tout en satisfaisant les propriétaires immobiliers. Il engage donc la réforme d'un système qui n'avait pas bougé depuis vingt-cinq ans. Elle est votée puis appliquée. Huit ans plus tard, en 2011, la situation économique est tout autre. Crise des subprimes et crise de l'euro ont fragilisé les finances publiques. Il est urgent de faire rentrer de l'argent. Avant l'été, le rapporteur de la commission des finances, Gilles Carrez, imagine une contribution exceptionnelle de 3 % sur les hauts revenus et propose de l'intégrer dans le projet de loi de finances à l'automne. Au mois d'août, alors que le député quitte Carcassonne où il était en vacances, son téléphone sonne. Au bout du fil, le Premier ministre, François Fillon : « Gilles, j'annonce plusieurs mesures, dont la tienne, je peux donner ton nom ? » Et au détour de la conversation, le futur candidat à la présidentielle ajoute : « On revoit le système Lambert sur l'immobilier, on va augmenter le délai d'exonération. » Machine arrière, donc, sur la fiscalité des plus-values. Quelques jours plus tard, à une heure tardive, le rapporteur UMP de la commission des finances est appelé à Bercy. Il se retrouve à la table de réunion de la ministre du Budget Valérie Pécresse, accompagnée d'une dizaine de conseillers et de plusieurs représentants de l'administration.

— Il faut faire rentrer de l'argent, il n'y aura plus d'abattement pour la durée de détention, explique Valérie Pécresse.

— Valérie, je ne quitterai pas cette salle, tant que vous n'aurez pas abandonné cette idée aberrante, rétorque le député.

La réunion dure plusieurs heures. Le projet est amendé par les députés. L'exonération est conservée, mais elle n'interviendra qu'au bout de trente ans. Avant ce délai, les propriétaires sont à nouveau soumis aux taxes sur la vente. « Et ça n'a pas tellement rapporté d'argent, note un conseiller de l'ex ministre du Budget. Ça a plutôt perturbé le marché. »

La question des plus-values immobilières est symbolique d'une maladie qui ronge la fiscalité française : l'instabilité. Elle ne se produit pas toujours dans un sens défavorable pour le contribuable, si l'on en croit la remarque ironique de Laurent Fabius : « Lorsque j'étais à Bercy, j'ai réduit les impôts. Je me suis disputé avec mes amis socialistes qui trouvaient que c'était mal, mais je n'ai pas vu beaucoup de manifestations pour protester contre la suppression de la vignette, la diminution de la taxe d'habitation et des impôts, mais peut-être ai-je mal vu. »

Cette gymnastique est possible en période de prospérité économique. Moins quand l'économie est en berne. Et ce mouvement perpétuel provoque parfois des dommages collatéraux. Imaginez un secrétaire d'État au Budget qui, en direct sur une radio généraliste, appelle certains contribuables à ne pas payer leurs impôts. Impensable. Pourtant le socialiste Christian Eckert doit se résoudre à cette extrémité le 1er novembre 2015. La colère gronde depuis une semaine, gonflée par les unes de la presse quotidienne régionale et les appels des auditeurs dans les matinales à la radio. Des retraités modestes, jusqu'ici exonérés de taxe foncière, ont reçu un avis d'imposition de cinq cents à mille euros. En cause : la suppression progressive de la demi-part fiscale des veufs, suppression votée en 2008 par la précédente majorité. Cette part a diminué progressivement et doit disparaître en 2016, avec un effet « choc » : deux cents cinquante mille retraités aux pensions peu élevées se retrouvent imposables, alors qu'ils ne l'étaient pas. Des députés signalent le problème. « J'ai vu arriver deux veuves les larmes aux yeux parce qu'elles tombaient dans l'impôt : sept cents euros pour une pension mensuelle de mille euros », rapporte Jean-Louis Bricout, député PS de l'Aisne. Les parlementaires socialistes s'alarment, en appellent au Premier ministre fin octobre. Une semaine plus tard, à 19 h 30, Manuel Valls rédige ce tweet : « Fiscalité locale des retraités : notre engagement est simple, neutraliser l'impact d'une situation aussi brutale qu'injuste. » Au secrétaire d'État au Budget d'expliquer le lendemain que ces retraités modestes seront remboursés de leur taxe foncière, qu'il est inutile donc d'envoyer leur chèque pour ceux qui ne l'auraient pas fait. Le rétropédalage fait mauvais genre. « Je ne suis pas loin de penser qu'il y a un sabotage du côté de Bercy », pointe le porte-parole du Parti socialiste à l'Assemblée, Olivier Faure. De quoi mettre en émoi le paquebot. En privé, une haut fonctionnaire s'agace : « On le savait tous qu'il ne fallait pas faire ça. C'était écrit dans la note qu'on a remontée au cabinet. Comme tous les ans. Ça fait vingt ans que l'administration dit qu'il ne faut pas le faire. Mais on n'a pas de droit de réponse quand on est mis en cause, alors on serre les dents. » Les services fiscaux confirment : ce sujet était identifié, documenté. « Certains ont peut-être cédé à la tentation de trouver une victime expiatoire. Il y avait des notes dans tous les sens. Mais la vie est compliquée, concède le DGFIP Bruno Parent. Il y a trente-six mille sujets. Les ministres l'ont-ils vu complètement[1] ? » Le secrétaire d'État au Budget l'affirme finalement haut et clair : l'administration n'y est pour rien. Les services lui en savent gré. Le 12 novembre 2015, Christian Eckert annonce avec Michel Sapin, la nouvelle formule retenue : pas de taxe foncière pour ces retraités modestes. L'État trouvera la majorité de l'argent dans la hausse du gazole. Les collectivités paieront le reste. L'incident est clos. Mais la crédibilité du gouvernement et celle de l'administration fiscale, pas tout à fait indemnes.

Et soudain, le ras le bol fiscal

20 août 2013. Pierre Moscovici, ministre des Finances, entre dans le studio de France Inter pour une interview dans la matinale. Bronzé, reposé, le ministre arrive avec un discours optimiste : oui, le plein emploi est possible. La France est sortie de la récession au deuxième trimestre. La reprise est en vue. Pierre Moscovici en revanche refuse de répondre aux questions sur les impôts et le possible gel du barème, pas encore arbitré par l'exécutif.

— Que répondez-vous à ceux qui disent « il y a trop d'impôts », et ils sont très nombreux ? demande Bruno Duvic, présentateur du 7/9, ce matin-là.

1. Entretien avec les auteurs, le 30 août 2016.

— Moi, je suis très sensible à ce ras-le-bol fiscal que je ressens de la part de nos concitoyens, qu'ils soient des ménages, des consommateurs ou qu'ils soient des entreprises. Et ça, nous l'écoutons.

Ce « ras-le-bol », Pierre Moscovici l'a déjà mentionné une dizaine de jours plus tôt dans une interview au journal *Corse-Matin*, avec une audience plus restreinte. Mais, lâchée sur une chaîne nationale, à une heure de grande écoute, l'expression détonne. Elle est reprise par les chaînes de télévision, la presse écrite. Branle-bas de combat à Matignon et au ministère du Budget. « Tout le monde était hystérique dans les couloirs, se souvient un ancien conseiller de Bernard Cazeneuve. Ils se demandaient : qu'est-ce qui se passe ? Pourquoi il parle de ça ? Il est fou, il fout le feu ! Alors qu'en fait, il avait raison. »

La phrase de Pierre Moscovici réveille en sursaut la majorité. Jusqu'ici elle s'était bercée d'une illusion : les impôts n'avaient pas augmenté sous François Hollande.

Le collaborateur de Bernard Cazeneuve revoit les cent cinquante courriers de contribuables entassés sur son bureau. Des lettres adressées au ministre, assorties de photocopies d'avis d'imposition, pour exprimer ce ras-le-bol. « La directrice de cabinet me répondait pourtant que les impôts n'avaient pas augmenté, raconte aujourd'hui ce conseiller. Cela correspondait à la position de la direction de la Législation fiscale. Ils étaient dans le déni. » La fin de la défiscalisation des heures supplémentaires et le fait que l'impôt sur le revenu ne suive plus l'inflation s'additionnent et pèsent lourd sur certains contribuables.

« Je n'étais pas l'aise avec le fiscalisme général[1], se justifie aujourd'hui Pierre Moscovici. J'ai toujours eu l'idée qu'on en faisait trop et qu'on faisait trop compliqué. » Lors de ses déplacements sur ses terres, à Montbéliard, le ministre sent l'ambiance s'alourdir. Des ouvriers se plaignent d'être devenus imposables, tout comme les patrons de PME, les commerçants… L'expression « ras-le-bol fiscal » n'était pas préparée mais elle fait mouche, y compris auprès du président de la République, si on en croit l'ex-ministre de l'Économie. « À 17 heures j'entre dans le bureau du président, se souvient-il. Ce n'est pas un homme qui a le compliment facile, mais il me dit : "Je t'ai entendu ce matin, c'est bien ! C'est exactement ce qu'il faut faire." »

Deux jours plus tard, s'ouvre l'université d'été du Parti socialiste à la Rochelle. La petite phrase du ministre fait encore scandale. Le chef de l'État contacte alors Pierre Moscovici, avec un discours autrement plus critique. En substance : le message était maladroit. Il faut démentir, ou au moins arrondir ses propos. « Là, raconte Pierre Moscovici, je lui envoie un SMS : nos électeurs n'attendent pas des impôts, tu as tort de penser ça. » Le ministre de l'Économie reste donc sur sa position. En moins de dix jours, le chef de l'État finit par modifier la sienne. Le 30 août, dans *Le Monde*, François Hollande annonce une pause fiscale. Face aux mécontents – y compris au sein de son propre gouvernement –, il change donc de cap.

1. Entretien avec les auteurs, le 13 avril 2015.

Avec le recul, Laurent Fabius explique ce revirement de la première moitié du quinquennat : « La faute que font les débutants, c'est de penser les impôts séparément. Des choses supportables isolément deviennent insupportables quand elles sont additionnées. Il m'est arrivé à Bercy, au début, d'engager des réformes sans simulation. C'était une catastrophe ! On vous dit que ça va concerner trois millions de personnes et on oublie les effets induits. » En 2012 et 2013, selon les économistes de l'OFCE, les entreprises ont vu leur contribution au budget grimper de seize milliards d'euros, trente-deux milliards pour les ménages, notamment en impôt sur le revenu. Jusqu'à ce que la tendance s'inverse, en 2013, pour les entreprises au moins.

Ne pas croire que François Hollande est seul responsable. C'est tout un système instable et irrationnel qu'il faut blâmer, si on écoute cet ancien de Bercy, devenu fiscaliste. L'un de ses clients, une entreprise dont l'actionnaire principal se trouve à l'étranger, ressort régulièrement des tiroirs son projet de déplacer son siège social hors de France. « On ne peut pas traiter ça en disant : ce sont des mauvais Français. On ne peut pas se contenter de dire : c'est du chantage, martèle l'avocat. Il faut regarder le monde autour de nous. Le ras-le-bol fiscal c'est vrai. » Avant la censure de la taxe à 75 %, lui-même avait déjà imaginé un dispositif pour la contourner. Il s'appuyait sur le fait que la plupart de ses clients passent une grande partie de leur temps à l'étranger. Une astuce permettant donc d'échapper à cette nouvelle tranche d'imposition « sans que le fisc ne puisse rien y redire », s'amuse l'ancien fonctionnaire de Bercy.

Bercy en terrain mouvant

Les anciens s'en souviennent avec nostalgie : autrefois, les agents des impôts passaient une partie de l'année dans une ambiance plutôt détendue. Cette époque, Patricia Tejas, dynamique quinquagénaire, l'a connue. C'est celle où la dirigeante de la CGT finances a commencé à travailler : « Il y a trente-cinq ans, on passait nos journées à s'amuser, à se balancer des crayons, comme dans une école, à se faire des boomerangs avec des élastiques. » Un temps révolu, comme celui des « tricoteuses », ces fonctionnaires des impôts qui pendant la moitié de l'année se consacraient à la confection de pulls, tandis que l'autre était occupée par la saisie des déclarations de revenus. Autre époque, autre ambiance.

Le service des impôts a perdu 19 % de ses effectifs en treize ans, et les demandes des contribuables grimpent. Trente-cinq millions d'entreprises et de particuliers ont contacté le fisc rien que pour l'année 2015. Les files s'allongent devant les centres des finances publiques, le nombre d'appels et de contacts par Internet augmentent. Avec parfois des dérapages : en janvier 2016, les Niçois découvrent, surpris, qu'ils ne peuvent plus laisser de message aux agents des impôts de leur centre. La direction locale a envoyé une note interne pour demander aux fonctionnaires de paramétrer leur répondeur dans ce sens. « Une orientation nationale déclinée maladroitement dans les Alpes-Maritimes », explique Vincent Drezet, de Solidaires finances publiques. Selon le syndicaliste, la direction générale prend pour modèles les banques et les plateformes d'opérateurs téléphoniques. Ce que Bruno Parent, directeur général des Finances publiques, n'est pas loin de confirmer : « On développe l'accueil et les rendez-vous sur Internet. » Selon les syndicats, cet accueil à distance a cependant des inconvénients : un contribuable peut parfois se retrouver avec deux interlocuteurs pour son dossier, l'un dans son centre des impôts, l'autre au centre téléphonique de Chartres, par exemple. Qui traitera le dossier, selon quels critères, s'il y a demande de remise gracieuse ou de délai de paiement ? « Imaginez qu'un contribuable tordu joue l'un de ses interlocuteurs contre l'autre, pour obtenir la solution la plus favorable ? » s'inquiète Vincent Drezet.

Depuis 2016, les foyers les plus aisés – au-dessus de quarante mille euros de revenus par an – doivent déclarer leurs revenus par Internet sous peine d'amende, décision de Bercy. Jusqu'ici, quatre foyers sur dix seulement le faisaient en ligne. En 2019, le paquebot espère avoir converti tous les contribuables au numérique, sauf ceux qui pourraient prouver qu'ils n'y ont pas accès. Même si la menace n'est guère dissuasive : l'amende s'élèverait à… quinze euros par foyer, après trois manquements à la règle. Pas de quoi lancer un recouvrement ! « Ça pose une question d'égalité devant l'impôt, soulève Vincent Drezet, chemisette et sourcils froncés. Et puis on vous fait faire notre boulot, à vous contribuables ! » Objectif de la DGFIP, encore une fois, économiser. Les frais d'affranchissement coûtent deux cent millions d'euros par an.

L'impôt mouvant, l'impôt difficilement lisible, et les agents pas toujours disponibles pour l'expliquer… Voilà qui doit inciter le fisc à la compréhension, y compris selon la hiérarchie de Bercy. Le grand chef des impôts en France, Bruno Parent (directeur général de la DGFIP), va jusqu'à faire devant nous cet aveu : « Il faut distinguer les cas où on a redressé quelqu'un parce qu'il a oublié quelque chose ou parce qu'il s'est trompé. Là, honnêtement, il faut être indulgent. Parce que la fiscalité change tout le temps, c'est incompréhensible et difficile à suivre[1]. »

1. Entretien avec les auteurs, le 30 août 2016.

4.

La chasse aux fraudeurs

L'inspecteur des impôts a rarement le beau rôle. Impossible d'oublier Daniel Prévost dans *Le Dîner de cons*, qui campe un sadique bas-de-plafond. « Inflexibles », « inhumains », « procéduriers ». Derrière ces clichés sur le fisc se cache une administration en plein doute, secouée, traumatisée. En plein doute sur ses missions, au moment où l'impôt à la source et la déclaration fiscale pré-remplie bouleversent son métier. Secouée par les accusations de passe-droit, d'opacité, d'arbitraire politique. Traumatisée, enfin, par les affaires Cahuzac et Thévenoud, ces ministres en délicatesse avec le fisc. « Cahuzac, ancien ministre chargé de la lutte contre la fraude ! C'est un scandale au carré[1] ! » se désole Bruno Parent, le directeur de l'Administration fiscale. « Je comprends qu'au

1. Entretien avec les auteurs, le 30 août 2016.

guichet le contribuable dise “Vous me réclamez ça, et regardez Cahuzac !” » Dans les centres des impôts, suite à ces affaires, le nombre d'agressions contre les agents a augmenté. « C'est un traumatisme pour nous tous », avoue Maïté Gabet, qui gère le service chargé de contrôler les dossiers fiscaux « sensibles ».

Pour autant, rien n'interdit de s'interroger sur la pratique française du contrôle fiscal. Pendant longtemps, les personnalités médiatiques, politiques, économiques ont trouvé des oreilles compatissantes dans les hauts étages de Bercy. La « cellule » placée sous l'autorité du ministre pouvait contourner le fisc, réputé plus sévère. « Il y a tellement d'impôts en France que je comprends presque ceux qui essaient d'y échapper », nous dit, sans ciller, un ancien responsable de cette cellule fiscale. La pratique n'a d'ailleurs pas totalement disparu. Les détenteurs de comptes cachés à l'étranger bénéficient d'une mansuétude – toute relative – de Bercy : une « cellule de dégrisement » accueille les repentis, contre la discrète promesse qu'il n'y aura pas de procès. En matière de contrôle fiscal, le choix entre la morale et l'efficacité est vite tranché. En faveur de la seconde option, souvent.

Comment on vous contrôle

Les statistiques sont claires : vous avez chaque année une chance sur trente-huit d'être contrôlé. Les services du fisc opèrent en effet un million de contrôles par an pour trente-huit millions de foyers fiscaux. Cela ne signifie pas forcément qu'un inspecteur vient chez vous pour inspecter vos avoirs. La majorité des contrôles fiscaux s'opèrent sur documents, à distance. Sans que le contribuable en soit informé. Mais en cas de doute ou de soupçon, l'administration fiscale pousse plus loin ses investigations. Pour autant, avons-nous tous des chances égales d'être contrôlé ? Pas vraiment. Les dossiers jugés complexes et peu rentables sont délaissés, assure un ancien agent. « Par exemple, les médecins ou les avocats. Dans leurs dossiers, il y a des milliers de pièces, des frais, des justificatifs », relate Alexandre Derigny, agent des impôts et secrétaire général adjoint de la CGT-Finances. « À la fin vous ne récupérez pas grand-chose. Donc, ce sont des contrôles qu'on va moins engager[1]. » Les moyens d'investigation se concentrent sur les dossiers « à fort enjeu », comme l'administration fiscale les désigne pudiquement. C'est-à-dire les dossiers susceptibles de rapporter le plus. Les probabilités d'être contrôlés sont alors nettement plus importantes. Depuis 2003, les contribuables qui gagnent plus de deux cent mille euros par an sont obligatoirement contrôlés (à distance, sur documents) au moins une fois tous les trois ans. Trois ans ? Le délai légal de prescription.

« On contrôle à bon escient, justifie Maïté Gabet[2], patronne de la direction nationale de vérification des situations fiscales. Le nombre de fonctionnaires des impôts va en diminuant, économies oblige, donc on

1. Entretien avec les auteurs, le 4 mai 2016.
2. Entretien avec les auteurs.

doit être attentifs à bien utiliser la ressource publique. Il faut qu'il y ait une présomption[1]. » Les instructions sont simples, explicite Bruno Parent, grand patron des services fiscaux à Bercy : « Le but principal, c'est de s'attaquer aux fraudes les plus graves. Celles pour lesquelles il y aura des pénalités, celles pour lesquelles, le cas échéant, il y aura dénonciations à la justice ou saisie de la commission des infractions fiscales. Il faut tenir le système déclaratif. Donc faire en sorte que chacun ait le sentiment raisonnable d'une présence de l'administration, qui pose des questions quelquefois très simples pour s'assurer que les gens sont honnêtes dans leur déclaration. » Autrement dit, l'objectif est de faire peser la menace d'un contrôle sur tous les contribuables, tout en se concentrant sur les dossiers potentiellement les plus juteux.

Comment repérer ces dossiers suspects, dans les millions de déclarations adressées chaque année au fisc ? Deux logiciels permettent d'explorer cette masse d'informations (le « big data »). Adonis et SiriusPart ne sont ni des dieux grecs, ni des navettes spatiales, mais bien des applications informatiques. Ces programmes traquent automatiquement les incohérences dans les dossiers fiscaux. « Par exemple, si vous achetez un appartement à un million d'euros et que votre revenu est de cinquante mille euros par an, nous serons alertés », explique Maïté Gabet. Les algorithmes d'Adonis et de SiriusPart ne sont pas les seuls outils de l'administration fiscale. Elle peut accéder aux banques, aux fichiers de la douane, aux données de

1. Entretien avec les auteurs, le 22 septembre 2016.

l'URSSAF, de Tracfin (le service qui détecte les flux de capitaux suspects), etc. « Nous disposons d'un grand nombre de données externes que nous traitons très discrètement, confie Maïté Gabet. Si vous bénéficiez d'un virement depuis l'étranger, Tracfin va nous le dire. »

Intransigeants

Michel Taly a connu les deux faces de la médaille : ce sexagénaire intarissable a dirigé la direction de la Législation fiscale à Bercy. Depuis une vingtaine d'années il est passé de l'autre côté : avocat fiscaliste. Si on l'en croit, l'administration fiscale est de plus en plus « jusqu'au-boutiste » : « Au fisc, les chefs soutiennent contre vents et marées leurs inspecteurs, même si le dossier qu'ils ont monté ne tient pas la route. Ces chefs ont trop peur que l'inspecteur, énervé, balance le cas à *Médiapart* ou au *Canard enchaîné*[1]. » Des services fiscaux sans garde-fous ?

« Beaucoup de collègues se vivent comme des Robins des Bois, qui prennent aux riches pour donner aux pauvres », reconnaît Alexandre Derigny. Mais pour cet ancien d'Impôts-service, c'est un faux procès : « Au standard, nous recevions des dizaines d'appels de gens pas très clairs – le service était 100 % anonyme – pour valider leurs montages financiers, leur optimisation fiscale. Certains demandaient même "C'est vraiment anonyme, hein ?" Leurs montages étaient souvent limite, mais

1. Entretien avec l'un des auteurs, le 3 octobre 2016.

légaux. On devenait le service de validation des avocats fiscalistes et des experts comptables. Le truc, c'est que nous sommes obligés de répondre ! Alors on le faisait[1]. »

Le grand chef de l'administration fiscale, Bruno Parent, défend ses troupes, mais concède que tout n'est pas parfait : « Il faut que nous parvenions mieux à distinguer la fraude et la simple erreur. C'est un travail constant de faire comprendre [aux agents] qu'on doit regarder les deux, mais ne pas les traiter de la même manière. »

Les contrôles ciblés

Un homme a beaucoup fait pour alimenter le mythe des contrôles fiscaux ciblés, ordonnés par les ministres : Michel Charasse. Sanguin, énergique, proche de François Mitterrand, cet ancien ministre du Budget (1988-1992) avait le verbe haut, explique un ancien collaborateur : « Il lui est arrivé de menacer des journalistes d'un contrôle fiscal. Mais la menace ne s'est pas traduite dans les faits », assure-t-il. Qu'importe si le Tout-Paris regorge d'histoires suggérant le contraire. Plus récemment, l'humoriste Stéphane Guillon a soupçonné une manœuvre similaire de la part d'un autre ministre. Sur Twitter, le 4 août 2016, il écrit : « 3e contrôle fiscal en 6 mois. J'ai l'impression que le sémillant M. Sapin goûte très moyennement mes plaisanteries sur ses mains baladeuses. » Des plaisanteries, après qu'un livre[2] a relaté

1. Entretien avec les auteurs, le 4 mai 2016.
2. Stéphanie Marteau et Aziz Zemouri, *L'Élysée off*, Fayard, 2016.

le geste déplacé du ministre des Finances envers une journaliste. « Je ne suis pour rien dans ce contrôle », nous jure Michel Sapin. Le ministre peut-il déclencher un contrôle fiscal pour déstabiliser un ennemi ou punir un moqueur ? « Très difficile, estime un ancien directeur de la Législation fiscale. Normalement, pour qu'un contribuable soit vérifié, il faut qu'un inspecteur l'ait mis à son programme de l'année, puis qu'il l'ait fait approuver par son inspecteur principal. Je ne vois pas comment s'y prendrait le ministre : il faudrait demander au directeur général de demander au directeur départemental de demander au chef des brigades. Comment voulez-vous envoyer l'ordre d'en haut ? Ça sortira dans les médias tout de suite. »

« Le ministre peut demander de façon informelle », tempère Vincent Drezet qui fut jusqu'en 2016 secrétaire général du Syndicat national unifié des impôts. Mais à entendre les professionnels, le risque de contrôle arbitraire ne vient pas forcément d'en haut. À l'image de cet inspecteur trompé qui avait déclenché le contrôle fiscal sur l'amant de sa femme, un commerçant. Un ancien directeur de Bercy raconte : « Le problème c'est que le commerçant, finaud, savait d'où ça venait. Il est allé se plaindre. Moi j'ai dû convoquer l'inspecteur en lui disant : "bon, je ne te sanctionne pas", mais tout ce qu'on a gagné c'est que pendant dix ans, on ne peut plus contrôler ce mec. »

Imaginez que votre dossier fiscal puisse être consulté par le mari de votre maîtresse, votre voisin, votre boucher… Rassurez-vous, ce n'est bien évidemment pas le cas. Le secret fiscal interdit aux agents de rendre publics ces éléments. Mais en dehors des fonctionnaires des impôts, quelques autres peuvent se faire communiquer les informations concernant les contribuables, non pas pour contrôler mais pour leur appréciation personnelle. Parmi eux, le président et le rapporteur de la commission des finances, au Sénat et à l'Assemblée nationale. Les services fiscaux peuvent voir débarquer ces parlementaires dans leur bureau, et doivent coopérer sans pouvoir les chasser. Un témoin se souvient que le député Jérôme Cahuzac, alors président de la commission, aimait faire usage de ce droit, lui qui dut, justement, quitter en 2013 le ministère du Budget pour un compte non déclaré à l'étranger. « Je ne me sers pas tellement de cette possibilité, affirme de son côté Gilles Carrez, qui a succédé à Jérôme Cahuzac à l'Assemblée. Car je n'ai pas le droit de faire état de ce que je trouve dans ces dossiers. Il y en a un que j'ai eu : le dossier Tapie. » Quand l'affaire Cahuzac éclate en 2013, le parlementaire emmène son homologue au Sénat, Philippe Marini, dans une autre démarche : le contrôle sur pièces et sur place du dossier du ministre fraudeur. Les deux élus débarquent dans les services et réclament à consulter le dossier. « On était un peu obligés, explique Gilles Carrez, pour voir ce qui s'était passé, l'échange de lettres avec l'administration fiscale suisse. » Accès au dossier et contrôle sur place, ces deux prérogatives ont un avantage selon le député : permettre de comprendre les montages subtils des particuliers et des entreprises pour échapper à l'impôt. Là, il s'agit non pas de sanctionner le fautif mais d'observer « la tuyauterie » et de savoir, en tant que député, comment construire la loi pour prévenir l'évasion fiscale.

Les entreprises

« Une fleur est-elle un produit agricole non transformé ? » Si vous ne vous êtes jamais posé la question, sachez que l'administration fiscale l'a fait pour vous. Car il existe un taux de TVA applicable aux « produits agricoles non transformés » et un autre pour les « produits de l'horticulture » : 20 ou 10 %, selon le cas. Mais où finit le produit non transformé et où commence la fleur ? Cela peut dépendre du contrôleur fiscal qui étudie le dossier. Ces interrogations ne sont pas anodines : dans son ensemble, la TVA représente des montants énormes, cent quarante-quatre milliards d'euros en 2016. Soit plus de la moitié de l'ensemble des recettes fiscales ! Conséquence : « Sur les sociétés, on vérifie beaucoup la TVA », indique Alexandre Derigny de la CGT-Finances. Nouvelle preuve que le fisc n'intervient pas tout à fait au hasard.

Parfois, il choisit de ne pas intervenir du tout, et ce n'est pas le hasard non plus. Les chefs d'entreprise bénéficiant du Crédit d'impôt compétitivité (CICE) l'auront peut-être constaté, l'usage qu'ils font de ce crédit d'impôt ne leur est – quasiment – jamais reproché. Le CICE est la première initiative pro-entreprise du quinquennat Hollande. Un crédit d'impôt destiné à baisser le coût de travail de 4 puis 6 % sur la masse salariale. Ça vous semble technique ? Le dispositif est pourtant une mesure phare, annoncée en grande pompe à l'Élysée le 6 novembre 2012. À ce moment-là, le mécontentement gronde côté patronat sur les hausses d'impôts, et le chômage augmente. En un mot, le CICE a donc valeur de symbole. Le fisc semble l'avoir bien compris. Les directeurs régionaux et départementaux de la DGFIP reçoivent, le 9 juillet 2013, une note que nous nous sommes procurée. Extraits :

« *Aucun rappel ne pourra être motivé par une utilisation du CICE à des fins autres que celles énoncées dans la loi. De même, la remise en cause du crédit d'impôt ne pourra être envisagée au seul motif qu'il a servi à accroître le montant des bénéfices distribués ou la rémunération des dirigeants des entreprises concernées.* »

« *En tout état de cause, la première échéance déclarative relative au CICE n'intervenant qu'en 2014 (décret en cours de publication), aucun contrôle du dispositif ne peut être engagé avant cette date.* »

Traduction : n'allez pas gâcher l'initiative politique par des contrôles trop tatillons sur les entreprises. En réalité, le CICE s'applique dès 2013, et non pas 2014, car il fait l'objet d'avances financières. Veste imprimé prince de Galles, regard droit, Bruno Parent, le grand chef de la DGFIP, se justifie très tranquillement depuis son bureau, qui surplombe l'Accor Hotels Arena : « Ce qu'on a dit sur le CICE, c'est qu'on privilégiait un traitement rapide du remboursement de la créance de l'entreprise sur l'État. Quitte à ce qu'*a posteriori*, on regarde à tête reposée. Le dispositif était fait pour redonner rapidement de la trésorerie aux entreprises donc si on épluche à chaque fois, on le plante[1]. »

La direction générale des finances publiques se défend en revanche d'écarter les contribuables insuffisamment rentables. Mais un ancien cadre du fisc persiste et va plus loin, en ce qui concerne les entreprises : « Les grands groupes sont tellement contrôlés, en interne et externe, qu'ils ne peuvent pas frauder. Pour faire du résultat, les impôts contrôlent donc les entreprises de taille intermédiaire, purement françaises. » Fraude inexistante, donc… Ou fraude indétectable, faute de pouvoir identifier des mécanismes trop sophistiqués. « Le contrôle d'une grande multinationale est réalisé par l'administration sur quelques mois avec deux inspecteurs des impôts, analyse l'avocat fiscaliste Michel Taly. Alors qu'un commissaire aux comptes, pour contrôler la même entreprise met en permanence une équipe de cinq ou six personnes. Ils ne peuvent pas y arriver. » Certains inspecteurs se retrouvent donc démunis face à des modèles économiques qui les dépassent. Au point, selon le fiscaliste, que la seule façon de pincer les entreprises expertes dans la fraude organisée serait la dénonciation. Car une fois le mécanisme de fraude révélé, le contrôleur des impôts pourra le retrouver dans les écritures comptables. Mais sans cette indication, il se perdrait dans la jungle de papiers. « Quand vous fraudez, il y a deux choses qu'il ne faut jamais faire, plaisante l'avocat fiscaliste. La première, c'est licencier votre comptable, la deuxième, c'est tromper votre conjoint.

1. Entretien avec les auteurs, le 30 août 2016.

Dans les deux cas, il y a un risque de dénonciation anonyme. » Hasard ou dénonciation, voilà comment les contrôleurs du fisc en charge des entreprises peuvent détecter les entreprises peu citoyennes.

Le casse-tête du numérique

Il est jeune, charismatique, chemise blanche et peau mate. Debout au micro devant un amphithéâtre plein à craquer, le PDG de Google fait rêver les étudiants de Sciences-Po Paris. Il vient vanter les mérites de son entreprise « globale » qui « crée de la valeur dans de nombreux pays ». Au même moment, la nouvelle sort dans la presse : le fisc réclame au géant américain de l'Internet 1,6 milliard d'euros au titre de ses arriérés d'impôts, assortis de pénalités et d'amendes. L'entreprise génère en effet des bénéfices en Europe, mais ils sont enregistrés dans sa filiale irlandaise, puis reversés en grande partie sous forme de droits de propriété intellectuelle aux Bermudes, un paradis fiscal. Dans l'amphithéâtre de Sciences-Po, l'un des spectateurs ose une question sur les impôts. Le PDG de Google se défend : « Nous respectons les lois dans tous les pays. Notre taux fiscal global s'établit à 19 % des bénéfices, ce qui est la moyenne de l'OCDE. »

Bercy s'intéresse donc au numérique. Mais il progresse en terre inconnue. Uber, Google et les autres ne rentrent pas dans les cases habituelles du contrôle. Les entreprises traditionnelles déclarent leurs résultats là où elles possèdent ceux qu'on appelle un « établissement stable ». Dans le cyberespace et les entrelacs des réseaux, quel sens peut prendre cette notion ? Il peut y avoir activité économique sans établissement stable. Presque sans établissement tout court. « On a un temps de retard », reconnaît un ancien des services fiscaux français. Il se souvient de premières tentatives de redressement en 2007, qui tournent immédiatement à la bagarre juridique.

Et si toutes ces difficultés venaient d'un péché originel du ministère des Finances ? C'est la théorie de Michel Taly, directeur de la législation fiscale en 1995. À l'époque et encore aujourd'hui, les entreprises d'un même groupe situées dans des pays différents peuvent se facturer des prestations, de biens, de services, de brevets, de marques… Et en profiter pour localiser leurs profits où elles le souhaitent, donc dans les pays les moins gourmands en impôts. Au fisc, ensuite, de vérifier si ces prix pratiqués entre entreprises-sœurs sont justes, et à lui d'adapter la taxation. Un vrai casse-tête. Selon l'ancien fonctionnaire, les États-Unis proposent en 1995 à la France de changer le système et de fonder l'impôt non sur ces « prix de transfert » mais sur le partage des profits. Traduction : Google serait imposé, par exemple, dans tel pays en fonction du nombre de clics de souris qu'il réalise dans ce pays. À chaque entreprise sa règle. Le patronat français et Bercy craignent une entourloupe et refusent finalement le changement. « J'en arrive à penser qu'avec d'autres, j'ai commis une grave erreur, reconnaît aujourd'hui Michel Taly. On s'est accroché aux règles de l'OCDE qui datent des années 1930, c'est complètement inadapté. »

Erreur originelle ou pas, les lois s'adaptent. Il faut du temps et de la volonté politique. « Sur la question du numérique, le politique nous a donné le message de nous intéresser à ce secteur, commente le syndicaliste Vincent Drezet. C'est normal. Ce qui serait anormal, c'est un traitement dérogatoire à l'arrivée. » L'épisode Google prouve en tout cas qu'on s'attaque aussi aux grandes entreprises, estime le secrétaire d'État au Budget : « La plainte contre Google, elle a été déposée il y a longtemps, affirme Christian Eckert. Mais j'étais au courant[1]. » Ces nouveaux dossiers prennent du temps. Et requièrent une expertise très pointue sur les nouvelles technologies et leur modèle, une expertise que tous les agents n'ont pas. Plusieurs, dont Vincent Drezet, imaginent un institut public, qui pourrait piloter des experts du privé et s'appuyer sur leur connaissance plus quotidienne des montages fiscaux. La proposition fait long feu. Le syndicaliste n'obtient ni l'aval de son organisation ni le feu vert de sa direction.

Si le numérique semble une terre exotique aux agents de Bercy, les pays étrangers le sont également. Les inspecteurs et vérificateurs peuvent demander des informations aux administrations étrangères. Mais peu ont autant de données que le fisc français, l'un des seuls à pouvoir accéder aux comptes bancaires, par exemple. Cela rend parfois les échanges d'informations asymétriques. Preuve en est, l'affaire Cahuzac. Le 10 février 2013, les autorités fiscales suisses, contactées par Bercy, excluent que le

1. Entretien avec les auteurs, le 1er juin 2016.

ministre en poste ait eu un compte bancaire à la banque UBS depuis 2006. La Suisse ne donne aucune information sur la période antérieure à 2006, car la convention d'entraide fiscale entre France et Suisse ne démarre qu'à cette date. Problème : Jérôme Cahuzac a auparavant déplacé son compte et ses six cent mille euros dans une autre banque suisse, Reyl, puis à Singapour. « La Suisse n'accepte que de confirmer des renseignements que vous avez déjà, explique l'avocat fiscaliste Michel Taly. Vous ne pouvez donc les interroger que si vous savez dans quelle banque et quelle succursale se trouve le compte et quel est le nom du bénéficiaire. » Avant la fin du secret bancaire suisse prévue pour 2018, la collaboration s'annonce donc compliquée. Le fisc suisse répond peu aux services français : selon un rapport de 2014, la moitié des demandes restent en suspens. Et les caisses de l'État, elles, voient le trou se creuser, trente à trente-six milliards d'euros d'impôts perdus chaque année sur des avoirs dissimulés à l'étranger (selon un rapport du Sénat en 2012). Soit la moitié de la fraude fiscale totale en France.

La pression du chiffre

« C'est bidon, totalement bidon, tempête le directeur des impôts (DGFIP) dans son grand bureau. Il y a des gens qui sont persuadés que ceux qui font les contrôles fiscaux sont rémunérés à la tâche. C'est comme dans les bandes dessinées, il y a le monde tel qu'on le vit quotidiennement et un autre où il y a Superman,

Super-méchant, Super-tordu... C'est un monde fantasmé ! » Les inspecteurs zélés ne reçoivent donc pas de prime au redressement, tous les interlocuteurs rencontrés au cours de cette enquête nous le confirment. Autre bonne nouvelle : les montants de la lutte contre la fraude ne cessent de grimper. Chaque année les ministres des Finances et du Budget les annoncent en fanfare. En 2015, vingt et un milliards de redressement ! Plus que les dix-neuf milliards de 2014, plus que les dix-huit de 2013. La preuve de l'efficacité des services, claironnent les ministres et l'administration. Oui et non. D'abord, ces chiffres sont des montants notifiés aux contribuables, pas des montants encaissés. De l'argent virtuel, donc, qui met toujours du temps à se matérialiser : en 2015, les sommes qui intègrent le budget de l'État s'élèvent en fait à douze milliards. Pour les deux années précédentes, on tombe à dix milliards, soit la moitié des montants affichés. L'explication est simple selon un ancien du fisc : « Le directeur général se donne un objectif global en hausse et cet objectif va tout naturellement être décliné à tous les échelons. Un inspecteur des impôts mauvais qui a de bons chiffres, on ne lui reprochera rien. S'il a de mauvais chiffres, même s'il est bon, il devra justifier son manque de résultats. » Une partie de l'argent disparu correspondrait donc à des redressements abusifs, des redressements qui vont au contentieux, qui durent et peuvent être perdus par le fisc. Cette énergie à redresser s'explique aussi par une politique du chiffre. Nous l'avons constaté en épluchant les lois de finances annuelles, le ministère prévoit tous les ans des recettes liées à la lutte contre la fraude. Et elles augmentent : 2,1 milliards planifiés en 2016, contre quelques centaines de millions en 2013. Difficile ensuite, quand on est inspecteur – ou directeur – du fisc de ne pas atteindre ces objectifs !

Les limites du contrôle fiscal ajoutées à ces ambitions croissantes amènent l'avocat fiscaliste Michel Taly à cette conclusion : « Finalement, les grandes entreprises paient moins que ce qu'elles devraient. Mais quand le fisc tape, il ne tape pas au bon endroit[1]. »

Dossiers à forts enjeux

Ce bâtiment discret, dans un quartier résidentiel du Nord-Ouest de Paris, rien ne le distingue vraiment des immeubles voisins. Si ce n'est une plaque en cuivre, avec cette inscription : « DNVSF. » Trois cent vingt inspecteurs travaillent au sein de la direction nationale de Vérification des situations fiscales. Ils passent à la loupe les dossiers fiscaux des particuliers dits « à fort enjeux » : stars du show-business, grands chefs d'entreprise, personnalités politiques… Ce service tout-puissant a compétence sur l'ensemble du territoire. Il est situé à Paris pour « échapper aux pressions locales », explique un ancien de l'institution. Une sorte de « carré VIP » : il concerne les contribuables à plus de sept cent mille euros de revenus par an – ou de trois millions d'euros d'actifs ISF.

1. Entretien avec l'un des auteurs, le 3 octobre 2016.

« Certains dossiers nous arrivent aussi en raison de leur visibilité médiatique, de leur fort montant ou de leur complexité technique[1] », commente l'énergique patronne des lieux, Maïté Gabet. Les inspecteurs traquent les incohérences, les possibles dissimulations. Outre l'usage de logiciels, les équipes recourent à des moyens plus artisanaux. La presse à scandale est soigneusement épluchée, tout comme les articles sur le classement des Français les plus riches… « Quelqu'un qui a une baraque immense à Saint-Tropez et qu'on voit sur son yacht dans la presse, s'il déclare cinquante mille euros de revenus par an, on trouve ça bizarre », sourit un ancien du service. La DNVSF travaille aussi avec la police, la gendarmerie et des brigades départementales. L'objectif : « faire du palpeur local », selon l'expression de la maison. C'est-à-dire glaner sur le terrain des renseignements sur les patrimoines et les trains de vie.

La DNVSF (sa patronne prononce « déhénevéhèseffe ») contrôle aussi la situation fiscale des ministres. L'opinion publique a retenu le scandale Thévenoud, du nom de cet éphémère secrétaire d'État, limogé au bout de huit jours pour avoir omis de payer ses impôts – la fameuse « phobie administrative ». Il n'est pas le premier, loin s'en faut. En 1995, Alain Madelin claque la porte du gouvernement d'Alain Juppé, officiellement pour « désaccord politique ». Officieusement, selon plusieurs de nos sources, il en est tout autre. « Alain Madelin était très mal vis-à-vis des impôts, affirme un ancien conseiller

1. Entretien avec les auteurs, le 22 septembre 2016.

au ministère du Budget. Bercy a régularisé discrètement. Mais c'est aussi pour ça que le gouvernement était obligé de s'en débarrasser au bout de huit mois. » Contacté, Alain Madelin reconnaît avoir eu des démêlés avec le fisc en 1995 mais minimise : « C'était un simple problème de retard d'impôt, parce que ma femme, d'avec qui j'étais séparé, n'avait pas fait la déclaration, ou pas payé[1]. » Alain Madelin affirme que les sommes en jeu étaient « dérisoires » et assure qu'il n'a pas évoqué, « de près ou de loin », ce problème avec le président Chirac. Presque dix ans plus tôt, en 1986, l'ex-fondateur du parti Démocratie libérale avait déjà eu un problème similaire. *Le Canard enchaîné* rapportait alors que le jeune ministre de l'Industrie n'avait rien acquitté au fisc pendant quatre ans, entre 1982 et 1986. « Toutes ces années, il n'avait rien versé, pas un sou ! » nous confirme un ancien membre de la cellule fiscale du ministère, en poste sous une majorité de droite.

Les visiteurs du soir

« Encore lui ! J'en peux plus. » Une nouvelle fois, ce conseiller du ministre du Budget voit s'afficher sur son téléphone le numéro de « Monsieur Collant ». Pourquoi ce surnom ? « Monsieur Collant » est un vieil écrivain à succès. Il passe régulièrement à la télévision et ses maximes emplies de sagesse, autant que ses romans

1. Entretien avec l'un des auteurs, le 11 octobre 2016.

ésotérico-orientaux, le placent parmi les « bons clients ». Mais loin des projecteurs et des plateaux, l'homme est aussi en délicatesse avec le fisc. Et depuis qu'il a invité le ministre du Budget à dîner, il est… collant. « À la fin du dîner, ce type est tombé sur le paletot du ministre, raconte le collaborateur, sous couvert d'anonymat. Pour s'en dépêtrer, il lui a donné mon numéro. Résultat : ça fait six mois qu'il me harcèle pour qu'on arrange son dossier ! Il a aussi appelé à l'Élysée, au cabinet du Premier ministre… Il a fait chier toute la République ! » Et le conseiller brandit son portable où s'affichent les SMS de « Monsieur Collant », qui l'invite à déjeuner pour évoquer ses déboires fiscaux. À force, notre interlocuteur connaît par cœur le problème de ce contribuable un peu spécial, et manifestement bien introduit : « Il avait une "bonne amie", une jeune pianiste, à qui il versait de l'argent tous les mois. Environ trois mille euros mensuels. Sauf que c'est considéré comme un revenu. Le fisc lui est tombé dessus. » La jeune femme s'est plainte auprès de son « protecteur » qui a donc alerté le gratin de la République. « Je n'ai jamais eu quelqu'un d'aussi collant, souffle le conseiller. Il me disait : "Elle va se suicider, ce sera de votre faute." Je n'ai jamais répondu à ses invitations. J'ai proposé un arbitrage. *In fine*, je crois qu'on lui a enlevé quelque chose comme 10 % de la somme due. » « Monsieur Collant » est l'archétype – poussé à l'extrême – de ces personnalités médiatiques qui tentent d'obtenir des gestes fiscaux. « Je ne peux pas cautionner, reprend notre ancien conseiller. C'est une forme de corruption quotidienne, banale… qu'on laisse passer. »

Une spécialiste des impôts, autrefois haut placée dans la hiérarchie des services fiscaux, confirme, l'air dégoûté : « Au ministère, les visiteurs du soir sont insupportables. Odieux. Ils se croient tout permis, ils considèrent qu'ils vont avoir gain de cause juste parce qu'ils tutoient le ministre. Et puis ils sont très "greedy" (voraces). » Cette fonctionnaire examinait les dossiers en question, formulait un avis puis le transmettait au cabinet ministériel, sans trop chercher à connaître l'épilogue : « Les ministres sont libres, ce sont de grands garçons… »

La cellule fiscale : histoire d'une hypocrisie

Elle a pu incarner le côté sombre du quinquennat de Nicolas Sarkozy. La mystérieuse « cellule fiscale » du ministère du Budget est démantelée, un jour de 2010. Emportée par les polémiques, enterrée face aux accusations : « corruption », « clientélisme », « ami des puissants », « République des privilèges ». Cette cellule, historiquement chargée d'examiner au sein du cabinet ministériel les dossiers fiscaux les plus sensibles, fait les frais du scandale Bettencourt. La milliardaire Liliane Bettencourt, héritière de l'Oréal, avait embauché la compagne du ministre du Budget d'alors, Éric Woerth. Le même Éric Woerth dirigeait la cellule fiscale, qui comptait parmi ses dossiers celui… de Liliane Bettencourt. Sans reconnaître publiquement de faute, Nicolas Sarkozy se décide finalement à mettre un terme à l'existence de cette cellule. Trop risquée, politiquement. Pour autant, a-t-elle vraiment disparu ? Penchons-nous d'abord sur son fonctionnement.

La cellule comptait une demi-douzaine de personnes, des spécialistes de fiscalité, pour la plupart issus de l'administration. Sa mission : démêler les dossiers les plus médiatiques et aux plus gros enjeux. Et permettre au ministre de trancher, avec tout ce que ça pourrait impliquer d'arbitraire et de conflits d'intérêt. Dans son livre *Pop Model*, la chanteuse Lio, à l'époque en litige avec le fisc, raconte une entrevue dans le bureau de Michel Charasse, alors ministre du Budget : « Il me fait des ronds de jambe, avec une faconde certaine. Je vis un rêve étrange, un peu inquiétant [...]. Je me retrouve dans un roman, tout en sachant parfaitement que je ne pourrai rien retirer de cette situation, je ne suis pas une courtisane. » Elle finit tout de même par obtenir des facilités de paiement.

Au début des années 2000, la même cellule fiscale doit gérer le « cas Florent Pagny ». Le chanteur se répand dans la presse sur l'inhumanité du fisc. « Vu tout le foin qu'il faisait, le directeur de cabinet du ministre me dit de m'en occuper », raconte un membre de la cellule fiscale de l'époque, qui tient à garder l'anonymat. Florent Pagny est sous le coup de très lourdes pénalités. Sa maison de disques lui a versé un million et demi d'euros. La somme est présentée comme un « prêt », mais l'administration fiscale soupçonne plutôt une avance sur recettes déguisée. Autrement dit, des revenus, qui doivent être imposés comme tels. Résultat : Pagny doit des impôts, des arriérés, auxquels s'ajoutent des pénalités. « Une somme astronomique », précise l'ancien de la « cellule ». La situation s'envenime : outre les déclarations hostiles dans la presse, le chanteur s'en prend physiquement à un membre du fisc. « Il se sentait persécuté, il a fini par se jeter sur lui », se rappelle un témoin de la scène. La cellule fiscale est alors mobilisée : elle reçoit à plusieurs reprises le chanteur et ses fiscalistes : « Le premier objectif était de l'écouter, de le comprendre, d'avoir plus d'empathie que l'administration. » La cellule travaille donc sur le fond du dossier, et remarque des incohérences du fisc. Ces remarques sont transmises aux avocats du chanteur. La cellule propose aussi un arrangement sur les pénalités, et en rend compte au ministre. Dans le même temps, le tribunal correctionnel de Versailles innocente le chanteur à propos du « prêt » controversé. Une décision confirmée en appel. L'arrangement avec la cellule est donc validé. De ses démêlés avec les services fiscaux, Florent Pagny tire une chanson restée célèbre, « Ma liberté de penser ».

Les agissements de cette cellule – où tout semble négociable – sont pourtant légaux. L'article L247 du *Livre des procédures fiscales* permet à « l'administration d'accorder sur la demande du contribuable des remises totales ou partielles d'impôts directs [...] lorsque le contribuable est dans l'impossibilité de payer par suite de gêne ou d'indigence », ainsi que des « remises totales ou partielles d'amendes fiscales ou de majorations d'impôts ». Et « par voie de transaction, une atténuation d'amendes fiscales ou de majorations d'impôts ».

Florent Pagny ne fut pas la seule célébrité à croiser les spécialistes de la cellule. Une actrice franco-italienne, un comédien à succès, le patron d'un groupe mondial de luxe ont aussi été « traités ». Mais les stars sont minoritaires, elles représentent entre 5 et 10 % du millier de cas traités chaque année. De nombreux dossiers arrivent *via* les députés, qui saisissent le ministre. « Le cas le plus fréquent, c'est un élu local qui a une entreprise en difficulté dans sa circonscription : il demande un étalement du paiement, un rescrit discrétionnaire à faire valider[1] », détaille Vincent Drezet, du Syndicat national unifié des impôts. « C'était d'une grande diversité, confirme Bruno Parent, patron de la direction générale des finances publiques. Le député de Sambre-et-Meuse pouvait écrire à la cellule car l'un de ses administrés trouvait sa taxe d'habitation un peu élevée. D'ailleurs cela continue et c'est une tradition républicaine que le ministre réponde[2]. » Selon le haut fonctionnaire, les cas dans lesquels le ministre, signataire ultime, nc rcspectait pas les recommandations initiales de l'administration fiscales étaient « assez rares ».

Il n'empêche : avec la cellule, le ministre dispose d'un pouvoir discrétionnaire sur certains dossiers fiscaux. Le pouvoir, aussi, d'être informé de toutes les situations sensibles. L'occasion de se constituer des réseaux parmi les artistes, les vedettes médiatiques, les grands patrons. Mais aussi de « soigner » les députés amis, en offrant une

1. Entretien avec les auteurs, le 14 avril 2016.
2. Entretien avec les auteurs, le 30 août 2016.

attention soutenue à leurs demandes. Un luxe auquel n'ont pas droit l'immense majorité des contribuables.

Lorsque Nicolas Sarkozy devient ministre de l'Économie et des Finances en 2004, il demande d'ailleurs à disposer d'une cotutelle sur la cellule fiscale. En d'autres termes, partager ce pouvoir avec le secrétaire d'État au Budget d'alors, Dominique Bussereau, l'homme de confiance de Jean-Pierre Raffarin. « Cela dit, Nicolas Sarkozy était très prudent, car il savait les retombées négatives qu'aurait pu avoir une demande illégale », relate un membre de la cellule de l'époque. Mais cela permettait d'avoir un œil sur les dossiers. C'était un instrument de pouvoir. En juillet 2010, le ministre UMP François Baroin commande à l'Inspection générale des finances, l'escouade de consultants de Bercy, un rapport, pour déterminer si son prédécesseur, Éric Woerth, a donné à Bercy des instructions pour protéger Liliane Bettencourt. Trois semaines plus tard, les hauts fonctionnaires blanchissent le sortant. Le rapport s'achève sur cette conclusion :

« La mission s'interroge sur les raisons des doutes qui peuvent peser, tant sur le ministre que sur son administration et qui menacent le consentement à l'impôt et donc le pacte républicain. [...] L'une d'entre elles semble devoir mériter une attention particulière pour éviter de nourrir cette suspicion vis-à-vis d'une administration professionnelle et qui protège, au bénéfice des contribuables, le respect du secret fiscal. Selon la mission, il convient de s'interroger sur la tradition consistant à créer au sein du cabinet du ministre une équipe dédiée au traitement des situations fiscales individuelles, dont l'existence même nourrit la suspicion. »

Message reçu. Le ministre du Budget annonce le démantèlement de la cellule à peine deux mois après la remise du rapport : « Je l'ai supprimée, non pas que les gens ne travaillaient pas bien. Au contraire, ils étaient très sérieux[1] », s'explique François Baroin aujourd'hui. Mais selon lui, « C'était le principe d'avoir une signature du ministre. Ces sujets nécessitaient plus de distance. » Un an plus tard, Jean Bassères, l'auteur du rapport, quitte Bercy. Lui, le fonctionnaire catalogué homme de gauche, se fait nommer par un gouvernement de droite à la tête de Pôle emploi.

« Il a dû démissionner parce qu'il a regardé de trop près le dossier Bettencourt-Banier », assure une ex-cadre des services fiscaux. Le patron du service public de l'emploi est persuadé du contraire : « Si être placardisé, c'est être nommé directeur de Pôle emploi… »

Quoi qu'il en soit, défendre cette cellule opaque était visiblement devenu intenable. Pourtant, quelques années plus tard, cette suppression attire quelques critiques.

« C'était une erreur[2] » martèle Éric Woerth. Les doutes sur son implication dans l'affaire Bettencourt sont à l'origine du démantèlement (depuis, la justice l'a relaxé). Mais plusieurs années après, l'ancien ministre du Budget est encore agacé. Nous le rencontrons un beau jour de septembre dans son bureau du parti Les Républicains,

1. Entretien avec les auteurs, le 27 avril 2016

2. Entretien avec les auteurs, le 14 septembre 2016.

rue de Vaugirard, à Paris. Le ministre semble légèrement enrhumé, mais quand on aborde le sujet de la cellule fiscale, le voilà qui s'enflamme :

— Un ministre peut avoir une opinion différente de son administration et il n'a pas nécessairement tort !

— Ça vous est arrivé, à vous ?

— Ça m'est arrivé de choisir une autre solution que celle préconisée par l'administration. Votre solution n'est pas illégale, d'ailleurs ce que vous dit l'administration n'est pas nécessairement légal. Ils peuvent aussi se tromper ! Il n'y a pas d'un côté, le ministre carriériste qui fait n'importe quoi pour servir les copains, de l'autre une administration drapée dans sa vertu et les couleurs de la République ! L'administration a aussi ses propres intérêts. Elle peut défendre une opinion aussi parce que celui qui la porte a une carrière à mener. Et que s'il donne telle opinion, ça lui permettra d'avoir tel poste. Beaucoup de fonctionnaires ont aussi leur propre carrière, leurs propres réseaux, leurs propres ententes[1]…

La suppression de la cellule fiscale s'apparenterait donc à un renoncement du pouvoir politique à diriger son administration, selon Éric Woerth :

— Quand vous êtes le patron de l'administration fiscale, vous êtes aussi le patron du contrôle fiscal. Vous êtes une autorité, légalement il y a un recours gracieux ! Mais on est dans la République des parapluies ! Tout le monde lève son parapluie pour éviter les gouttes d'eau. C'est certain, les ministres ne se font pas mouiller. Mais

1. Entretien avec les auteurs, le 14 septembre 2016.

l'impuissance politique est totale. Je suis pour la responsabilité politique, pour le pouvoir du politique, c'est lui qui est élu ou nommé par une personne qui est élue. Il doit avoir le pouvoir et la puissance. Et je pense qu'il faut y veiller. Sinon il y aura de moins en moins de politiques, de moins en moins d'élections et de plus en plus d'administrations. Vous êtes ministre du Budget, vous touchez à la fiscalité, c'est comme ça ! Vous ne voulez pas parler d'argent, vous pouvez aller à la Culture ou à la Défense !

— Mais quel est le filtre, pour faire remonter un dossier à la cellule fiscale ?

— Il n'y a pas de filtre, poursuit Éric Woerth dans son plaidoyer énergique. Vous avez un spécialiste du droit fiscal, dans votre cabinet, qui propose de casser ou de ne pas casser ou d'amender la décision. Si c'est pour cinquante euros, vous avez un courrier à faire à l'inspection départementale, et j'aime autant vous dire qu'il a intérêt à être légal, votre courrier. S'il ne l'est pas c'est dans *Le Canard enchaîné* – ou dans *Médiapart*, ils sont si charmants. On est dans un monde de délation. Donc il y a plein de règles qui doivent être respectées. Elles sont toujours respectées, ce n'est pas une république bananière. Et quand on n'est pas dans une république bananière, Dieu merci, nos citoyens ont des droits de recours et peuvent les exercer. Sinon, ils se retrouvent devant des médiateurs départementaux, issus de la même administration que ceux pour qui ils font des médiations [l'administration fiscale], et le serpent se mord la queue. C'est normal qu'il y ait des fiscalistes au cabinet du ministère du Budget, comme il y a des magistrats au ministère de la Justice.

— Mais les magistrats, au ministère de la Justice, ne peuvent pas réduire une peine judiciaire !

— Parce qu'ils n'en ont pas le droit, répond l'ex-ministre du Budget. Vous avez un droit de recours, mais sur certains impôts, pas tous (comme la TVA par exemple). En tant que ministre, vous exercez votre pouvoir, c'est tout. On peut aussi considérer qu'il ne faut jamais exercer son pouvoir ! À ce moment-là vous faites de la télé, de la radio et vous faites des éléments de langage. Vous apprenez le prix du ticket de métro et vous passez chez Bourdin. Et au fond, vous êtes peut-être plus durable[1].

Ancien ministre du Budget sous Jacques Chirac, Jean-François Copé a lui aussi travaillé avec une cellule fiscale. Et il en défend également le principe : « Elle a été supprimée par lâcheté. Elle était composée de hauts fonctionnaires de Bercy qui connaissent remarquablement la matière fiscale. Ils apportaient une touche d'intelligence face à la mécanique froide des services fiscaux, en tenant compte du contribuable qu'ils avaient en face. En particulier lorsqu'il s'agissait de contribuables qui avaient beaucoup investi dans le pays, qui avaient créé des emplois, qui avaient généré une plus-value, qui payaient beaucoup d'impôts. C'est normal qu'ils soient reçus, qu'ils soient entendus[2]. » D'après Jean-François Copé, il serait donc nécessaire qu'il y ait une oreille compatissante pour les contribuables méritants : « Il m'est arrivé d'appeler

1. Entretien avec les auteurs, le 14 septembre 2016.
2. Entretien avec l'un des auteurs, le 21 juillet 2016.

moi-même des contribuables. Je n'ai jamais de ma vie examiné un dossier fiscal, ni contredit les recommandations de la cellule fiscale. Mais ça existe, quand même, des contribuables harcelés par des contrôleurs tatillons ! Il faut entendre la voix du contribuable, et non celle de l'administration, qui est une voix à charge. » Jean-François Copé va jusqu'à recourir à la métaphore judiciaire : « La cellule fiscale, c'était une instance d'appel. » N'y a-t-il pas une forme d'injustice à ce que certains contribuables aient accès à cette instance d'appel ? Dans son bureau, où trônent deux petites poupées russes aux effigies de Vladimir Poutine et de Dimitri Medvedev, Jean-François Copé assume : « Le ministre, ce n'est pas Louis XIV dans sa chaise à porteurs. Si je vois dans un dîner ou dans une réunion publique, quelqu'un qui dit "je suis victime d'une injustice fiscale", je lui réponds "donnez-moi votre dossier, on va le faire examiner". » Un temps, puis il ajoute : « Vous savez, j'ai eu à connaître deux cas de ministres en difficulté avec leurs impôts. » Il n'en dira pas plus.

Cette cellule fiscale, Éric Woerth se verrait bien la ressusciter. Rues de Vaugirard, dans son bureau du septième étage, ce proche de Nicolas Sarkozy insiste :

— La cellule a été supprimée sous la pression.

— Si la droite revenait au pouvoir, pensez-vous remettre en place la cellule fiscale ?

— Bien sûr.

Si François Fillon se retrouve président de la République, sera-t-il sur la même ligne ?

L'entretien se termine avec une question sur les pires souvenirs du ministre. Les mises en cause judiciaires, mais aussi les menaces, nous confie-t-il. Y compris de la part de banquiers suisses. Et Éric Woerth nous raccompagne à l'ascenseur.

Selon un ancien patron de la cellule fiscale, qui a accepté de nous rencontrer, les ministres suggéraient parfois eux-mêmes des dossiers à la cellule fiscale : « Pouvez-vous regarder cela ? » Mais pas de demande plus précise, jure-t-il. « Ils avaient une trouille bleue d'avoir leur nom dans la presse. Ils se méfiaient… Ils n'avaient pas oublié l'affaire Dominique Strauss-Kahn-Lagerfeld[1]. » Une ancienne de la direction de la Législation fiscale nuance : « Il est déjà arrivé que je dise “non” à un ministre pour un dossier et qu'il le signe quand même. » Point important : les fonctionnaires sont responsables juridiquement de leurs décisions en matière fiscale (ils peuvent être poursuivis devant la cour de discipline budgétaire et financière). Ce n'est pas le cas du ministre, responsable seulement devant la Cour de justice de la République et en cas d'infraction. « Son seul risque est politique, pas juridique », souligne notre interlocutrice. Cette cellule avait d'autres avantages, selon elle. Elle permettait notamment d'arbitrer les situations inextricables. « Par exemple, dans des droits de succession un peu compliqués, il y a des situations qui n'ont pas été prévues par le législateur. On sait que la décision va être stupide, mais on ne peut pas agir, car il faut se conformer à la lettre de la loi. Dans

1. En 2001, plusieurs articles de presse font état d'un deal entre le ministre des Finances et le célèbre couturier. Une remise fiscale aurait été accordée à Karl Lagerfeld, en échange d'une cassette vidéo, la « cassette Méry », sur les financements occultes de la droite chiraquienne. Les deux sont blanchis par la justice.

ces cas-là, un directeur d'administration ne peut rien faire. Un ministre le peut. »

La fonctionnaire nuance immédiatement : l'existence de cette « instance d'appel » pouvait déresponsabiliser les services fiscaux. Les inciter à se dire « on cogne, puis le ministre verra ». Michel Taly regrette malgré tout la cellule. Lui qui fut directeur de la Législation fiscale sous des gouvernements de gauche estime que la suppression de la cellule est un acte de « lâcheté ». Il assure avoir entendu un haut fonctionnaire des impôts s'en réjouir : « Maintenant on pourra dire non à tout ! », c'est-à-dire à tous les dossiers présentés pour un réexamen. Alors qu'on fait remarquer à notre ancien directeur de la cellule fiscale l'inégalité entre contribuables que pouvait créer cette structure, il répond : « Bien sûr, c'est inégal. Mais l'inégalité est partout dans le contrôle fiscal : des contribuables sont contrôlés, d'autres non ; certains sont contrôlés par des bons inspecteurs, d'autres par des mauvais, certains ont de bons avocats, d'autres moins... L'impôt n'est pas une science exacte. »

Officiellement, la cellule fiscale n'existe plus. Oubliées, ces mauvaises habitudes du sarkozysme. Enterrés, ces soupçons de copinage opaque. Terminée, cette fréquentation des riches et des puissants. Ensevelie, cette fascination pour l'argent. La gauche au pouvoir ne manque pas de revendiquer sa différence avec les « sortants ». Depuis 2012, les étages du ministère du Budget seraient débarrassés de ces pratiques honteuses. Le secrétaire d'État au Budget, Christian Eckert, comme ses prédécesseurs (Bernard Cazeneuve et Jérôme Cahuzac), le répète : il laisse travailler son administration fiscale, sans jamais intervenir.

Pourtant, selon nos informations, il existe bien dans son cabinet un conseiller chargé de traiter les dossiers « sensibles ». Il a longtemps été invisible dans les organigrammes du ministère du Budget. À l'arrivée de Jérôme Cahuzac, notre homme est nommé « chargé de mission ». Un poste qui a l'avantage de ne pas apparaître dans les documents officiels. « Il s'occupait des dossiers fiscaux, particuliers et entreprises, indique un ancien collègue du cabinet. (Il hésite.) Des remises gracieuses, tout ça... » La fonction de cet homme était donc tenue secrète. Il ne fallait pas qu'on puisse soupçonner que la gauche avait reconstitué cette cellule, tant dénoncée. Un ex-collègue de notre homme avance une autre explication : « Je pense que le ministre ne voulait pas qu'il apparaisse pour qu'il ne soit pas sollicité, pour que son travail se fasse discrètement. » Au bout de deux ans, en 2014, le conseiller occulte apparaît au *Journal Officiel.* « Il a été "dégrisé" » plaisante un de ses collègues de l'époque. Mais son vrai rôle n'est toujours pas indiqué. C'était pourtant « une mini-cellule fiscale » à lui tout seul, explique un ancien membre du cabinet. Selon plusieurs sources, il s'occupe, « à plein temps », des « dossiers signalés ». En quelque sorte, une interface informelle entre l'administration et le ministre. « Cela permet d'aller plus vite sur certains dossiers », reconnaît un autre membre du cabinet.

Le conseiller en question, ancien chef de section au bureau des agréments et rescrits de la DGFIP, a une compétence reconnue de tous. Sa présence semble en tout cas indispensable. Depuis 2012, alors que la plupart des conseillers au ministère du Budget ont fait leurs valises, il est l'un des seuls à être resté. D'abord dans l'ombre, puis officiellement. Ce, malgré plusieurs changements de ministre.

Interrogé, Christian Eckert reconnaît seulement qu'il est « informé » des dossiers fiscaux les plus sensibles : « Quand il s'agit de personnalités connues. Journalistes, artistes, écrivains, femmes ou hommes politiques. Des gens dont on n'a pas envie, en tant que ministre, d'apprendre en ouvrant le journal qu'ils ont un contentieux avec le fisc. Ne serait-ce que pour savoir quelle attitude avoir face à ces gens-là. Mais on n'en fait pas plus. C'est protecteur pour nous, pour l'administration, pour tout le monde[1]. »

La réalité est un peu plus complexe. Le ministre continue bel et bien de signer des décisions sur les dossiers fiscaux. « Un dossier peut remonter jusqu'à lui parce qu'il est très complexc, ou parce qu'il a reçu une demande d'un parlementaire, explique Bruno Parent, le directeur de la direction générale des finances publiques. Dans ce cas, le cabinet du ministre nous saisit, nous préparons un projet de réponse. Cela arrive chez le conseiller qui nous a saisis, il instruit le dossier et met la réponse à la signature du ministre. Il signe la réponse telle qu'on l'a préparée[2]. »

Il est d'ailleurs un autre cas où le ministre ne se limite pas à être « informé » comme il le dit. Quand une

1. Entretien avec les auteurs, le 1er juin 2016.
2. Entretien avec les auteurs, le 30 août 2016.

entreprise est en difficulté et qu'elle doit de l'argent au Trésor public. Le ministre peut décider d'étaler les remboursements. « Sur les cas importants, avec des enjeux lourds, il peut se trouver qu'on soumette au ministre cette question », reconnaît un haut gradé de l'administration fiscale. Même si l'on est loin des négociations en tête à tête avec les stars évoquées plus haut, le ministre conserve donc la faculté de « pousser » des dossiers pour un règlement à l'amiable. Et le pouvoir de signer des dossiers individuels. Loin, donc, de la simple « information ». Autrement dit : la cellule fiscale est morte, vive la cellule fiscale !

Verrou de Bercy

En écrivant ce livre, on s'en veut presque d'utiliser régulièrement l'expression « la machine Bercy ». N'est-ce pas trop froid, trop implacable, trop technocrate, pour un ministère composé d'êtres humains (souvent) doués de sensibilité ? Il faut dire que le vocabulaire technique du ministère lui-même ne nous aide pas. Le champ lexical lié à la machine, à la mécanique, aux rouages, est omniprésent. Par exemple : le verrou de Bercy. La France est la seule au monde, avec la Suisse, à disposer de cet étrange outil. Le verrou de Bercy, c'est le fait que le ministère du Budget peut décider, seul, si un fraudeur fiscal doit être poursuivi en justice. Ou s'il y échappe, au moyen d'une transaction.

Cela semble à peine croyable. Imaginerait-on le ministère de l'Intérieur, grâce à une transaction financière, interrompre les poursuites pénales contre un assassin ? « C'est sidérant ! s'indigne Alexandre Derigny, agent des impôts, par ailleurs encarté à la CGT-Finances. Cela revient à faire un distinguo entre le délinquant en col blanc et celui qui a du sang sur les mains. Intolérable[1] ! »

Christian Eckert a longtemps prôné la suppression de ce mécanisme, jugé peu démocratique par de nombreux parlementaires. Mais il a changé d'avis en devenant ministre du Budget. Pour lui, cela permet au ministère de faire pression sur les fraudeurs : « Si vous ne réglez pas ce que vous devez, vous irez au tribunal. » Lorsqu'on l'interroge, le placide ministre s'anime : « Qu'est-ce qu'on veut ? On veut simplement mettre des têtes au bout des piques ? Nous, ce qu'on veut, c'est rentrer l'impôt ! Honnêtement, c'est un mauvais procès qu'on nous fait. Avant même de venir ici, j'ai discuté avec l'administration, j'ai discuté avec mes prédécesseurs, notamment Bernard Cazeneuve, et il m'a convaincu[2]. »

Devant un jus de tomate relevé de pili-pili, le ministre poursuit son argumentation : « Le verrou fiscal a deux intérêts : d'abord, la justice n'est pas très équipée pour traiter les affaires fiscales. Quand vous avez un dossier fiscal très compliqué, avec des dividendes dans un pays, des intérêts dans un autre, avec des titres à gauche à droite, des transferts… Eh bien la justice, ce n'est pas un reproche, euh… ce ne sont pas des spécialistes des affaires fiscales. » Pour les dossiers complexes, les juges seraient beaucoup moins

1. Entretien avec les auteurs, le 4 mai 2016.
2. Entretien avec les auteurs, le 1er juin 2016.

compétents que l'administration fiscale, donc. « Deuxièmement, les délais de la justice sont généralement beaucoup plus longs que les nôtres, et ils ont donné lieu à des amendes bien inférieures à nos pénalités. »

La justice française, laxiste avec les fraudeurs, faute de moyens ? Le ministre chargé de la lutte contre la fraude ne semble pas loin de le penser. Pour achever de nous convaincre, il prend un exemple : « En France, des gens qui sont en prison pour fraude fiscale, il y en a combien ? Un seul ! Et si je me souviens bien, c'est un ancien de la maison. » « De Bercy ? » « Oui. »

Constat étonnant, mais confirmé par un ancien spécialiste fiscal de Bercy : « Mieux vaut faire payer tout de suite plutôt que faire du contentieux qui dure des années et où on perd. Un million d'euros tout de suite, c'est mieux que 1,3 million peut-être dans dix ans. Pour moi, c'est une chose évidente. L'opinion publique a du mal à l'entendre ? C'est parce qu'elle ne sait pas une chose : en justice, au bout de dix ans, c'est souvent l'État qui perd. »

Interrogé sur ce verrou fiscal, Laurent Fabius botte en touche. Lorsqu'il nous rencontre, le Conseil constitutionnel, qu'il préside, est saisi d'une question prioritaire de constitutionnalité qui concerne le verrou fiscal. Très probablement celle posée dans le cadre du procès Cahuzac, le 24 juin 2016, les sages estiment que l'ancien ministre peut être poursuivi pénalement même si le fisc l'a déjà sanctionné en recouvrant son impôt impayé assorti d'une majoration de 80 %. « Je serai lâche, mais je ne peux pas vous répondre. » Laurent Fabius s'en tient à une formule : « La femme de César ne doit pas être soupçonnée. »

Le verrou fiscal a fait la preuve de son utilité. Il autorise le ministre à manier le bâton contre les mauvais payeurs. C'est lui qui a permis au ministre Éric Woerth de brandir une liste de trois mille noms, des Français qui avaient un compte caché à l'étranger. Une manière de faire revenir les repentis, sous peine d'engager des poursuites judiciaires. Moral ? Discutable. Efficace ? Sans nul doute. C'est d'ailleurs grâce au verrou fiscal, qu'une autre « cellule » tourne à plein régime.

Cellule de dégrisement

Ils viennent eux-mêmes ou se font représenter par leur avocat. « Ils », ce sont des Français qui ont caché pendant des années un compte à l'étranger. Ils veulent soulager leur conscience ou mettre fin à un risque. Les comptes passent de l'obscurité à la lumière. D'où l'expression de « dégrisement ». À moins qu'elle n'illustre simplement la gueule de bois fiscale qui succède à la griserie de la fraude.

Quand ils passent la porte du Service de traitement des déclarations rectificatives, les repentis ont une garantie : ils paieront des pénalités, mais ne seront pas poursuivis en justice. « C'est un accord tacite, nous confie un membre du service, rattaché au ministère des Finances. Tacite, car sinon, personne ne viendrait. » Mais si cette règle était écrite, ce serait illégal. « On ne peut pas se mettre au-dessus du procureur. » Cependant, n'est-il pas dérangeant de promettre à des fraudeurs une impunité judiciaire, avant même d'avoir examiné leur dossier ? La question embarrasse Christian Eckert. Le ministre chargé de la lutte contre la fraude ne veut pas donner une impression de laxisme. En même temps, il craint de décourager ceux qui hésiteraient à rapatrier leurs avoirs. Des poursuites judiciaires contre les repentis sont-elles possibles ? Lorsqu'on l'interroge, il a cette réponse évasive : « Ça pourrait. » Avant de reconnaître que les procédures judiciaires à la fraude fiscale (un millier par an) ne viennent « généralement pas du STDR [Service de traitement des déclarations rectificatives, le nom officiel de la cellule]. » « On ne fait pas de la morale, on fait de la loi », tranche Maïté Gabet, qui chapeaute le service.

À quoi ressemble un « repenti » ? Il y a bien sûr l'homme d'affaires fortuné qui a caché son bas de laine hors de France. Mais il y a aussi les fraudeurs « malgré eux », qui ont hérité de comptes à l'étranger. Cela concerne parfois des familles entières. La décision de « dégriser » les comptes déchire des fratries. Comme en témoigne cette lettre manuscrite, à l'écriture frêle et penchée, reçue par les vérificateurs. La lettre d'une octogénaire en colère ; elle vient d'apprendre, de la bouche de ses frères et sœurs, que la famille possède un compte caché. « De toute façon, je suis la petite dernière, ça a toujours été comme ça, on ne m'a jamais rien dit ! » griffonne-t-elle rageusement. Il n'est pas rare, non plus, que les comptes dissimulés à l'étranger soient destinés à des enfants cachés, illégitimes. Les secrets familiaux s'entremêlent alors aux considérations fiscales.

La cellule différencie les fraudeurs « actifs » (qui ont fait la démarche d'ouvrir un compte dissimulé) et les fraudeurs

« passifs » (qui en ont hérité). Pour les premiers, les pénalités pèsent plus lourd : 35 % contre 25 % pour les seconds. Tout actifs qu'ils soient, les repentis gardent tout de même un avantage par rapport à ceux qui se feraient prendre : les pénalités atteignent alors 40 %. Ces barèmes sont connus. Ils datent de 2013. « Grâce à ces barèmes publics, les personnes sont traitées de la même manière dans nos sept antennes, à Nantes, à Marseille ou à Paris », revendique Maïté Gabet.

C'est la principale différence avec la première cellule de dégrisement, lancée en 2009 par le gouvernement Fillon. Les barèmes alors n'étaient pas publics et les avocats pouvaient pousser la porte des bureaux et négocier des pénalités au cas par cas. « Ce n'est plus la peine de vouloir gratter ceci ou cela, il n'y a plus rien à gratter, c'est devenu technique et mécanique », témoigne l'avocat fiscaliste Michel Taly.

Le ministère des Finances le revendique comme un succès. En trois ans, quarante-cinq mille personnes se sont présentées à la cellule de dégrisement et sept milliards d'impôts et pénalités ont été encaissés. Ce n'est pas fini, selon le ministre Christian Eckert : « J'ai des billes, mais je ne vous en donnerai pas. Il y a vraiment de grosses billes[1] ! (sur l'air de "Si vous saviez"). » En effet, sur les quarante-cinq mille dossiers, à ce jour, seuls un peu plus de huit mille sont définitivement bouclés. D'autres rentrées d'argent sont donc à prévoir. Bravo la gauche ? À l'écoute de ces arguments, Éric Woerth s'agace.

« La gauche dit "Aujourd'hui, avec nous, c'est deux ou trois fois plus d'argent récupéré." Mais heureusement les

1. Entretien avec les auteurs, le 29 avril 2016.

petits gars ! tonne l'ex-ministre du Budget. Vous avez eu beaucoup plus de temps que moi pour travailler[1] ! »

La lutte contre la fraude fiscale progresse. Elle est liée, naturellement, à l'action du ministère, mais aussi à un changement des mentalités. « Dans les années 1980, si tu payais tes impôts, tu passais pour un plouc. Ce n'est plus le cas », analyse un membre de la direction générale des finances publiques. Il demeure malgré tout un rapport ambigu à l'argent, selon Maïté Gabet : « En France, il y a ce rapport très particulier à l'impôt. Tout le monde veut que les riches soient tondus, mais personne ne veut payer l'impôt. » Le recul progressif des paradis fiscaux a rendu très difficile la fraude pour les particuliers lambda, selon le fiscaliste Michel Taly : « Les clients qui veulent rester dans l'illégalité sont obligés d'aller dans des pays tellement peu sûrs qu'ils risquent de se faire piquer leur argent. C'est trop risqué[2]. »

Comment aller plus loin ? L'idée de rémunérer les informateurs du fisc fait son chemin chez les pontes de l'administration fiscale : « C'est une question compliquée, mais dans certains cas, oui[3] », répond la directrice nationale des vérifications de situations fiscales. La mesure est expérimentée à partir de 2017 pour la fraude internationale.

1. Entretien avec les auteurs, le 14 septembre 2016.
2. Entretien avec l'un des auteurs, le 3 octobre 2016.
3. Entretien avec les auteurs, le 22 septembre 2016.

5.

Le budget, ministère amer ?

Sous la haute fenêtre, cinq étages plus bas, coule la Seine. Au centre du bureau, des fauteuils Empire, vert et or, une table basse ronde. Le long du mur, une bibliothèque de livres anciens. Au fond de la pièce, sur une console, sont posés deux livres de circonstance : *Zoé à Bercy*, récit moqueur des tribulations d'une fonctionnaire au paquebot, et *Les Initiés*, polar qui met en scène deux jeunes membres de l'Inspection générale des finances qui dépassent l'esprit de corps pour révéler la vérité. Le bureau sur lequel travaille le ministre chargé du Budget jure avec le style du bâtiment. Autant le paquebot est dépouillé, uni, et organisé autour de la figure récurrente du carré, autant le bureau est allongé, orné de dorures, médaillons, phénix ou lion ailés, avec des pieds comme des colonnes. La légende veut que Cambacérès ait rédigé le Code civil assis à ce bureau. « Mais, note le secrétaire d'État, on dit la même chose d'un meuble qui se trouve au ministère de l'Intérieur, donc… » Une chose est sûre : la plupart des meubles provient du Louvre, ancien siège du ministère des Finances. Peut-être pas cette longue table en bois sur laquelle s'accoude Christian Eckert, en chemise blanche à manches courtes. C'est ici, raconte le secrétaire d'État, qu'a lieu à chaque printemps ce qu'il appelle en riant un « défilé de mannequins ». Il faut imaginer la scène : d'un côté de la table, le ministre du Budget, encouragé par son administration qui compte chaque euro. « Nous avons le beau rôle, estime Denis Morin, l'actuel directeur du Budget. Celui de l'empêcheur de dépenser en rond[1]. » Un ancien conseiller budgétaire nuance cet enthousiasme : « Le budgétaire c'est celui qui dit toujours non. On n'a pas de projet, pas de politique. » De l'autre côté de la table, le ministre « dépensier », venu discuter des montants qui doivent lui être attribués pour l'année suivante. D'un côté de la table, l'objectif consiste à réduire les dépenses, de l'autre, à obtenir le plus possible.

Face-à-face budgétaire

Pour emporter la partie, les locataires de Bercy utilisent une palette de techniques : préparer minutieusement leurs dossiers, bien sûr, devenir aussi compétents sur les points chauds que le ministre visiteur, être ponctuels,

1. Entretien avec les auteurs, le 27 septembre 2016.

demander plus d'économies pour en garantir un peu moins, s'entourer de la meilleure équipe de conseillers – et surpasser l'adversaire en nombre. D'autres astuces sont plus sournoises.

Bernard Cazeneuve avait l'habitude d'organiser les réunions les plus cruciales à midi pour que ses interlocuteurs, gagnés par la faim, rendent plus facilement les armes. À l'inverse, Alain Lambert, ministre centriste du Budget entre 2002 et 2004, prévoyait toujours des buffets plantureux. « On faisait boire les ministres pendant les suspensions de séance, pour les attendrir un peu », confie un conseiller de l'époque.

La place attribuée au ministre dépensier se trouvait aussi à l'endroit le plus inconfortable du bureau, sous le souffle de la climatisation. Une façon, littéralement, de souffler le chaud et le froid.

Paradoxalement, la crise peut aider les ministres du Budget. Fini le temps des dépenses inconsidérées, décrit par l'ancien ministre des Sports, le chiraquien Jean-François Lamour : « J'allais voir le secrétaire d'État au Budget, se souvient l'actuel député de Paris. Je l'attrapais par le col, je lui disais "il me manque cent millions" et on les empruntait. Ce ne serait plus possible aujourd'hui. »

Les temps budgétaires ont changé. Certes, le ministre du Budget a toujours défendu la sobriété et l'économie. Mais avec la crise, son message passe mieux : il peut se permettre d'administrer des remèdes de cheval. Jean-François Copé, titulaire du poste entre 2004 et 2007, revendique d'avoir tenté de supprimer des contrats aidés d'insertion : « Je crois que c'est mon rôle. J'ai œuvré utilement et on aurait dû le faire sans relâche[1] », insiste l'élu Les Républicains. Il accepte volontiers qu'on le traite de « père fouettard ». Le secrétaire d'État au Budget Christian Eckert, lui, affirme prescrire les traitements sévères de mauvais grâce : « On appelle parfois ça la liste des horreurs, on sent nous-mêmes la difficulté que cela provoque[2]. »

L'homme de confiance

Dresser la liste des ministres du Budget, c'est recenser les plus proches des présidents. Ou, sous les cohabitations, ceux des premiers ministres. En 1986, le chef du gouvernement Jacques Chirac nomme au Budget Alain Juppé, son adjoint à la mairie de Paris. Il en fait aussi son porte-parole. En 1993, Édouard Balladur choisit lui Nicolas Sarkozy comme grand argentier et porte-parole du gouvernement.

À droite, Éric Woerth prend le poste en mai 2007 quand Nicolas Sarkozy devient président de la République. Il était son trésorier de campagne. Plus emblématique encore, la nomination de Michel Charasse (1988-1992), âme damnée de François Mitterrand. Avant lui, Laurent Fabius avait occupé le poste, à la victoire de François Mitterrand, en 1981. Cheville ouvrière du programme

1. Entretien avec l'un des auteurs, le 21 juillet 2016.
2. Entretien avec les auteurs, le 29 avril 2016.

socialiste, celui qui est aujourd'hui président du Conseil constitutionnel revendique un lien privilégié avec l'ancien président : « François Mitterrand ne connaissait pas grand-chose à l'économie. Et il disait : "Fabius, il a trente ans et j'ai l'impression de le connaître depuis quarante ans !" »

Plus récemment, François Hollande opte pour Bernard Cazeneuve, loyal et discret, pour succéder à Jérôme Cahuzac, emporté par le scandale d'un compte bancaire suisse non déclaré. Le président fera du ministre du Budget son dernier Premier ministre.

Exemple ultime de ce lien de confiance : Michel Sapin, nommé à l'Économie et aux Finances dans la dernière ligne droite du quinquennat Hollande. Il n'est pas seulement un proche, il est un intime. Les deux hommes ont forgé cette complicité lors de leur service militaire à Angers. À l'ENA, ils étaient camarades de promotion, à l'armée, ils sont camarades de chambrée. Et craignaient l'inspection du vendredi soir. « L'adjudant passait dans les chambres pour vérifier que tout était en ordre, se souvient Michel Sapin. Or, François a un sens du rangement particulier[1]. » Un jour, la chambrée se retrouve privée de permission à cause du désordre dans l'armoire de « François ». Les fois suivantes, Michel Sapin prend les choses en main. Histoire que les petites amies ne restent pas à attendre « seules sur le quai à la gare Montparnasse ».

Cette relation de confiance, indispensable pour le président, l'est aussi pour le ministre du Budget. Il doit pouvoir compter sur le soutien de l'Élysée et Matignon quand

1. Entretien avec les auteurs, le 27 septembre 2016.

le ministre « dépensier », frustré, ira plaider sa cause auprès du couple exécutif. « La tentation est grande, si le premier parent vous a dit non, d'aller voir l'autre parent », sourit un ancien fonctionnaire du Budget. Dans l'espoir d'obtenir un arbitrage plus favorable. Le ministre du Budget n'a plus qu'à espérer que son intransigeance soit confortée. Instance d'appel, mais pas d'appel systématique, voilà le juste rôle du président et du Premier ministre, si l'on en croit les anciens ministres et secrétaires d'État au Budget. « Il faut que le ministre en face de vous comprenne qu'il obtiendra moins du Premier ministre, résume Laurent Fabius. Si vous pouvez vous faire surarbitrer, vous êtes perdu[1] ! »

Dans ce jeu de rôle, s'invitent aussi les conseillers. En amont, les deux cabinets avaient déjà identifié, sans la présence des ministres, les points les plus conflictuels. En aval, ils tentent de trouver une solution, avant la confrontation ultime : l'arbitrage.

Dans ces réunions, les deux parties revendiquent parfois chacune le soutien de l'exécutif : « Le conseiller logement rappelle que le président de la République a promis des milliers de logements supplémentaires. Le conseiller budgétaire répond qu'il a aussi promis d'atteindre les 3 % de déficit, relate un ancien de Matignon. Et quand on met tout ça ensemble, ça ne colle pas. »

Quand le couple exécutif tranche en faveur du ministre du Budget, l'autre ministre n'a plus qu'à accepter le

1. Entretien avec les auteurs, le 19 mai 2016.

verdict. Pas question d'aller contester publiquement la décision. L'écologiste Delphine Batho l'apprend à ses dépens le 2 juillet 2013. La discrète ministre de l'Environnement se voit remerciée par l'Élysée, sur proposition de Matignon. Elle a eu l'audace de qualifier dans la presse son budget de « mauvais ». Ses crédits devaient être rabotés de 7 %. Gare à ceux qui se mettent en travers de la stratégie budgétaire.

Les ministres « dépensiers »

Ils ont aussi leurs astuces : il y a le bougon, le colérique, l'indifférent, le fanfaron, ou le dépité, tel le petit poussin du dessin animé Calimero. Chacun déploie sa méthode, plus ou moins sophistiquée.

Un ancien conseiller du ministre de l'Économie évoque la « tactique du salami », bien connue des négociateurs de la grande distribution. « Ça consiste à découper le budget en petits bouts, et à les discuter un par un. Et si le ministre et ses conseillers n'ont pas le temps de tout examiner, on regroupe tout, et on demande plus ! » Il y a aussi les charmeurs. Avant de négocier son budget, Gaston Defferre, ministre de l'Intérieur sous François Mitterrand, faisait la tournée des bureaux. Pas un fonctionnaire du ministère des Finances qui n'ait reçu sa poignée de main, du sans-grade au chef de service. Le maire de Marseille avait compris une chose : si les négociations, techniques, tournent autour de lignes budgétaires, de pourcentages, d'évolution annuelle, les rapports humains n'en restent pas moins déterminants.

Arnaud Montebourg commençait lui volontiers par une petite plaisanterie. Autour de la table du ministre, munis de piles de dossiers et de tableaux chiffrés, une très grande majorité d'hommes encravatés : directeur du Budget, sous-directeur du Budget, chef de bureau, conseillers budgétaires, directeur de cabinet… Ainsi que le ministre du Budget de l'époque, Bernard Cazeneuve.

— Bonjour à tous ! Dites donc, c'est ça les golden boys du socialisme ? lance Arnaud Montebourg.

— Tiens, voilà Arnaud, constate Bernard Cazeneuve.

— Bernâââârdô, comment vas-tu ?

Les deux hommes se connaissent depuis leurs études en droit. Ils ont fréquenté les mêmes soirées étudiantes :

— Arnaud, si tu n'acceptes pas l'issue que je te propose, je serai obligé de reparler de cette soirée du 1er mai 1985, tu te souviens ?

— Bernâârdô, tu n'as pas le droit de faire çâ ! »

Les ministres rient et évoquent leurs souvenirs de jeunesse. Face à eux, les conseillers restent bouche bée devant leurs lignes budgétaires à plusieurs centaines de millions d'euros. La réunion s'achève : certains sujets seront retravaillés par les cabinets. Jouer la proximité, la tactique est rodée. Cette camaraderie intéressée peut aller jusqu'à la flatterie, raconte Jean-François Copé, ministre délégué entre novembre 2004 et mai 2007 : « Philippe Douste-Blazy [ministre de la Santé puis des Affaires étrangères] me disait toutes les deux minutes : "Tu sais, tu seras président un jour." Ça me mettait forcément dans de bonnes dispositions[1]. » Le ministre jure que l'astuce fonctionnait sur le plan amical, mais pas sur le plan budgétaire.

Peut-être cette courtoisie intéressée est-elle plus efficace que d'autres techniques extrêmes : ne pas venir, menacer de quitter le gouvernement… Ou jouer l'hostilité.

Ceux qui ont travaillé avec Jean-Louis Borloo se souviennent encore de ses éclats de voix. Lors d'une réunion d'arbitrage budgétaire à Matignon, le ministre de l'Emploi explose, se lève de table, et lance : « Si c'est comme ça, je me casse. » Quelques minutes après, il revient. « Alors Jean-Louis, t'as été fumer ta clope ? » le taquine Dominique de Villepin, le Premier ministre. « Borloo était très théâtral, se souvient Jean-François Copé, présent à la réunion. Toutes les cinq minutes il menaçait de quitter la pièce, de quitter le gouvernement. »

« Il y en a qui pensent qu'en étant sec, ça marche[2] », abonde le ministre socialiste des Finances Michel Sapin. Lui-même assiste à certaines réunions budgétaires – pas toutes, seulement celles des figures du gouvernement, ou celles qui s'annoncent tendues. Histoire de faire contrepoids. Une année, il doit par exemple venir en renfort de son secrétaire d'État face à Bernard Cazeneuve, ministre de l'Intérieur. Il venait à peine de quitter le ministère du Budget et s'était montré trop coriace avec son successeur Christian Eckert.

---

1. Entretien avec l'un des auteurs, le 21 juillet 2016.
2. Entretien avec les auteurs, le 31 mai 2016.

Ce profil d'ex-ministre du Budget, bon connaisseur des ficelles, peut donner du fil à retordre au titulaire du portefeuille. Devenu ministre des Affaires étrangères de François Hollande, Laurent Fabius joue les initiés : l'ancien gardien des deniers publics entre dans ce bureau qu'il connaît bien, fait savoir qu'il est au courant des recettes et des difficultés de l'exercice, propose que les négociations aillent vite – pas la peine de s'ennuyer avec une discussion de marchands de tapis. « Je vais vous faire mon petit baratin », commence, placide, Laurent Fabius.

Le locataire du quai d'Orsay présente une copie acceptable, sans baisse marquée des crédits mais sans demande folle. Le ministre du Budget ne va pas chercher plus loin de nouvelles économies, et le rendez-vous s'arrête là. Si vous êtes ministre, ou comptez l'être un jour, soyez attentifs, et notez bien ! Le même Laurent Fabius nous confie une tactique éprouvée de négociation : « Il faut mettre sa priorité absolue en troisième sur sa liste. Pourquoi ? Si vous la mettez en première position, le ministre du Budget retient cette première ligne, et dit non au reste. Si vous la mettez en troisième position, ça laisse sous-entendre que les deux premières sont encore plus importantes[1]. » Dont acte.

Le ministre en guerre pour ses crédits peut aussi choisir, parfois, de sacrifier ses soudards au combat. Des secrétaires d'État se souviennent avec amertume avoir été lâchés en rase-campagne par leur ministre de tutelle. Car

1. Entretien avec les auteurs, le 19 mai 2016.

seul le ministre de plein exercice participe à la réunion budgétaire. « Pour Ségolène Royal [ministre de l'Environnement et des Transports] c'est plus facile de dire : on lâche sur les transports, et ensuite ce sera à Alain Vidalies [secrétaire d'État aux Transports] de se débrouiller », analyse une collaboratrice de Bercy. La ministre de l'Éducation du gouvernement Valls, Najat Vallaud-Belkacem, aurait employé la même tactique. Au mois de mai 2016, le ministère des Finances doit trouver plus d'un milliard d'euros d'économies. Un plan d'urgence pour l'emploi a été lancé, il faut aussi payer l'accueil des demandeurs d'asile et les aides aux agriculteurs, bref, trouver de l'argent au plus vite. Bercy propose donc à l'Assemblée nationale d'annuler des crédits dans la plupart des ministères. Les plus touchés sont l'Environnement et la Recherche, à hauteur de deux cent cinquante-six millions d'euros.

Comment en est-on arrivé là ? La ministre de l'Éducation, acculée à proposer des économies, a, selon Bercy, détourné les coups vers son secrétaire d'État, celui de la Recherche. Elle échappe aux efforts, et c'est Thierry Mandon qui doit s'y résoudre. Résultat : le CNRS et le CEA (Commissariat à l'énergie atomique) toucheront moins d'argent que prévu. Dans le journal *Le Monde* daté du 24 mai 2016, sept prix Nobel et une médaille Fields dénoncent « un suicide scientifique et industriel ». Machine arrière : le président de la République annonce le 30 mai qu'il renonce à la moitié de ces économies. Les ministres de Bercy dénoncent une manœuvre du secrétaire d'État à la recherche. « Ces chercheurs ne sont pas sortis de nulle part[1] », s'indigne Michel Sapin.

Utiliser la presse

Dans la bataille budgétaire, la presse fait figure d'arme lourde. Le ministre de la Justice, Jean-Jacques Urvoas, est l'un des plus habiles pour s'affranchir des règles. « La justice en état d'urgence absolue. » Le titre-choc accroche l'œil sur la une du *Journal du Dimanche* du 3 avril 2016. « Le ministère de la Justice n'a plus les moyens de payer ses factures », affirme en exclusivité Jean-Jacques Urvoas dans les colonnes de l'article. Il y décrit les frais de santé non acquittés des détenus, le papier qui manque pour imprimer les jugements… « Une vraie situation de sinistre », affirme le ministre. Devant son journal, le secrétaire d'État au Budget, Christian Eckert, s'étrangle. Deux jours plus tôt, le même Jean-Jaques Urvoas se tenait devant lui. Il avait réclamé de longue date un rendez-vous pour faire valoir que non, les crédits prévus ne lui suffisaient pas.

— Il me faudrait un dégel de deux cents millions d'euros avant le mois de juin, avait avancé Jean-Jacques Urvoas.

— C'est inhabituel, avait répondu Christian Eckert. Mais je comprends. J'ai des liens avec les territoires, je sais que tout ne va pas bien.

1. Entretien avec les auteurs, le 31 mai 2016.

— Alors ?

— Alors voyons-nous la semaine prochaine, je te ferai des propositions d'ici vendredi. Ou tu les acceptes, ou tu vas voir le Premier ministre. En attendant j'aimerais que tu arrêtes de te plaindre à la radio, on règle nos problèmes ensemble !

Jean-Jacques Urvoas avait pris congé. Il n'avait pas mentionné son interview à paraître dans le *JDD*. Dimanche gâché pour le secrétaire d'État au Budget, furieux de n'avoir pas été prévenu. Christian Eckert saisit son portable et pianote un texto rageur. En substance : « Puisque tu as une nouvelle fois parlé à la presse, je te suggère de voir directement avec Matignon. Le Budget ne te fera aucune proposition. »

Un mois et demi plus tard, le ministre de la Justice crie victoire dans la presse : cent sept millions d'euros sont débloqués. « Il a obtenu un dégel peut-être un peu supérieur aux propositions que je lui aurais faites[1] », bougonne Christian Eckert.

Prétendre jouer les bons élèves peut aussi payer. Au ministère de l'Économie et des Finances, cette méthode est aujourd'hui surnommée « méthode Duflot », du nom de Cécile Duflot, l'ancienne ministre écologiste du Logement (2012-2014). Elle l'applique notamment en 2013, pour combattre le gel de l'Aide personnalisée au logement (APL). Cette aide financière, versée aux locataires aux revenus modestes, est indexée sur l'inflation : le montant

1. Entretien avec les auteurs, le 1er juin 2016.

varie avec les hausses de l'indice des loyers. Sur proposition de Bercy, le Premier ministre veut mettre fin à cette indexation, rendre les APL fixes à partir de l'année suivante, et gagner ainsi quelques millions. Surprise : Cécile Duflot, volontiers rebelle, accepte sans broncher. Elle ne demande qu'une lettre confirmant le souhait du chef du gouvernement. Jean-Marc Ayrault signe le courrier et l'envoie à sa ministre du Logement. Quelques jours plus tard, l'information fuite dans *Le Canard enchaîné*. Qui a informé l'hebdomadaire ? Un conseiller soupçonne la ministre elle-même. La nouvelle suscite une fronde dans les organismes du logement social. Elle inquiète les étudiants. Le projet fait son chemin jusqu'à la loi de financement de la Sécurité sociale à l'automne. Mais au mois d'octobre, la commission des finances de l'Assemblée lui inflige le coup de grâce. Cécile Duflot ne s'est pas opposée au ministre du Budget, ni au Premier ministre. Elle peut simplement déplorer de n'avoir pas trouvé de majorité pour faire passer le projet. « Ce sont souvent ceux qui emploient cette méthode qui s'en sortent le mieux », note un conseiller ministériel, familier des discussions budgétaires. Au risque tout de même de subir les critiques d'anciens ministres du Budget, qui l'accusent de tuer la délibération collective et de se montrer déloyale vis-à-vis du travail d'équipe. « La tentation du ministre c'est parfois de vous proposer des choses qu'ils ne peut pas tenir, ou de chiffrer des choses en sachant qu'ils ne tiendront pas, constate Christian Eckert. Ensuite, ils viendront en septembre demander des dégels. » Il reconnaît tout de même que « le logement est un sujet lourd ».

Il fait même partie des sujets les plus sensibles, presque « intouchables ».

Le logement s'abrite

C'est l'une des marottes des « budgétaires », à la recherche de nouvelles économies. En France, les dépenses de l'État pour le logement pèsent lourd : dix-huit milliards d'euros par an, selon la Cour des comptes. « 2 % du PIB, soit deux fois plus que dans la moyenne de l'Union européenne, calcule Denis Morin, le directeur du Budget. À nous de signaler qu'on pourrait être plus efficace[1]. » Selon l'administration, ces aides gonflent artificiellement les prix des loyers, et se retrouvent finalement dans la poche des propriétaires. Chaque année, des propositions de réformes de ce coûteux système ressortent donc des placards de Bercy. Et chaque année ou presque, face à la fronde, elles sont mises aux oubliettes. Le sujet est explosif politiquement : tout coup de rabot toucherait d'abord les ménages les plus modestes. Et ce dans un contexte de crise du logement. Si la direction du Budget en a fait l'une de ses marottes, il est fréquent que les réformes soient freinées par le ministre du Budget lui-même, bien conscient du risque politique. Par exemple, lorsque le projet de gel des APL fuite dans la presse, Bernard Cazeneuve est en voiture, en direction d'une interview à BFM. Il reçoit un appel du président

1. Entretien avec les auteurs, le 27 septembre 2016.

de la République, qui lui demande de démentir. Au téléphone, le ministre du Budget met la faute sur son cabinet et son administration : « Ils sont indécrottables, je n'en peux plus ! Il faut qu'ils arrêtent de jouer les Diafoirus », tonne-t-il. Encore une fois, la réduction des APL échoue, cette année-là. En 2011, Nicolas Sarkozy avait tout juste réussi à faire abandonner la rétroactivité des APL – ce sont toujours deux cent quarante millions d'euros d'économies –, mais au prix de vigoureuses manifestations étudiantes. Conclusion d'un ex-conseiller du ministère : « À un moment ça devient public, et il faut être prêt à affronter la contestation. » En 2016, après quatre années de tentatives, Bercy impose finalement un nouveau calcul des APL : leur montant tiendra compte, désormais, du patrimoine des bénéficiaires, livret d'épargne compris.

La culture fait son cinéma

La contestation effraie quand les étudiants et les associations de mal-logés battent le pavé. Elle peut tétaniser quand les figures culturelles montent à l'assaut de la forteresse. Là, ni manifestation ni pancarte, mais un pouvoir d'influence tout aussi puissant.

Depuis des années, Bercy convoite la trésorerie du Centre national du cinéma (CNC). Cet organisme, chargé de récolter les taxes pour financer le cinéma français, abrite un fonds de roulement annuel de six cents à huit cents millions d'euros.

Chaque année, le Budget essaie d'y piocher. Mais il faut parfois tordre le bras à cet acteur prestigieux. À l'automne 2012, juste avant la loi de finances, le ministre et son cabinet font fuiter dans la presse un rapport de l'Inspection des finances sur les agences d'État, au train de vie plutôt confortable. Une partie concerne le CNC, ce qui scandalise son patron, Éric Garandeau, un inspecteur des finances réputé proche de Nicolas Sarkozy. Un mois après, en pleine discussion budgétaire, il envoie une lettre ouverte à ses collaborateurs. Elle se retrouve dans la presse : « Nous devons tenir compte [des attaques et des critiques] quand elles sont justifiées, mais il ne faut rien “laisser faire” ni rien “laisser passer” quand elles ne le sont pas », écrit le patron du CNC. Il se défend d'avoir laissé s'envoler la masse salariale de l'agence. « Qui dit cinéma, dit influences autour de François Hollande, assure un ancien du cabinet Jérôme Cahuzac. Tous les artistes sont allés voir le président pour défendre le CNC. Du coup on n'a pas eu ce qu'on voulait. » Le Centre national du cinéma finit tout de même par verser cent cinquante millions d'euros de sa trésorerie, pour le budget de l'État en 2013.

Fin 2013, rebelote, le Premier ministre valide une nouvelle ponction, avec l'aval du président : cent cinquante millions à nouveau. Bercy en demandait davantage. Immédiatement, le réalisateur de *The Artist*, Michel Hazanavicius, s'en émeut. Il adresse une lettre ouverte à François Hollande, accuse le président de commettre un « sacrifice de la culture et du cinéma ». D'autres personnalités le suivent. Peu de temps après, l'Élysée convoque une réunion et revient sur la décision. Le message : « Ce prélèvement suscite des réactions dans le milieu. On ne peut pas rester là-dessus. » L'un des instigateurs du rendez-vous ? David Kessler, alors conseiller culture du président de la République. Un ancien directeur général du CNC. Le puissant Centre national du cinéma s'en tire avec une décision plus clémente : au lieu des cent cinquante millions d'euros prévus, les députés votent pour le budget 2014 un prélèvement de quatre-vingt-dix millions. En 2014, nouvelle pétition d'artistes : cent quatre-vingt-quatorze personnalités du cinéma et de la télévision dénoncent préventivement une volonté de piocher à nouveau dans les caisses. « Trop c'est trop ! » clame cette tribune, signée par Michel Ocelot (*Kirikou*), le scénariste et producteur Élie Chouraqui, Gérard Krawczyk (*Taxi 2*)…L'année d'après, le CNC se retrouve tout bonnement épargné. Les voix de la culture ont eu raison des gourmandises budgétaires.

Sacrée Défense

Interlocuteur lui aussi coriace, le ministère de la Défense. Début 2013, Jérôme Cahuzac compte s'attaquer à ce gros morceau, qui pèse plus de quarante et un milliards d'euros annuels, soit 1,5 % de la richesse produite chaque année en France. Bercy dégaine l'artillerie lourde et réclame une baisse du budget étalée sur les cinq ans de la loi de programmation militaire : dix milliards d'euros d'économie. Le budget de la défense passerait à 1,1 % du produit intérieur brut. Face à cette demande, Jean-Yves Le Drian brandit un scénario catastrophe appuyé par les industriels : le porte-avions Charles de Gaulle serait mis sous cocon, c'est-à-dire laissé à quai, voire vendu à l'étranger. Les commandes publiques aux industriels de la défense chuteraient, avec à la clé des milliers d'emplois menacés. Une bataille de communication sans merci s'engage entre les deux ministères. Face-à-face sur le front, les conseillers en communication des ministres sont deux amis, deux anciens de l'agence Havas, Benjamin Perret et Sacha Mandel. Les relations sont cordiales, mais les salves violentes. Si violentes qu'à la démission de Jérôme Cahuzac, une (fausse) rumeur surgit dans le magazine suisse *L'Hebdo* : l'armée française elle-même aurait provoqué la chute du ministre du Budget. Le ministre s'en va un mardi. La veille, lui et son collègue – et adversaire – de la Défense se sont encore quittés sur un désaccord. Le président devait arbitrer le duel le vendredi suivant. Jérôme Cahuzac ne verra pas l'issue de son bras de fer avec le ministre. Pour le remplacer, le chef de l'État choisit Bernard Cazeneuve, ancien maire de Cherbourg, ville où se trouve le siège de l'industriel naval DCNS. Un homme réputé sensible aux problèmes des armées.

Un an plus tard cependant, les hostilités reprennent entre le Budget et la Défense. Un collaborateur de Bernard Cazeneuve soupçonne « des fuites orchestrées par le cabinet de Jean-Yves Le Drian pour faire capoter les réductions budgétaires ». La loi de programmation votée fin 2013 entérine la victoire du Breton : des crédits maintenus jusqu'en 2016, puis augmentés. Seul sacrifice, les postes continueront à disparaître au même rythme, entre sept et huit mille par an. Signe tangible de cette diminution d'effectifs : plusieurs régiments disparaissent durant l'année 2014. Mais la mobilisation du ministre « dépensier » a payé.

À Bercy, les budgétaires reconnaissent, avec amertume, le talent de « la Grande Muette » pour défendre son pécule. « Les meilleurs pour ça, c'est le ministère de la Défense, confirme Michel Sapin. Ils envoient les généraux se plaindre dans les médias[1]. » Devant ses troupes, Michel Sapin ponctue souvent les négociations autour du budget de la Défense par cette phrase ironique : « Je n'ai pas encore vu de plaintes dans *Le Figaro*, donc ça doit aller. » Une allusion claire au lobbying que pratiquerait dans les pages du quotidien le propre propriétaire du titre, l'industriel Serge Dassault, fabricant des avions de combat Rafale. Mais nul besoin aujourd'hui d'utiliser ce genre d'artifice : après les attentats de 2015, la Défense est redevenue intouchable. Pour la première fois depuis 2007, les effectifs repartent à la hausse en 2016, sur ordre de l'Élysée. « Il y a un objectif assigné par le pouvoir politique, admet Denis Morin, le directeur du Budget. Après, on peut toujours suggérer de mieux gérer les stocks de munitions, les redéploiements[2]… » Le ministère fait son retour parmi les budgets prioritaires. Une position qu'il a occupée pendant longtemps sous la présidence de Jacques Chirac. À l'époque ministre du Budget, Jean-François Copé se souvient d'une réunion en tête à tête avec le chef de l'État, juste avant sa négociation budgétaire avec la Défense. « Tu es un excellent ministre du Budget, lui dit le président. J'ai

1. Entretien avec les auteurs, le 31 mai 2016.
2. Entretien avec les auteurs, le 27 septembre 2016.

été à ce poste et je sais combien c'est difficile. Mais je préfère te le dire tout de suite : tu ne vas gagner aucun arbitrage aujourd'hui. On ne peut pas sacrifier la Défense. » Le jeune ministre tente tout de même de défendre ses positions face à son collègue en charge des armées, en vain. En matière de Défense, même quand il est question de budget, c'est le président qui fait loi.

Risquer l'impopularité

Une fois franchis les obstacles de la discussion gouvernementale, pour le ministre du Budget, le marathon ne fait que commencer. En octobre s'ouvre à lui l'hémicycle avec ses discussions, jusqu'à l'aube parfois. « Ministre du Budget, c'est beaucoup de temps au Parlement et beaucoup d'emmerdes quotidiennes[1] », résume le député Les Républicains Hervé Gaymard, titulaire du poste de ministre de l'Économie et des Finances de novembre 2004 à février 2005. Pour autant, ne pas croire que les députés ont les pleins pouvoirs sur les textes essentiels que sont les lois de finances. Les parlementaires sont contactés, voire convoqués à Bercy. Le cabinet leur ordonne de retirer leurs amendements. Gilles Carrez, actuel président Les Républicains de la commission des finances à l'Assemblée, confirme ce travail compliqué avec les ministres et leurs conseillers. Lui se souvient d'un temps où, sur le chemin du retour vers sa commune

1. Entretien avec les auteurs, le 11 mai 2015.

francilienne du Perreux-sur-Marne, il pouvait s'arrêter à Bercy et discuter à bâtons rompus avec les grands directeurs de l'administration, histoire de glaner quelques informations sur ce qui l'attendait dans le Budget. « Là je ne peux plus aller à Bercy ! regrette le député. Je ne veux pas leur créer de problème. Et je ne reçois même pas de documents en amont du projet de loi de finances[1] ! »

Dans le sens inverse, la relation n'est pas plus apaisée. Ce 17 novembre 2010 au soir, le ministre du Budget François Baroin fait face aux députés. Cravate noire, voix lasse, le quadragénaire aux cernes creusés égrène au micro les articles de la loi de finances. Trente-neuf amendements votés en séance par les parlementaires, et rejetés par le ministre. Sur trente-neuf mesures, donc, François Baroin, chargé de faire la chasse aux coûts, demande aux députés de sa propre majorité de changer d'avis. Malgré l'heure tardive, l'annonce déclenche une bronca, y compris dans les rangs de la majorité.

— C'est de la tricherie !

— Il va refaire le débat !

— Il va faire la manche dans le métro !

Le ministre du Budget est coincé. Il doit réduire le déficit l'année suivante à 6 % du PIB, contre 7,7 en 2010. La potion est amère : gel du point d'indice des salaires des fonctionnaires pour la première année, des hausses de TVA, réduction de crédits d'impôts, mesures destinées à financer la réforme des retraites… À 22 h 05, la séance

1. Entretien avec les auteurs, le 16 mars 2016.

est suspendue à la demande du ministre. À 22 h 10, elle reprend, avec d'autres invectives.

— C'est la première fois que je vois une seconde délibération remettant en cause autant de votes de notre Assemblée, s'exclame le rapporteur Gilles Carrez.

— Une première dans l'Histoire, renchérit le centriste François Sauvadet.

— C'est une litanie stupéfiante et profondément choquante ! s'indigne aussi le socialiste Pierre-Alain Muet. Nous avons consacré des heures à discuter de sujets importants !

Les parlementaires se sentent piétinés, humiliés. François Baroin l'affirme aujourd'hui, pour convaincre les députés il met alors dans la balance l'arme fatale : le fléchage de la réserve parlementaire, cette cagnotte distribuée à leur guise par les députés à leur circonscription, aux collectivités ou aux associations. De quoi convaincre les plus réticents, apparemment : le projet de budget est adopté à 169 voix pour, 68 contre. Séance levée, à plus de minuit. Un horaire et une ambiance de travail pas si surprenants pour un ministre du Budget. « C'est nerveusement très dur, confie Christian Eckert. Vous êtes à ramasser à la petite cuillère. Vous rentrez à 1 heure ou 2 heures chaque soir, vous arrivez au bureau à 8 heures, car il y a encore la montagne de parapheurs[1]. »

Fatigué, pressuré… est-ce là le triste sort du ministre du Budget ? Pire, il lui faut assumer les mauvais chiffres

1. Entretien avec les auteurs, le 29 avril 2016.

et supporter la critique. Car « le ministre du Budget, c'est vraiment la brute », selon François Baroin. Un père fouettard qui ne lâche rien, qui ne cède rien. Il doit parfois se montrer roublard et louvoyer entre les ordres du président et les souhaits de sa majorité. Pas simple : « Pour Sarkozy, le bouclier fiscal c'était un totem, intouchable. L'ISF est un tabou, donc il a fallu que je trouve une réforme freudienne entre totems et tabous[1] », plaisante le ministre assis dans le fauteuil de son bureau, un très chic cabinet d'avocat parisien. Le bouclier fiscal est supprimé en juin 2011, fin d'une mesure emblématique qui empêchait de payer en impôts plus de 50 % de ses revenus. Éric Woerth, ministre du Budget et des Comptes publics en pleine crise bancaire, en garde lui aussi des souvenirs cuisants : « Quand vous êtes ministre du Budget, le déficit à 7 % vous rend malheureux. »

Pas facile donc, le rôle de ministre du Budget. Et d'autant moins dans notre système français. Aux Pays-Bas, par exemple, le chef du gouvernement donne à ses ministres, plusieurs hypothèses d'économies à réaliser sur l'année. En fonction de chaque hypothèse, le ministre doit dire quels crédits il envisagerait de rogner. Chaque ministère construit donc son scénario. « On a une culture très conflictuelle en France, entre cabinets, ministères et députés, souligne un ancien fonctionnaire du Budget. En un mot, c'est la défiance. » Et une sorte de pièce de théâtre où Bercy ordonne des coupes et où le ministère

1. Entretien avec les auteurs, le 27 avril 2016.

« dépensier » s'oppose en invoquant la justice sociale, la sensibilité du sujet, ou les difficultés techniques.

Bercy au régime

Vendredi, 20 heures. Le ciel se colore de nuages violets. Le douanier jette un œil à sa montre et laisse à quai les navettes des ministres. « Concorde » et « Bercy » vont rester deux jours esseulées. Depuis 2015, les douaniers maritimes du ministère n'assurent plus le service le week-end. Leurs effectifs sont passés de quinze à onze. « On ne pourra pas dire que nous ne sommes pas exemplaires », grommelle ce vieux briscard de la maison. Depuis dix ans, Bercy est le ministère qui a le plus contribué à réduire le nombre de fonctionnaires.

En 2017, le ministère perd mille cinq cent quarante postes, plus de la moitié du total des emplois d'État supprimés. « Les lingères, les ébénistes du ministère ont subi les mêmes coupes », déplore le douanier. Les fonctionnaires des impôts également. Dans sa quête d'économies, Bercy le budgétaire n'épargne plus Bercy le dépensier.

« Le gouvernement a poursuivi et amplifié le mouvement de suppression de postes lancé par Sarkozy, regrette Vincent Drezet, secrétaire général du syndicat Solidaires finances publiques jusqu'à 2016. Et la frustration qu'on a avec le gouvernement actuel, c'est qu'il ne tient qu'un discours d'assainissement des comptes publics. » La gauche plus sévère encore que la droite ? Pas vraiment. Bercy contribue de plus en plus, en proportion, à l'effort général d'économie. Mais il supprime, en nombre, de moins en moins de postes. Dans son grand bureau moderne de secrétaire général de Bercy, Laurent de Jekhowsky fait ses calculs : « Bercy a supprimé 25 000 emplois en dix ans, nous sommes passés de 170 000 agents à 145 000. Aucune entreprise n'a fait un effort équivalent[1] ! »

Premiers contributeurs, les agents de la direction des Impôts (la DGFIP), l'Insee et les douaniers. Or « le nombre de dossiers, le nombre d'entreprises à l'impôt sur les sociétés, le volume d'appels… », tout a augmenté déplore Vincent Drezet, de Solidaires finances publiques. Après les attentats de 2015, pour la première fois depuis 2002, les effectifs des douaniers repartent, eux, à la hausse. Mille nouvelles embauches annoncées pour les années 2016 et 2017. Mais rien ne dit que la tendance va se prolonger car une bizarrerie persiste : il existe aujourd'hui deux administrations qui perçoivent l'impôt, la DGFIP et la douane. « On en a fusionné deux, il en reste deux, avance le secrétaire général du ministère. Ce n'est pas un doublon à proprement parler, car les impôts récoltés ne sont pas les mêmes. Mais on peut encore se poser la question. Si potentiellement il y a des économies à faire, c'est là. » Parmi les autres pistes d'économies, une possible mise en commun des systèmes d'information, salles, infrastructures… Pas de lendemains qui chantent, donc, ce qui inspire cette

1. Entretien avec les auteurs le 17 mai 2016.

phrase au secrétaire général de Force Ouvrière, Jean-Claude Mailly : « Ce n'est pas évident d'être ministre des Finances dans ce contexte ! Faut accepter le poste ! »

Pour déterminer ses crédits annuels, le ministre des Finances négocie son budget avec… lui-même. Le ministre de l'Économie discute également avec celui des Finances. Il lui suffit de gravir trois étages. Chaque année resurgissent les mêmes pistes d'économies. Parmi elles, réduire les fonds accordés aux pôles de compétitivité, ces soixante et onze territoires où des entreprises et laboratoires travaillent ensemble sur un domaine donné. Le directeur général des entreprises, Pascal Faure, pourtant ancien du Budget, manie la métaphore sportive pour décrire les discussions : « Première étape, le Budget nous explique que ce truc est inefficace, qu'il faut donc le mettre à zéro. Nous, on peut montrer que c'est efficace, que les entreprises de ces pôles créent plus d'emplois et exportent plus, détaille l'ingénieur des Mines. C'est un renvoi dans les vingt-deux mètres en chaque début d'année ! On prend le ballon, parfois on marque de beaux essais, mais c'est dur[1]… » Selon un chiffrage de la Cour des comptes en octobre 2016, le financement des pôles a été divisé par plus de deux en sept ans. « La politique est globalement bien construite mais à clarifier et adapter » écrivent les sages de la rue Cambon. « C'est vrai que pôle de compétitivité c'est un beau mot, chatoyant, ironise le directeur du Budget, mais on est quelques-uns à penser que

1. Entretien avec l'un des auteurs, le 19 septembre 2016.

l'État doit peut-être se concentrer sur quelques sites importants[1]. »

... et les agents trinquent ?

Le secrétaire général de Bercy doit donc composer avec une réalité moins généreuse qu'autrefois. Laurent de Jekhowsky a un objectif d'économie sur trois ans. Entre 2011 et 2016, le budget de son ministère est passé de 14,6 à 13,2 milliards. Le haut fonctionnaire tranche donc dans les pécules des directions avec les critères suivants : « Comment elles évoluent, comment évolue la productivité, le tout croisé avec les effectifs. » Objectif : moins 2 % chaque année. Une règle non écrite aux conséquences bien concrètes.

Deux anciens fonctionnaires de la prestigieuse direction du Trésor l'ont bien constaté lors de leurs fréquents voyages à Bruxelles. « On prend le Thalys en seconde », raconte le premier. Alors que le deuxième décrit « des hôtels minables à cent quarante euros la nuitée maximum. Je ne dirais pas que c'est des hôtels de passe mais quand-même... » Le Bercy plus vertueux que vertueux crée donc des mécontents. Y compris chez les agents. Jusqu'ici la politique sociale du ministère était réputée : logements sociaux réservés, tourisme à prix cassés, services de petite enfance... « On était des seigneurs », répètent Vincent Drezet du SNUI et Patricia

1. Entretien avec les auteurs, le 27 septembre 2016.

Tejas de la CGT Finances. « Avec une telle dépense d'action sociale par agent, on n'est pas dans le même monde par rapport aux autres ministères, confirme la directrice des ressources humaines, Isabelle Braun-Lemaire. Ce sont des acquis du passé, et on essaie de faire un rééquilibrage[1]. » La cégétiste Patricia Tejas est presque nostalgique des années Sarkozy, où ces efforts donnaient lieu à une compensation financière. « Aujourd'hui il y a zéro contrepartie, on nous massacre », assure la syndicaliste. Sa direction nuance et parle d'un budget maintenu pendant trois ans, puis diminué en 2016, sans remise en cause des prestations ni des bénéficiaires.

Pour autant, les fonctionnaires de Bercy restent bien lotis. « À Bercy on a des grilles de rémunération plus intéressantes que d'autres ministères pour l'encadrement supérieur », admet la DRH. De fait, la moyenne des salaires mensuels atteint à Bercy 2 912 euros nets mensuels, contre 2 465 euros dans la fonction publique d'État. Les cadres dirigeants, de catégorie A, gagnent 8 300 euros net par mois[2]. Les plus grosses rémunérations de l'État se concentrent aussi à Bercy, assurent dans leur enquête[3] Thomas Bronnec et Laurent Fargues. Principale explication : les primes. Les auteurs citent une fourchette de rémunérations entre quinze et dix-sept mille euros nets en moyenne par mois pour les directeurs installés de longue date. Pour attirer des talents

1. Entretien avec les auteurs, le 14 juin 2016.
2. Rapport du ministère de la Fonction publique.
3. Thomas Bronnec et Laurent Fargues, *Bercy, au cœur du pouvoir*, Denoël, 2011.

extérieurs, Bercy peut même faire valider des montants hors-grille. Le livre cite le cas de Philippe Parini, ex-trésorier-payeur général d'Ile-de-France, gratifié pour son arrivée à la DGFIP en 2008 d'un salaire de plus de vingt mille euros nets par mois. Parmi les professions les plus gâtées, deux métiers en voie d'extinction selon l'enquête de nos confrères : conservateur des hypothèques et trésorier-payeur général, les banquiers et comptables des administrations. Quelques gros salaires qui font exploser la moyenne du ministère, puisque, selon la Cour des comptes, ces fonctionnaires culminaient il y a dix ans à deux cent cinquante mille euros annuels. Encore loin des rémunérations du CAC 40, qui grimpent, elles, à plusieurs millions d'euros.

Cette « exemplarité » revendiquée par le ministère ne s'applique pas à tous les étages...

Les conseillers fantômes

Combien de têtes bien faites et bien pleines au ministère des Finances, combien d'as des chiffres, et pourtant... Nous l'avons constaté : le nombre de conseillers dans les cabinets ministériels dépasse souvent les limites fixées par le gouvernement. Des règles pourtant simples : les ministres disposent de quinze collaborateurs au maximum, les ministres délégués de dix. « On triche un peu », admet un conseiller ministériel. « C'est un secret de polichinelle, c'est un peu plus que la règle à chaque fois », concède Laurent de

Jekhowsky, le secrétaire général du ministère. « Avec deux ministres et trois secrétaires d'État, le nombre de conseillers serait théoriquement à soixante. Mais nous sommes plutôt, disons, à soixante-dix, quatre-vingts conseillers[1]. » De quoi faire exploser les coûts : l'administration estime que chaque conseiller induit l'équivalent de deux personnels « support » : secrétariat, maintenance, logistique… En l'occurrence, cela porte le nombre de personnes dédiées aux cabinets ministériels à deux cent quarante, soit un effectif supérieur à celui de la direction du Budget. Et les coûts augmentent également : cette inflation de conseillers ne se fait pas à enveloppe constante. Les conseillers fantômes existent, nous en avons rencontré un. Son exemple est révélateur des techniques employées pour sortir des limites posées par le chef du gouvernement. À l'époque, ce trentenaire travaille pour une institution publique sous un contrat de droit privé. Le cabinet d'un ministère de Bercy le contacte. « En deux temps trois mouvements, je me retrouve prêté à Bercy, relate notre témoin encore étonné. L'institution me payait et Bercy lui remboursait mon salaire ! » L'homme se voit qualifié de « chargé de mission » et non de conseiller. Ce qui lui permet de ne pas apparaître dans l'organigramme officiel du cabinet. Donc de ne pas être détecté. La même astuce fonctionne avec des fonctionnaires venus des directions de Bercy. Ils y restent rattachés, tout en travaillant officieusement pour le cabinet.

1. Entretien avec les auteurs, le 17 mai 2016.

Outre les vrais-faux « chargés de mission », une autre technique consiste à jouer sur la notion de « conseillers partagés » entre plusieurs ministres.

Par exemple, quatre conseillers d'Emmanuel Macron étaient – officiellement – aussi conseillers de sa secrétaire d'État Axelle Lemaire. Chacun les comptabilisant donc comme un mi-temps. Sauf que, selon notre enquête, trois de ces quatre « conseillers partagés » travaillaient en fait exclusivement pour Emmanuel Macron. « On ne les a quasiment jamais vus », confirme une source proche d'Axelle Lemaire. Un tour de passe-passe qui permet de ne pas excéder les limites officielles, dans un contexte d'économies.

Que risquent ces contrevenants ? Pas grand-chose, en fait. Le secrétaire général de Bercy avoue son impuissance : « Je rappelle la règle aux cabinets. On me dit "oui, oui très bien" et à côté, bon[1]... » Matignon, qui édicte ces règles, n'est pas plus dissuasif. « Il n'y a pas de police des cabinets », s'excuse presque Laurent de Jekhowsky. La directrice des ressources humaines veut croire, elle, que la tendance s'améliore. Ces conseillers officieux, il y en aurait moins, beaucoup moins qu'autrefois : « C'est epsilonesque par rapport à avant, où c'était monnaie courante, estime Isabelle Braun-Lemaire. Il y en a peu[2]. » Un optimisme démenti par la dernière photo d'Emmanuel Macron avec ses troupes, juste avant son départ le 30 août 2016. Il fait beau, ils sont jeunes, pour la plupart.

1. Entretien avec les auteurs, le 17 mai 2016.
2. Entretien avec les auteurs, le 14 juin 2016.

Ils posent une dernière fois, tous ensemble, sur l'héliport, au sommet de l'hôtel des ministres. Sur le cliché on peut compter plus de soixante-dix personnes en plus du ministre. Les conseillers, le directeur de cabinet, ses quatre adjoints… Qui sont les cinquante autres ?

6.

Le vrai ministre est-il à l'Élysée ?

Précieuse Agence France Trésor. Ce service en apparence technique joue en fait un rôle stratégique pour le ministre des Finances. Quarante professionnels du marché, presque des fonctionnaires-traders, émettent la dette française et la vendent aux investisseurs publics et privés. Cette activité leur permet aussi de sentir, avant tout le monde, les grandes tendances financières. Ils comprennent les premiers, en mai 2010, que la Grèce perd son accès au marché. Athènes ne peut plus se financer. Le numéro deux de l'AFT, Anthony Requin, décide d'alerter. En début de soirée, à la clôture des marchés, il envoie un courriel aux décideurs de la République. Quels décideurs ? Non pas le ministre de l'Économie, ni celui des Finances, mais le secrétaire général de l'Élysée. Preuve que le puissant Bercy n'échappe presque jamais à la main de fer de la présidence.

Le chef de l'État y veille, d'ailleurs. Pour mieux régner, il rogne les ailes de Bercy et préfère souvent un ministère divisé à un ministère unifié. Le président peut aussi imposer son regard, et même son initiative, dans le jeu économique. Arrivé à la fonction suprême, Valéry Giscard d'Estaing se voyait encore comme « un grand ministre des Finances », si l'on en croit un fonctionnaire de l'époque. François Mitterrand, le passionné de culture, n'attachait que peu d'intérêt à ce qu'il considérait comme de l'intendance. Tout comme son successeur. Un ancien conseiller de Jacques Chirac à l'Élysée rapporte cette consigne présidentielle : « Ne venez pas m'emmerder à moins de cinq cents millions d'euros ! » François Hollande, lui, en plein ras-le-bol fiscal surprend son ministre des Finances en annonçant sans consultation préalable l'imposition à la source. La patte de l'Élysée sur les questions économiques, question d'autorité, question de goût aussi. « François Hollande a toujours considéré que la fiscalité c'est l'humanité[1] », plaisante l'un de ses anciens ministres, Pierre Moscovici.

« Affaiblir la forteresse »

L'Élysée se méfie d'un ministère de l'Économie trop puissant, c'est-à-dire trop autonome. Alors les présidents

1. Entretien avec les auteurs, le 13 avril 2015.

successifs s'appliquent à diviser la citadelle. Avec plusieurs ministres dans Bercy, les pouvoirs se morcellent. Aucun n'est assez puissant pour s'imposer face à l'Élysée. François Hollande excelle à ce petit jeu. À son arrivée au pouvoir en 2012, il nomme pas moins de sept ministres à Bercy ! Économie, Redressement productif, Commerce extérieur, Artisanat… « C'était une connerie noire, enrage Pierre Moscovici, alors ministre de l'Économie et des Finances. Hollande avait fait son truc habituel : un peu de Montebourg, un peu d'Hamon, un peu de ceci, un peu de cela… » Avec quatre ministres et trois ministres délégués, François Hollande s'assure que personne n'a assez de pouvoir pour prendre des décisions. Et qu'on ne peut rien lui cacher. « Hollande fait toujours ça, mettre plusieurs crabes dans le même panier et laisser un flou entre les gens. Son idée était que Cahuzac chatouille Mosco et *vice versa* », explique un ancien conseiller de Jérôme Cahuzac.

Si tout le monde est ministre à Bercy, alors plus personne ne l'est vraiment. Même Michel Sapin, le hollandais de toujours, porte un jugement sévère sur cette tentation de diviser pour mieux régner : « C'est conçu pour empêcher une prise de pouvoir. On dit que Bercy bloque tout. Alors certains croient que si on le coupe en deux morceaux, ça sera plus facile[1]. » Deux morceaux : un ministre des Finances (qui gère la fiscalité, le budget, les relations avec Bruxelles) et un ministre de l'Économie, à qui il ne reste guère que la gestion de la

1. Entretien avec les auteurs, le 27 septembre 2016.

concurrence, l'animation du marché des biens et services, la gestion de l'industrie et des plans sociaux.

Laurent Fabius ne se montre pas plus indulgent : « Dans un ministère aussi puissant, si vous avez plusieurs centres de décision, et qu'en plus s'y mêlent des considérations personnelles, à ce moment-là, ça devient difficile. » Et le président du Conseil constitutionnel de citer l'Ecclésiaste : « Toute demeure divisée contre elle-même périra. » Il explicite : « Si on joue un jeu du billard à bandes, on introduit la contradiction au cœur de la démarche, et ce n'est pas bon[1]. »

Des ministres trop nombreux, donc, mais pas seulement : le casting est aussi soigneusement pensé pour mettre en concurrence des caractères antagonistes : Macron contre Sapin, Moscovici contre Montebourg… Ainsi, Jérôme Cahuzac le « libéral » et Benoît Hamon le « social » sont tous deux ministres délégués. Tous deux au cinquième étage. Tout semble fait pour qu'ils se neutralisent. Mais les deux hommes se découvrent des passions communes, notamment le sport. Au point d'en devenir amis. Le soir de la démission de Jérôme Cahuzac, dans une ambiance funèbre, Hamon est d'ailleurs le seul ministre à passer au pot de départ. Le seul à saluer les membres du cabinet, d'une accolade ou d'une tape dans le dos.

Laisser les ministres se battre pour avoir la paix : la méthode ne date pas de François Hollande, bien sûr, même si celui-ci avait une solide expérience en la

1. Entretien avec les auteurs, le 19 mai 2016.

matière, à force de bricoler des majorités de synthèse à la tête du Parti socialiste.

En 1993, Nicolas Sarkozy, ministre du Budget, et Edmond Alphandéry, ministre de l'Économie, n'échangeaient aucune information. Dans les années 1980, François Mitterrand jouait volontiers son jeune ministre délégué au Budget, Laurent Fabius, contre son ministre de l'Économie, Jacques Delors. Divisés, ils se retrouvent en situation de faiblesse. Donc de dépendance vis-à-vis de l'exécutif.

Manuel Valls vole ainsi régulièrement au secours d'Axelle Lemaire, pour « border » son rival Emmanuel Macron. Le chef du gouvernement soutient tant qu'il peut le projet de loi sur le numérique de la jeune secrétaire d'État, pour ne pas laisser ce thème porteur au populaire ministre de l'Économie. « À chaque fois qu'on l'a sollicité, le Premier ministre était là, relève un conseiller d'Axelle Lemaire. Quand un photographe voulait une photo de Lemaire avec Valls pour illustrer le projet de loi, Matignon se débrouillait pour l'organiser. » Dans le même temps, Emmanuel Macron se fait progressivement dépouiller de ses projets de réformes, qui se retrouvent dans les lois d'autres ministres : les licenciements économiques facilités migrent vers la (fameuse) loi de Myriam El Khomri, l'assouplissement des qualifications professionnelles part dans le texte de Michel Sapin… Le ministre Macron, coupable d'avoir été trop ambitieux, regarde les trains passer.

Mais après avoir attisé le désordre, il arrive aussi que le président joue les conciliateurs. Au printemps 2016,

Axelle Lemaire a un coup de blues. La jeune secrétaire d'État au Numérique a du mal à exister face à son ministre de tutelle, Emmanuel Macron, omniprésent dans les médias. François Hollande lui glisse des encouragements pour la garder au gouvernement : « C'est justement parce que c'est difficile que tu dois rester. » Le président voit ici les limites du « diviser pour mieux régner ». Selon François Villeroy de Galhau, gouverneur de la Banque de France : « L'Élysée et Matignon se disent souvent qu'un Bercy fort va être un rival. Mais s'il est faible, ça laisse le Premier ministre ou le président porter la responsabilité des réformes impopulaires[1]. »

Autre règle pour diviser Bercy : laisser un flou artistique quant aux attributions précises des ministres. Les couloirs du ministère se souviennent encore des accrochages entre Christine Lagarde et Éric Woerth. Tous deux avaient compétence sur la fiscalité. Déjà complexe pour un seul ministre, la matière devient carrément ingérable à deux. Cette ambiguïté s'est même fait sentir à l'international. Le très puissant ministre allemand des Finances, Wolfgang Schauble, s'irritait d'avoir deux interlocuteurs français : Christine Lagarde, qui gérait la dette, et François Baroin, successeur d'Éric Woerth au Budget, qui s'occupait des recettes de l'État. « J'étais mandaté pour travailler sur la convergence fiscale avec

1. Entretien avec l'un des auteurs, le 19 mai 2016.

l'Allemagne, ce qui a créé des tensions avec Christine Lagarde[1] », confirme aujourd'hui François Baroin.

En interne, ces rivalités décontenancent aussi les services de l'administration. Avec autant de ministres, à qui faut-il répondre en premier ? Et en cas de demandes contradictoires, à qui faut-il obéir ? « L'administration, avec cinq ou six donneurs d'ordres, passe sa vie dans des réunions de cabinet[2] », déplore Michel Guilbaud, le directeur général du Medef, familier des lieux.

Le flou savamment instillé par l'Élysée garantit les guerres de territoires, ou au moins les petites mesquineries. Notamment entre les ministres et leurs secrétaires d'État. Les premiers n'ont pas eu leur mot à dire sur la nomination des seconds, à de rares exceptions près. Le ministre préfère donc généralement s'accaparer les dossiers importants, et laisser les « queues de cerise » au secrétaire d'État. Avec la complicité plus ou moins volontaire de l'administration. Ainsi, le cabinet d'Axelle Lemaire s'est aperçu que les collaborateurs d'Emmanuel Macron bloquaient les notes des services concernant le secteur numérique. « Quand Macron est parti, on nous a fait parvenir une flopée de notes, dont certaines avaient été écrites trois ou quatre mois avant », peste l'entourage d'Axelle Lemaire.

1. Entretien avec les auteurs, le 27 avril 2016.
2. Entretien avec les auteurs, le 1er septembre 2016.

L'Élysée place ses émissaires

Pour savoir où se trouve le vrai dirigeant de Bercy, il suffit d'observer qui décide des nominations. Réponse simple : l'Élysée. Selon l'usage courant, la présidence de la République impose le directeur de cabinet du ministre. Dans une scène captée par le documentaire *Un temps de président* d'Yves Jeuland, la caméra montre Emmanuel Macron, tout juste nommé ministre de l'Économie, qui tente de choisir lui-même son « dircab ». Il faut voir la tête interloquée de son correspondant à l'Élysée, le secrétaire général Jean-Pierre Jouyet, pour comprendre le degré de transgression. Un ministre qui prétend choisir son principal collaborateur, vous n'y pensez pas ! Cela vaut aussi pour les postes moins exposés. En 2002, lorsqu'il faut remplacer le directeur des affaires juridiques de Bercy, les candidatures se multiplient. Avec la montée en puissance des normes européennes, c'est un poste-clé sur le paquebot. Le ministère veut placer sa candidate, une inspectrice des Finances de la maison. Mais l'Élysée aussi : un conseiller élyséen très proche de Jacques Chirac, Jérôme Grand d'Esnon. La décision traîne en longueur. À l'automne 2002, Jacques Chirac croise Jérôme Grand d'Esnon à l'occasion d'un pot de départ à l'Élysée : « Vous êtes encore là, vous ? » demande Jacques Chirac, qui croyait l'affaire réglée depuis longtemps. Son interlocuteur lui explique alors les méandres autour de la décision. La semaine suivante, sur ordre de l'Élysée, il est reçu par le ministre en personne, qui lui dit, l'air ironique : « Bon, eh bien le poste est pour vous ! » Sous-entendu : « Je n'ai pas eu le choix ! »

En 2009, Bercy n'a pas davantage son mot à dire dans le « mercato » imposé par Nicolas Sarkozy : le président pousse au poste de directeur du Trésor Ramon Fernandez, un proche. Les deux hommes ont travaillé ensemble à l'époque où Nicolas Sarkozy était ministre des Finances, en 2004. Et le chef de l'État rapatrie depuis Bercy un autre fidèle, Xavier Musca, dont il fait le secrétaire général de l'Élysée. Jean-Jacques Barbéris, jeune conseiller économique lui aussi passé du paquebot au Château, commente : « Entre l'Élysée et Bercy, il y a parfois une méfiance légitime. Il faut des gens à l'Élysée capables d'aller chercher des poux dans la tête de Bercy. Et de son côté, Bercy revendique à juste titre une autonomie de décision. »

La mainmise de l'Élysée sur les nominations se ressent jusque dans les entreprises publiques. En théorie, c'est un service de Bercy, l'Agence des participations de l'État (APE), qui a la haute main sur « l'État actionnaire ». Dans la réalité, peu de décisions se prennent sans l'aval du président ou de son entourage. Juin 2013 : Pierre Blayau est nommé à la tête du conseil de surveillance d'Areva, la très stratégique entreprise du nucléaire français. Le ministre du Redressement productif, Arnaud Montebourg, s'étrangle : il n'a même pas été consulté. « Moi, j'aurais mis quelqu'un capable de remonter cette boîte. Blayau est un copain de Hollande, fulmine Montebourg devant des proches. Le ministre n'a pas les moyens de sa politique, les nominations sont décidées par ceux qui font antichambre à l'Élysée. On traite les postes de l'État comme des fromages ! » Et encore, il s'agit là d'un poste sensible, stratégiquement (le nucléaire) et économiquement (39 000 emplois, dont 27 000 en France). Mais la mainmise du Château ne s'arrête pas là : « Même sur les sujets les plus abracadabrants, tout remonte à l'Élysée, tempête un ancien cadre de l'APE, venu du privé et encore effaré par l'ultracentralisation du pouvoir. Vous vous dites "je suis chez les dingues !". Le président de la République a vingt-quatre heures par jour, il a autre chose à faire que s'occuper de mon petit problème. Mais tant qu'il n'y a pas un SMS du président au ministre, il ne se passe rien. Quand vous avez un administrateur à nommer, vous faites des suggestions au cabinet, ça remonte au chef de l'État ou à Jean-Pierre Jouyet [le secrétaire général de l'Élysée sous François Hollande]. Et il ne vous répond pas "non", il dit, votre candidat n'est pas mal, mais j'ai vu telle autre personne et elle est bien. Ça veut dire : nommez cette personne ! Impossible de faire un autre choix. »

L'Élysée tout-puissant ? D'autres exemples amènent à nuancer. En 2013, la présidence de la République voit bien Anne Lauvergeon prendre la tête de la nouvelle Banque publique d'investissement (BPI). L'enjeu n'est pas mince : il s'agit du bras armé de l'État pour aider les entreprises prometteuses. Et accessoirement d'une promesse de campagne de François Hollande. Bercy renâcle un peu. Le ministère de l'Économie préférerait Nicolas Dufourcq, énarque, fondateur de Wanadoo, qui a mené une brillante carrière dans les télécoms. « Il fallait une personne qui ait une personnalité forte, un vrai patron. Et puis la BPI devait avoir une très forte dimension en nouvelles technologies digitales », explique une source au fait des négociations côté Bercy. Finalement, le ministère des Finances l'emporte. Dufourcq est nommé. Bercy conserve aussi la main sur les dossiers les plus techniques, où son expertise est indispensable : relations avec la Banque centrale européenne, le FMI, G20, conseils européens des finances, actions contre les flux financiers illicites (blanchiment, corruption, terrorisme…)

Mais dans le meccano de l'État, Bercy se fait parfois contourner. Comme sur le projet secret d'un rapprochement entre l'AFD, l'Agence française de développement, et la Caisse des dépôts et consignations. Deux entités placées sous la tutelle du ministère de l'Économie et des Finances. Le Trésor découvre le projet au dernier moment. « On n'a pas mis les administrations dans la boucle car on savait très bien que ça ne leur plairait pas, avoue un ex-membre du cabinet de François Hollande. Elles étaient d'ailleurs hyper énervées, folles de rage. Mais c'est comme ça, parfois l'Élysée prend des initiatives sans en référer à Bercy. » L'un des acteurs, côté Trésor, confirme : « On a eu connaissance de cela juste avant l'annonce publique, au dernier moment. C'est inhabituel, ce n'est pas un processus normal », explique cette source, encore courroucée aujourd'hui. Le même voit derrière ce projet, non pas l'Élysée, mais « quelques personnes du Quai d'Orsay, qui avaient des considérations de carrière personnelle », laissant entendre que ces « quelques personnes » auraient aimé diriger la nouvelle entité.

Si les nominations ne suffisent pas, l'Élysée envoie régulièrement ses émissaires à Bercy. Au début du quinquennat de François Hollande, un certain Emmanuel Macron vient régulièrement transmettre les consignes de l'exécutif. Il est alors secrétaire général adjoint, en charge des affaires économiques. « Une rock star dans les couloirs du ministère, tout le monde se pressait pour le voir ! », se souvient un conseiller de Jérôme Cahuzac.

Un président directif ? Euphémisme, pour Pierre Moscovici : « Le président réagit vite, il a ses dépêches d'actualité sur son iPhone, ce n'est pas un mythe. Et quand il voit passer une dépêche, il faut régler la question dans les deux heures. Je me souviens de la rémunération de Philippe Varin, se remémore l'ancien ministre, faisant allusion à la polémique sur la retraite-chapeau du dirigeant de PSA. Il fallait que l'affaire soit réglée mercredi à 10 heures. Avant le Conseil des ministres.... Elle était sortie le mardi soir. »

L'Élysée a le dernier mot sur les embauches. Et encore plus sur les limogeages. « Francis, je suis désolé, vous laissez la place » : voici le coup de fil que reçoit le ministre de l'Économie et des Finances Francis Mer en mars 2004. Officiellement, Jacques Chirac veut donner un nouveau souffle au gouvernement, après l'échec des élections régionales. Officieusement, l'ex-ministre est limogé pour ne pas avoir exécuté une demande insistante de Jacques Chirac. « Mer a sauté parce qu'il s'est opposé à un ordre de l'Élysée. Il a dit non ; ou plutôt : “Je veux bien, mais vous me faites une demande écrite.” Deux mois après, Mer se faisait virer », explique un ex-cadre de Bercy. Il ajoute : « C'était une demande juridiquement bancale. Mer a eu raison de refuser. »

Pour Daniel Lebègue, cette faiblesse tient aussi au profil des ministres : ceux qui ont été les plus faibles n'avaient pas de réel poids politique : « Francis Mer, pourtant un grand chef d'entreprise, a été un ministre très faible. Il a perdu beaucoup d'arbitrages[1]. Tout comme Christine Lagarde, incapable de s'opposer à Nicolas Sarkozy dans l'affaire Bernard Tapie[2] », juge l'ancien directeur du Trésor. Il est d'ailleurs frappant de constater que sur les vingt dernières années, les ministres qui ont bénéficié d'un périmètre large étaient issus de la société civile, donc maîtrisables. À l'exception de Nicolas Sarkozy en 2005, nommé avec les « pleins pouvoirs à Bercy », les ministres les plus politiques ont toujours hérité d'un Bercy « partagé », une plongée dans le panier de crabes.

La genèse de l'imposition à la source

S'il s'agit de la révolution fiscale, elle avance à pas de loup. L'imposition à la source, c'est-à-dire l'impôt

1. Christine Lagarde a été reconnue coupable le 19 décembre 2016 de négligence pour avoir autorisé une procédure arbitrale à Bernard Tapie dans son litige avec le Crédit lyonnais.

2. Entretien avec les auteurs, le 29 février 2016.

prélevé directement sur votre feuille de paie ou votre pension de retraite, surgit dans un discours-fleuve de François Hollande en déplacement à Carcassonne (Aude). Ce 19 mai 2015, le chef de l'État a visité l'ex-entreprise de glaces Pilpa, reprise en coopérative par ses salariés. Le soir, à la tribune, il s'adresse aux élus du territoire. Il parle crise des migrants, réorientation de l'Europe, loi sur la biodiversité. Il défend ses réformes. Et glisse ces mots :

« L'impôt sur le revenu lui aussi, même s'il doit être allégé, doit être rendu plus simple dans son prélèvement, c'est une condition de la justice. Le paiement dématérialisé de l'impôt qui se déploie en ce moment, préfigurera ce qui pourra être fait à la source même du revenu, ce qui sera une modernisation supplémentaire. »

L'idée se noie dans le flot. Pas de réaction dans la salle. Les médias ne répercutent pas. Mais au sein du gouvernement, on tombe des nues. Le conseiller fiscal du président spécialement recruté à cet effet attendait l'annonce, mais pas forcément à ce moment-là. Le secrétaire d'État au Budget découvre le projet avec ce discours présidentiel. Quelques jours plus tôt, Michel Sapin, lui, expliquait aux journalistes pourquoi le prélèvement à la source ne faisait pas partie des priorités.

Le projet ne se confirme vraiment que le lendemain à l'issue du Conseil des ministres et par la bouche d'un porte-parole flegmatique en chemise rayée et costume gris. Stéphane Le Foll n'aborde pas lui-même le sujet et attend la question d'un journaliste pour répondre :

« Mettre en œuvre un prélèvement à la source, c'est ce qui sera fait dans des conditions techniques qui sont à préciser, le travail va s'engager [...] J'en discutais ce matin avec le ministre des Finances qui est tout à fait dans l'idée d'avancer dans ce domaine. »

Voilà une formulation plus affirmative. En réalité, le secrétaire d'État au Budget Christian Eckert est plutôt favorable à cette réforme. Mais son ministre de tutelle, Michel Sapin, bien moins. « À l'époque, on explique [au président] les complexités[1] », raconte le ministre des Finances. Rien n'y fait. Ils sont ministres des impôts, mais l'ordre s'impose depuis l'Élysée.

« Je ne crois pas qu'un seul ministre du Budget n'ait pas imaginé mettre son nom sur cette réforme », avance, rêveur, l'ex-ministre UMP François Baroin. Les anciens titulaires du poste, à droite, l'ont presque tous souhaitée. L'idée se promène en effet dans les couloirs de Bercy depuis bien longtemps. « Avec tous les ministres que j'ai vus défiler en quinze ans, nous avons évoqué la retenue à la source, confirme le directeur général des finances publiques. Parce que cela fait partie des sujets que la France traîne depuis des décennies[2]. »

De longues décennies, même ! En 1973, le ministre des Finances Valéry Giscard d'Estaing souhaite déjà ce changement, mais se heurte au Parlement. L'idée revient ensuite à intervalles réguliers. Dans les années 1990, le

1. Entretien avec les auteurs, le 31 mai 2016.
2. Entretien avec les auteurs, le 30 août 2016.

ministre socialiste Dominique Strauss-Kahn y songe, puis y renonce au dernier moment. « On était très sensible à la confidentialité vis-à-vis de l'employeur, argumente un de ses anciens conseillers. Et à la complexité de l'année de transition. » Le passage à un impôt payé en temps réel est complexe. Dominique Strauss-Kahn préfère lancer les travaux sur la déclaration de revenus préremplie, perçue par beaucoup comme un contre-feu. À partir de cette date, chaque nouveau ministre trouve en arrivant sur son bureau un dossier : « Imposition à la source, avantages-inconvénients. » À son tour, en 2002, Francis Mer, s'y intéresse. Il cherche des économies et envisage cette piste. Mais lui aussi abandonne. L'ex-chef d'entreprise préfère travailler sur la fusion, socialement explosive mais plus lucrative, entre deux services chargés de l'impôt, la direction générale des Impôts et la direction générale de la comptabilité publique. Pour son directeur de cabinet de l'époque, Xavier Musca, l'imposition à la source correspond mal, en fait, à la façon dont le système fiscal français s'est construit dans le temps. « C'est ce que j'appelle la problématique de l'armoire Ikea. Vous commencez à monter votre meuble le dimanche à 14 heures, et à 22 heures il vous reste une pièce dans les mains. Il faut tout démonter et remonter, ou jeter la pièce et mettre une cale sous l'armoire. C'est ce qu'on a fait[1]. » Garder l'impôt bancal, sans trop se creuser la tête, ou tout reprendre à zéro, donc. Pas

1. Entretien avec les auteurs, le 5 mai 2016.

étonnant que tous les gouvernements, aient jusqu'ici choisi la première solution.

L'impôt à la source resurgit avec Thierry Breton en mars 2007. Dans le grand salon Michel-Debré, devant un parterre de journalistes, l'assureur Claude Bébéar, patron d'Axa, remet un rapport au ministre. Sa conclusion : l'impôt à la source peut se mettre en place dans les deux ans. Mais pas sous l'impulsion de Thierry Breton : son directeur du Trésor à Bercy, Xavier Musca (encore lui), est contre, et surtout, le mandat présidentiel de Jacques Chirac et celui de son ministre touchent à leur fin. Pourquoi Thierry Breton n'a-t-il pas tenté le changement plus tôt, dès son arrivée, en 2005 ? « Embouteillage de réformes, justifie une ancienne de la direction de la Législation fiscale. À l'époque, on a mis de l'ordre dans les impôts, on a revu le barème, avec des taux ronds et moins nombreux. Accomplir en même temps la réforme de l'impôt à la source, c'est impossible car personne ne s'y retrouve. » Sous la présidence de Nicolas Sarkozy, le moment semble plus propice. Un ministre du Budget se laisserait bien tenter. François Baroin, embauché au gouvernement pour chasser les dépenses au pire de la crise, souhaite laisser une autre marque. « Je voulais du positif ! revendique l'élu Les Républicains. Je pensais que c'était positif d'imaginer une simplification administrative. » Le ministre a discuté avec Thierry Breton et il demande, en 2010, à son administration de se repencher sur la question. À coups de notes, elle tente, selon lui, de l'en dissuader.

Les directions des impôts et de la comptabilité publique viennent de fusionner, non sans mal. L'imposition à la source imaginée à l'époque impliquerait d'en regrouper deux autres, la direction des impôts et l'Urssaf, collecteur des cotisations salariales et patronales. Opération socialement délicate en fin de mandat. « J'avais tout, insiste l'ex-ministre. Si j'avais dit "O.K., on y va", on y allait[1]. » François Baroin affirme aujourd'hui avoir renoncé face à la force d'inertie de l'administration. Mais c'est en réalité le président Nicolas Sarkozy qui met un coup d'arrêt. À l'époque, la question du bouclier fiscal, qui plafonne l'impôt à 50 % des revenus, crée la polémique. Le ministre du Budget a pour mission d'y mettre fin. Un défi auquel s'ajoute la recherche frénétique d'économies. François Baroin tente tout de même d'aborder le sujet avec le chef de l'État. « J'en ai parlé un petit peu à Sarkozy, se souvient l'ex-ministre. Il a dit : "On va pas se lancer là-dedans." On n'était pas en situation politique de mener deux réformes d'envergure. » Cette succession d'occasions manquées inspire à un haut fonctionnaire des impôts, que nous avons rencontré, un classement presque entomologique : « Il y a des ministres qui disaient : "Je préfère faire autre chose." D'autres qui considéraient qu'on ne saurait pas résoudre tel ou tel problème. Les troisièmes n'avaient pas d'opinion. Les quatrièmes disaient : "De toute façon, je ne serai plus là quand ça pourra s'appliquer, pourquoi m'emmerder ?" »

1. Entretien avec les auteurs, le 27 avril 2016.

Payer l'impôt sur ses revenus l'année où on les touche, sans décalage, l'idée semble lumineuse. Après l'annonce, l'exécutif entonne donc le refrain de la simplification administrative. La réforme rendrait plus aisée notre vie de contribuable. Pas de fausse note dans ce chœur, même si les ministres de Bercy s'interrogent, y compris Christian Eckert, pourtant favorable au projet. « J'ai dit au président que j'étais un peu surpris, concède le secrétaire d'État, dodelinant de la tête. Ça venait à un moment un peu curieux puisqu'on approchait de la fin de la législature. Je ne suis pas sûr que moi-même j'aurais appuyé sur le bouton, mais ceci dit, la décision était annoncée. Et curieusement, à Bercy, les choses se sont mises en route[1]. »

L'opposition, elle, change de doctrine et joue un air bien différent. Le député Les Républicains Gilles Carrez fait mine de s'interroger : « À quoi ça sert l'imposition à la source ? À parler d'autre chose que des dépenses publiques et des déficits qui se creusent ! » Lui-même le reconnaît, il était favorable à ce système. Aujourd'hui, la mensualisation et la déclaration pré-remplie lui semblent bien suffisantes.

Derrière l'impôt à la source se cache peut-être une motivation sonnante et trébuchante. « La vraie raison, c'est d'éviter le délai de paiement, la contestation et la fuite de l'impôt, estime un ancien du cabinet de Bernard Cazeneuve au Budget. L'argent est prélevé tout de suite

1. Entretien avec les auteurs, le 29 avril 2016.

et il rentre plus vite. » Le fisc récupérera l'argent et ce sera à vous de lui dire s'il y a erreur, pas l'inverse. Les sommes parviendront donc plus régulièrement dans les caisses de l'État. Le président a d'ailleurs fixé une règle très claire un mois après l'annonce, dans une interview à *Ouest-France*. François Hollande souhaite « que personne n'ait à y perdre. Ni les Français, ni l'État ». Pas de perdant au niveau financier et donc pas de gagnant non plus. Peut-on imaginer, une fois la réforme menée, des économies ? Par exemple sur les postes des fonctionnaires qui traitaient, jusqu'ici, les avis d'impositions ? Pas sûr. « Si c'est possible de faire mieux avec moins, tant mieux, mais ce n'est pas l'objectif[1] », avance le ministre des Finances Michel Sapin. Selon nos interlocuteurs, l'économie s'élèverait en fait à deux cents postes sur quinze mille dédiés à l'impôt sur le revenu. Au lancement, le projet réclamera même du temps supplémentaire aux agents, sans compter les formations ! « Ça représentera un coût humain, pour répondre aux millions de contribuables, confirme Bruno Parent, le grand chef des impôts à Bercy. Il y aura beaucoup de monde mobilisé là-dessus. À terme, ça permettra un peu d'économie d'emplois publics, mais dans un premier temps c'est une charge supplémentaire[2]. » Plus intéressant pour les finances publiques, le prélèvement à la source représente un gain ponctuel, parce qu'il anticipe l'impôt d'une année. Cela semble complexe, mais en réalité, l'explication est simple. « Les revenus globaux des

1. Entretien avec les auteurs, le 27 septembre 2016.
2. Entretien avec les auteurs, le 30 août 2016.

citoyens augmentent de toute façon avec le temps car les salaires ne reculent jamais, décrypte un haut fonctionnaire de la direction du Budget. En prélevant directement leurs revenus 2018, on saute un an. Leurs revenus 2018 sont plus élevés qu'ils ne l'auraient été en 2017. Donc la première année, il y a davantage de rentrées fiscales. » Un calcul que nuance une ancienne cadre de la direction de la législation fiscale, méfiante vis-à-vis de cette année 2017, l'année blanche, sans impôt sur le revenu. « La réforme est coûteuse budgétairement car la première année vous êtes obligés de fermer un peu les yeux, affirme la fonctionnaire. Sinon ça ne passe pas. Les crédits d'impôts, les réductions… Vous êtes presque forcés d'en faire cadeau ! »

L'argument financier n'explique donc pas pourquoi votre impôt se trouve révolutionné. La vraie raison est sans doute… politique. Replaçons-nous en mai 2015. Le sujet de l'imposition à la source a resurgi un peu plus d'un an avant, en janvier 2014. Le Premier ministre d'alors, Jean-Marc Ayrault, organise des assises de la fiscalité. Il veut ressouder la majorité et n'écarte pas une proposition des frondeurs du PS : le prélèvement à la source assorti d'une fusion de l'impôt sur le revenu avec la CSG, cette cotisation prélevée directement sur les salaires. Vu de Matignon, l'administration de Bercy traîne des pieds et ses ministres avec. Les conseillers du Premier ministre s'arrachent les cheveux. « Chaque semaine Bercy mettait de nouveaux arguments sur la table pour dire que ce n'était pas faisable, que c'était compliqué », se rappelle un témoin.

Si la réforme était si bonne, pourquoi le chef de l'État ne passe-t-il pas alors à la vitesse supérieure ? Pourquoi ne demande-t-il pas à Bercy d'enclencher ? Interrogé aujourd'hui, François Hollande se justifie : « C'est vrai qu'on aurait pu faire cette réforme un an plus tôt. Mais sur l'imposition à la source, c'était très difficile de la mettre en place en début de mandat. Il y avait ce que Moscovici a appelé le ras-le-bol fiscal, ce que j'appellerais moi une très grande susceptibilité fiscale. Dans les deux premières années du quinquennat, on a fait beaucoup sur les impôts. Donc on sentait, sur ce sujet, que c'était très crispé chez les Français[1]. » En outre, le président a d'autres préoccupations à cette période. Son entourage lui conseille de descendre plus rapidement sous la limite européenne des 3 % de déficit. Au lendemain des élections municipales perdues, le Premier ministre est limogé. La réforme fiscale avec.

Le 19 mai 2015, donc, la majorité vient d'enchaîner une série d'élections perdues. Le congrès socialiste approche, il se tiendra à Poitiers du 5 au 7 juin. Les frondeurs montent en puissance. Si le président se déplace dans l'Aude afin d'annoncer l'imposition à la source, c'est pour regagner le cœur des militants socialistes, frustrés par l'absence de la « grande réforme fiscale » promise. « Il veut faire un geste politique envers une partie de sa majorité, analyse son ami, le ministre

1. Conversation avec l'un des auteurs, le 27 avril 2016.

des Finances Michel Sapin. L'autre motivation, c'est de vouloir réformer jusqu'au bout. Cette réforme enjambe les échéances électorales[1]. »

Un ex-conseiller élyséen nous confirme sous couvert d'anonymat cette arrière-pensée politique, ce besoin d'envoyer un signal symbolique. Alexandre Derigny, de la CGT-Finances, se moque : « Ils se rendent compte qu'ils n'arriveront pas à lancer une réforme globale, une vraie réforme, comme promis. La seule chose qui parle aux gens c'est l'imposition à la source, l'Élysée se dit : voilà une réforme qui plaît, une réforme plutôt sympa. » Le secrétaire d'État au Budget, ne comprend toujours pas, lui, ce qui a fait changer d'avis le chef de l'État en l'espace d'un an. Christian Eckert se souvient : « Hollande m'a dit : "De toute façon, c'est mon choix." Très bien, on le fait[2]. »

L'impôt à la source, à contre-courant

L'Élysée n'a pas prévenu, pas téléphoné. Le 20 mai 2015, le directeur général des finances publiques, grand patron des impôts en France, découvre dans la presse le projet. Les services n'y travaillent plus, aucun rapport n'a été commandé. « Mais c'est un vieux sujet, nuance Bruno Parent. Des rapports détaillés et techniques sur le prélèvement à la source, il y en a plein les placards ! Je ne

1. Entretien avec les auteurs, le 27 septembre 2016.
2. Entretien avec les auteurs, le 29 avril 2016.

me suis pas dit : “Le ciel me tombe sur la tête, c'est horrible, je ne sais pas faire.” Cette maison a une capacité à se mobiliser. Nous avons une tradition de très grands projets. La déclaration pré-remplie c'était un très grand projet aussi, ça consiste quand même à faire atterrir cent cinquante millions d'informations, émanant de quatre millions d'émetteurs, dans les centaines de cases de la déclaration de revenus[1]. » Le patron des impôts ne formule pas d'opposition à ce projet face à ses ministres de tutelle. Il leur expose en revanche les freins et difficultés possibles.

Ces difficultés se posent d'ailleurs d'emblée. Car quand la machine démarre, cela prend d'abord la forme d'un mouvement d'humeur, celui des syndicats. Quelques jours plus tôt, devant eux, le secrétaire d'État au Budget qualifiait la réforme de rumeur. Et voilà qu'en comité technique, le ministre des Finances se dédit :

— Nous allons donc mettre en place l'imposition à la source.

— Ravis d'avoir appris ça dans les médias, ironisent les syndicats, CGT en tête.

— Vous savez bien, les décisions sont telles qu'on n'a pas pu vous en faire l'annonce avant, répond Michel Sapin.

Toutes les organisations restent très critiques sur la réforme annoncée. Elles sont convaincues de partager ces réserves avec des hauts fonctionnaires du ministère. « À la direction de la législation fiscale, ils nous disent :

1. Entretien avec les auteurs, le 30 août 2016.

"Ils sont fous, pourquoi ils veulent faire ça ?" », rapporte Alexandre Derigny de la CGT-Finances. Réserves ou pas, le président confirme que l'imposition à la source doit se mettre en place à l'horizon 2018. Le processus s'enclenche.

Plusieurs fois lors de notre enquête, nos interlocuteurs ont employé le mot « industrie » pour qualifier les impôts. Les impôts, un « processus industriel ». Le mot – avec ce qu'il implique de précision, de technique mais aussi de pesanteur – colle bien à la réalité, et le prélèvement à la source le prouve. Les réunions de travail entre politiques et administration ne démarrent vraiment qu'en janvier de l'année 2016. La faute, non pas à des hésitations, mais au lourd travail sur la loi de finances et à l'embouteillage législatif créé par la loi travail, assurent les deux ministres responsables du projet à Bercy. « On avait la loi El Khomri, qui nous était présentée comme une grande réforme sociale. Bon, au bout du compte, je ne suis pas sûr qu'on y ait gagné dans cette affaire[1] », philosophe Michel Sapin. Dès janvier 2016, donc, se tient une réunion thématique, chaque lundi, entre les ministres et l'équipe spéciale formée au sein de l'administration. On y évoque les difficultés qu'engendre la réforme. Que faire avec les crédits d'impôts ? Comment comptabiliser les revenus perçus à l'étranger ? Une réunion à Matignon prolonge la réflexion. Et chose très atypique, le chef de l'État discute directement avec les services de Bercy. Tous les trimestres, le président de la

1. Entretien avec les auteurs, le 27 septembre 2016.

République réunit ses ministres et les directeurs d'administrations, pour suivre l'avancée du projet. « Un rythme particulièrement intense pour un projet de ce type, vu l'agenda chargé du président », précise un conseiller élyséen. Tous les deux mois, enfin, rendez-vous en petit comité avec les syndicats maison. Les ministres y vantent cette réforme qu'ils n'ont pas voulue. Christian Eckert use de tous les moyens, métaphore comprise, pour convaincre les représentants du personnel que le projet avance : « C'est l'Himalaya et on en est au camp de base numéro deux sur cinq ! » Dès le printemps il faut aussi convaincre, un cran au-dessus, les confédérations syndicales et organisations patronales. Et en prime, les parlementaires. « Ce n'est pas la mer à boire », rétorque le secrétaire d'État au Budget à un député, inquiet. Mais il développe toutes ses facultés de persuasion pour gagner à la cause des chefs d'entreprise plus que réticents. « C'est pourtant simple : une multiplication et une soustraction ! Vous multipliez le revenu par le taux d'imposition. Vous obtenez le montant de l'impôt. Et vous le soustrayez au salaire brut. Avec un ordinateur, un téléphone ou même un boulier, ça peut se faire ! » s'entendent répondre des patrons angoissés. Le rythme est soutenu, à peine interrompu par une conférence de presse le 16 mars 2016. Date à laquelle peu de problèmes sont en fait résolus.

Lorsqu'il reçoit dans son lumineux bureau le numéro un du syndicat Force Ouvrière à la mi-avril, Christian Eckert en a conscience, beaucoup reste à faire. Jean-Claude Mailly, petites lunettes rondes et mèches argentées, arrive accompagné de ses deux spécialistes de la fiscalité. Il s'attaque au principe de la réforme, pointe les questions encore en suspens : « Il y a un problème de faisabilité, estime le dirigeant de FO. La question des revenus non-salariés des indépendants n'est pas réglée. » Le secrétaire d'État se retrouve face à des colles. Il le reconnaît avec modestie, quand nous le rencontrons, quelques jours plus tard. « Il y a des moutons à cinq pattes : le ménage qui emploie une femme de ménage, va-t-il lui retenir cinq euros par mois, et si oui, comment ? Le Français qui travaille en France pour une entreprise britannique, qui va lui prélever l'impôt à la source ? 90 % des gens ne sont pas dans cette situation, se rassure le secrétaire d'État. Mais les 10 % restants sont des cas particuliers pour lesquels, évidemment, la loi doit tout prévoir. » La direction générale des finances publiques travaille avec les éditeurs de logiciels, les entreprises, les syndicats, pour résoudre les questions comme la confidentialité. Christian Eckert veut transmettre le projet au Conseil d'État en juin, aux parlementaires en juillet. Les ajustements exigés reportent finalement l'échéance à fin août. Le changement a attendu tant d'années, il peut bien patienter encore quelques mois.

« C'est une réforme du recouvrement et pas de l'impôt. Il ne faudrait pas présenter cette réforme comme l'alpha et l'oméga de la politique fiscale, martèle Bruno Parent. C'est du recouvrement, de la modalité, ça arrange les gens, et ce n'est que ça. » Dans ce cas de figure, modalité rime avec complexité, si on en croit les syndicats. L'imposition conjointe, c'est-à-dire par foyer et non par individu, le quotient familial en fonction du nombre d'enfants, risquent de rendre l'impôt fluctuant donc de multiplier les rectifications l'année suivant le paiement. Pour aller au bout de la réforme, il faut donc réorganiser le travail du fisc, ce qui inquiète les syndicats. Des agents chargés du recouvrement travailleront en lien avec les entreprises, désormais chargées de percevoir l'impôt pour le reverser au Trésor public. Côté entreprises, les représentants du personnel craignent que l'argent retenu à la source ne serve de trésorerie aux patrons au lieu de rentrer dans les caisses de l'État. Côté particuliers, la déclaration existera toujours et le taux pourra s'adapter parfois aux situations nouvelles, parfois non. Intégrer un changement (bébé, mariage…) et modifier l'impôt en conséquence prendront plusieurs mois. L'impôt ne sera donc pas prélevé exactement en temps réel sur les revenus. Le principal argument de ses défenseurs prend l'eau. Pourtant, Bruno Parent, directeur général des Finances publiques, exprime sa confiance. « Je ne dis pas qu'en janvier 2018, ce sera un long fleuve tranquille, concède le haut fonctionnaire. La diversité des acteurs fait que des gens se tromperont, ou nous aurons oublié un micro-sujet. Il faut l'assumer : quand on se lance dans une opération de cette ampleur, il y a forcément des frottements au début. Il y aura une hotline, un parachute ventral, dorsal, tout ce qu'il faudra ! » Tenez-vous prêts, donc, dès l'automne 2017. À cette date, première étape du projet, tous les contribuables doivent recevoir leur taux personnalisé d'imposition.

Elle l'a souhaitée, rêvée même, mais aujourd'hui une partie de la droite veut revenir sur l'imposition à la source. Principal argument : la complexité pour les entreprises, transformées de fait en percepteur d'impôt. Éric Woerth, conseiller économique de Nicolas Sarkozy chez Les Républicains, fut un temps tenté par cette réforme, comme en témoigne une interview de juin 2015. « J'y suis plutôt favorable », déclarait alors au micro d'une radio généraliste l'ex-ministre du Budget. Quand nous le rencontrons, plus d'un an plus tard, le vent a tourné. « Je pense qu'on l'arrêtera », insiste le même Éric Woerth, dans son bureau du parti Les Républicains. « Ça évite que l'entreprise s'immisce là-dedans. Et puis en bas de la feuille de paie, il peut y avoir un sacré choc en voyant le salaire net d'impôts[1] ! »

Vouloir n'est pas toujours pouvoir. Est-il vraiment possible de faire marche arrière sur cette réforme, alors qu'elle est votée ? Les experts de la direction générale des Finances publiques n'y voient aucun obstacle majeur. Il faudrait changer la loi dans le sens inverse, bien sûr. Revenir au système d'origine. Mais « on ne peut pas décemment dire que le pouvoir politique du moment sera pieds et poings liés sur le plan technique », affirme un cadre supérieur de la maison. Possible techniquement, peu probable politiquement si

1. Entretien avec les auteurs, le 14 septembre 2016.

l'on en croit les ministres chargés du projet à Bercy. « Je sais très bien que personne ne la remettra en cause, avance Michel Sapin. Cela reviendrait à créer de la complexité en sens inverse, au milieu de l'année blanche de 2017. Il y a deux chaînes informatiques. Ça voudrait dire reprendre tout le traitement ancien. » D'ailleurs, rien ne prouve qu'une majorité de droite mettrait une telle marche arrière dans ses priorités. Des figures de l'opposition pensent même en conserver le bénéfice. Parmi elles, François Baroin, l'ex-ministre du Budget. « Si nous revenons au pouvoir, nous verrons dans quel état c'est. Je pense que si le système est opérationnel, on restera en l'état[1]. » François Baroin et Éric Woerth se contredisent, preuve de l'ambivalence vis-à-vis de cette réforme tant de fois étudiée, tant de fois différée. Les prochains à gouverner la France pourraient être tentés d'aller plus loin encore. Car au sein de l'administration jusqu'ici réticente, germent des idées nouvelles. Et si l'impôt n'était plus une affaire de couple ? S'il devenait individuel ? « Il va falloir y réfléchir, ça fait partie des chantiers », confie une source administrative haut placée.

Hollande, « chef du bureau fiscalité »

Ce 29 octobre 2015, François Hollande s'agace. Dans l'avion présidentiel qui le ramène d'un déplacement

1. Entretien avec les auteurs, le 27 avril 2016.

en Lorraine, le président vient de parcourir les journaux. En une de *Libération*, la polémique sur la « taxe tampon » : plusieurs députés réclament que les protections hygiéniques féminines soient considérées comme des produits de première nécessité, avec une TVA à 5,5 % au lieu de 20 %. Un débat houleux a eu lieu à l'Assemblée nationale, en pleine discussion budgétaire. Les associations féministes alimentent la controverse.

Le journal posé sur son bureau du « Air Hollande One », le président convoque son secrétaire d'État au Budget, Christian Eckert, lui aussi du voyage :

— Christian, il faut absolument que tu nous résolves ça.

— Mais, monsieur le Président, ça représente quand même cinquante millions pour le budget de l'État…

— Trouve une solution.

Les désirs présidentiels sont des ordres. Quelques jours plus tard, la TVA sur les tampons est abaissée à 5,5 %. Poussé par son administration, Christian Eckert avait jusqu'ici expliqué qu'un tel changement était im-pos-si-ble. Il se fait une raison. Tant pis pour le trou de cinquante millions d'euros.

La visite du chef de l'État au zoo de Beauval, au mois de septembre précédent, avait elle aussi failli alourdir la facture. « Suite à sa visite, le président m'a demandé de réduire la TVA sur les tickets d'entrée aux zoos, raconte en privé Christian Eckert. Heureusement, sur ce dossier, j'ai tenu bon ! »

François Hollande, passionné de fiscalité : tous ses amis, proches et collaborateurs, le confirment. Michel Sapin ironise : « C'est toujours agréable d'avoir quelqu'un qui s'intéresse à vos sujets. » On devine pourtant les difficultés que cela implique. Il ajoute, un brin chafouin : « Le président de la République ne doit pas être un chef du bureau de la fiscalité. Il nous tannait beaucoup sur les hausses d'impôts, maintenant il tanne sur les baisses[1]. »

Arnaud Montebourg se montre plus acide, devant des proches : « François Hollande est un sous-secrétaire d'État aux impôts. C'est sa passion. Il n'a pas de stratégie. »

Pierre Moscovici, familier du chef de l'État depuis longtemps, décrit un homme fasciné par ces questions fiscales : « En 1998 déjà, François Hollande faisait des rapports sur la fiscalité du patrimoine. » Devenu président, il met d'ailleurs ces sujets au cœur du quinquennat. Appels à ses ministres, SMS, réunions... Pierre Moscovici, alors ministre des Finances, se rend tous les mardis à 17 heures à l'Élysée pour des réunions en petit comité. Le chef de l'État et ses services abordent tous les sujets un par un, dans le détail. L'amendement qui alourdit la taxe sur les plus-values de cession en 2012, par exemple. Cette mesure déclenche le mouvement de protestation dit des « Pigeons », mais provoque aussi des discussions interminables dans le salon vert du Palais, entre dorures et lustre à pampilles. « Je regardais le plafond et j'essayais d'imaginer François Mitterrand en train d'entrer à ce point dans le détail, raconte Pierre

1. Entretien avec les auteurs, le 31 mai 2016.

Moscovici. Jamais ça ne serait arrivé, une réunion pareille[1] ! »

Ce tropisme fiscal peut coûter cher. À l'automne 2015, François Hollande décide d'envoyer une lettre personnalisée à tous les bénéficiaires des réductions d'impôts votées. Le courrier, signé par la DGFIP, est « visé directement par le chef de l'État », selon Vincent Drezet, de Solidaires finances publiques. Huit millions de lettres envoyées, cela coûte cher en frais postaux. Sans compter le temps consacré par les personnels à identifier les destinataires. Le président ne veut pas seulement une lettre qui annonce la baisse, il exige des précisions individualisées sur le montant de la réduction. « Cela a demandé des opérations spécifiques de programmation, détaille Vincent Drezet. Il a fallu faire des extractions, car on ne pouvait pas se baser sur le seul fichier 2015 pour dire qui allait bénéficier de la baisse[2]. » La lettre parvient en septembre aux millions de contribuables.

« J'inverserai la courbe [du chômage][3]. » Les mots sont prononcés dans un langage de technicien mais il s'agit bien d'une promesse de candidat à l'élection présidentielle. Un candidat jamais passé par Bercy, pourtant, jamais aux commandes de l'économie française.

1. Entretien avec les auteurs, le 13 avril 2015.
2. Entretien avec les auteurs, le 14 avril 2016.
3. Entretien au *JDD*, le 15 avril 2012.

Cette promesse d'inverser la courbe, le président Hollande s'en est probablement mordu les doigts. Sans doute regrette-t-il aussi ces mots lâchés face aux salariés de Michelin. Le chef de l'État se rend en visite à Clermont-Ferrand, berceau du fabricant de pneus. Au cours d'un déjeuner avec les salariés, il affirme : « Si le chômage ne baisse pas d'ici 2017, je n'ai aucune raison d'être candidat, ou aucune chance d'être réélu. » Il en sera de nouveau question le 1er décembre 2016 quand le chef de l'État renoncera à briguer un second mandat. Ces expressions, quasi des engagements, expliquent-elles l'interventionnisme économique du président ? En tout cas, François Hollande se passionne pour ces questions. Il manie la prophétie – qu'il espère – autoréalisatrice : « la croissance, elle est là », ou « la reprise, elle est là », ou encore « ça va mieux », autant d'affirmations que l'Insee ne confirme pas toujours. De quoi provoquer un léger malaise chez le ministre des Finances et ami du président, Michel Sapin. « En politique il faut toujours faire attention », analyse-t-il en mai 2015, dans son avion de retour du G7 à Dresde, en Allemagne. « Si on dit que ça va mieux, les gens répondent "moi je ne l'ai pas vu". Les résultats sont indispensables. S'il n'y a pas les résultats, le président ne sera pas réélu. » Pour atteindre ces résultats, c'est bien l'Élysée et non Bercy qui invente l'une des mesures économiques phare du quinquennat.

Le Pacte de responsabilité

Il est 20 heures ce soir du 31 décembre 2013. *La Marseillaise* retentit et sur l'écran, s'affiche un président en costume sombre, l'air grave, debout près des drapeaux européen et tricolore. En arrière-plan, l'Élysée illuminé et son sapin de Noël. Dès les premières secondes de son intervention, François Hollande aborde les questions économiques.

« Je n'ai qu'un objectif, un engagement : c'est l'emploi. En 2014, nous aurons besoin de la mobilisation de tous pour gagner cette bataille. C'est pourquoi je propose un pacte de responsabilité aux entreprises. Il est fondé sur un principe simple : moins de charges sur le travail, moins de contraintes sur leurs activités, et en même temps une contrepartie. Plus d'embauches et plus de dialogue social. »

Le numéro un de Force Ouvrière s'étrangle. D'habitude, lui et les autres dirigeants syndicaux étaient toujours informés en amont de ce genre d'annonce. Sous la présidence de Nicolas Sarkozy, le conseiller social Raymond Soubie n'hésitait pas à décrocher son téléphone. Cette fois, non. Les syndicats n'ont pas été prévenus. En tout cas, pas tous.

Devant son écran, Michel Guilbaud, directeur général du Medef, lui, apprécie. La présidence avait appelé dans la journée pour annoncer que François Hollande évoquerait la mise en place d'un pacte. Depuis le mois d'octobre, les contacts se multipliaient entre le secrétaire général adjoint de l'Élysée, Emmanuel Macron, et les représentants du patronat, dont le nouveau patron des patrons. Pierre Gattaz défendait un pacte de confiance : simplification et baisse des taxes et cotisations à hauteur de cent milliards, contre un million d'emplois créés. François Hollande change le nom, baisse le montant, mais garde l'idée. Le directeur général du Medef savoure, un peu sur sa faim quand même, car les mesures concrètes ne seront pas tranchées avant le mois de mars.

L'Élysée avait prévenu Bercy qu'un nouvel allègement de cotisations sociales se préparait. Saisis, les services du ministère ont présenté leurs propositions, parfois contradictoires : faut-il cibler la baisse sur les salaires les plus bas ? Ou au contraire viser les salariés les plus qualifiés ? Le président choisit une voie médiane. Les allègements atteignent 4,5 milliards annuels sur les salaires inférieurs à 1,6 SMIC, et 4,5 milliards sur les salaires supérieurs à 1,6 SMIC. À quoi s'ajoute un milliard d'euros pour les artisans. Des décisions tranchées, bien sûr, à l'Élysée. « Un coup de poignard en plus dans Bercy », juge un grand commis de l'État. Au moment de débloquer la dernière tranche du pacte de responsabilité pour 2017, c'est le président de la République, encore lui, qui décide de la changer en hausse du CICE[1]. L'astuce permet de faire face aux dépenses exceptionnelles liées aux attentats, et de reporter la dépense de l'État à 2018, année

1. Le CICE, autre mesure phare du quinquennat, consiste à baisser les cotisations sociales par le biais d'un crédit d'impôt calculé sur la masse salariale. L'État verse ce crédit d'impôt l'année suivante. Pour la genèse de cette mesure, voir le chapitre suivant.

lointaine, où le chef de l'État n'occupera – peut-être – plus ce poste.

Il arrive même que les ministres de Bercy découvrent dans la presse des mesures qui les concernent directement. Parfois techniques, souvent symboliques. Ainsi en est-il de la C3S, un impôt sur le chiffre d'affaires des entreprises, très contesté par les patrons. Grâce au pacte de responsabilité, ce prélèvement doit disparaître en 2017. Au printemps 2016, le monde patronal bruisse de rumeurs : la C3S serait finalement maintenue, en échange d'une baisse de l'impôt sur les sociétés. Bercy y songe en effet. Mais mi-mai 2016, le ministre des Finances dément ouvertement. Pas question de renoncer à supprimer la C3S. Le président rend finalement son arbitrage dans la presse, le 30 juin 2016, dans une interview aux *Échos*. Non, la C3S ne sera finalement pas supprimée, oui l'impôt sur les sociétés baissera par conséquent plus que prévu. Cette manœuvre permet d'afficher à l'international un impôt sur les sociétés plus bas, critère important pour les investisseurs. Elle donne aussi la possibilité au président de quitter le cadre du décrié pacte de responsabilité et de faire usage du CICE, qui décale le manque à gagner financier. Les caisses de l'État ne sentiront pas la différence. Cette décision, le patron du MEDEF la connaît depuis un coup de fil de Matignon, la veille. Surprise en revanche dans les cabinets ministériels de Bercy : selon un visiteur régulier de la forteresse, « tout le monde a débarqué ».

Marqué par le « ras-le-bol fiscal », François Hollande se réserve volontiers aussi les annonces de baisses d'impôt sur le revenu. Un milliard en 2017, 2 milliards en 2016, 3,2 milliards en 2015 avec la suppression d'une tranche du barème. En privé, Michel Sapin s'agace un peu de la précipitation présidentielle. Ainsi, à la mi-2016, dans une interview aux *Échos*, François Hollande promet une baisse d'impôts de 2 milliards d'euros pour l'année suivante, et il ajoute : « Si la croissance [est] de 1,7 %. » Si tout le monde retient l'annonce, personne ne s'attarde sur la condition. L'été suivant, l'attentat de Nice et les incertitudes liées au Brexit plombent la croissance. Résultat, selon Michel Sapin : « Les milliards disparaissent. Et lui-même me dit : "Il faut faire pour moins." » La baisse ne sera finalement que d'un milliard. On sent le ministre des Finances légèrement amer que le « patron » n'ait pas attendu un peu plus avant de donner un chiffre. « C'est typique du président », ose-t-il en privé.

François Hollande assume : « C'est ça, la décision politique. C'est à moi d'en décider, pas à eux [les ministres]. Si je demande au ministre des Finances, qui est un ami, qu'est-ce qu'il va me dire ? "Mieux vaut ne rien annoncer tout de suite, et on verra si ça va mieux [l'année prochaine]." J'ai dit à Sapin : "Maintenant, tu fais." Et il fera[1] ! »

1. Gérard Davet et Fabrice Lhomme, *Un président ne devrait pas dire ça...*, Stock, 2016, p. 229.

Traditionnellement, depuis de Gaulle, les Affaires étrangères et la Défense appartiennent au domaine réservé du chef de l'État. Moins les chiffres et les affaires de dépenses et d'impôt. Mais François Hollande s'imagine à la tête de Bercy et parle de ces sujets à la première personne : « J'augmente les fonctionnaires », affirme-t-il par exemple lors d'un déjeuner avec des journalistes le 29 mai 2016.

Entre Michel Sapin et François Hollande, amis de quarante ans, c'est presque devenu un jeu : l'un surveille les cordons de la bourse, l'autre les desserre. En visite de terrain, François Hollande a d'ailleurs coutume d'annoncer des aides sonnantes et trébuchantes (pour les agriculteurs, les pompiers, les maires, les outre-mer...). Avant d'ajouter, hilare : « Heureusement que mon ministre des Finances n'est pas là. » « Il aime bien la faire, celle-là », sourit Michel Sapin devant des proches. Le grand argentier doit ensuite assumer la douloureuse.

Le 2 juin 2016, par exemple, le président se trouve au centre des expositions de la porte de Versailles. Face à lui, des maires très remontés, hostiles pour certains. François Hollande a annoncé la couleur à ses ministres, il va lâcher du lest sur les économies demandées aux collectivités. Sans plus de précisions. Le chef de l'État prend le micro : « J'ai voulu faire en sorte qu'au lieu de deux milliards en moins de dotations, il n'y en ait plus qu'un milliard pour le bloc communal. » Applaudissements d'un côté, huées de l'autre. Le ministre des Finances Michel Sapin découvre en direct le montant accordé : nouveau trou d'un milliard dans les caisses. Mais le chef de l'État, lesté d'une impopularité record, ne peut pas se priver de ces rares bonnes nouvelles. « Le président est facilement dépensier, c'est dans sa nature et son rôle », pointe Michel Sapin. Tout ça lui rappelle un souvenir du service militaire. Le futur chef de l'État et son futur ministre sont en Bretagne. Cette nuit-là, il pleut. Les deux comparses doivent se plier à un exercice. Ils montent à bord d'un camion, qui roule jusqu'à un lieu tenu secret. Là, le véhicule les largue, par équipe, sac chargé, avec pour seule assistance leur fusil, leur carte et leur boussole. François Hollande lit la carte avec difficulté. Coup de chance : Michel Sapin est géographe de formation. Pour rentrer au camp, l'équipe emprunte le chemin le plus direct, à travers les genêts. La plante leur pique les jambes et les bras, il fait sombre. François Hollande s'épuise, s'arrête : « Je n'en peux plus. » C'est finalement Michel Sapin qui porte les deux sacs à dos ; tandis que l'équipe regagne péniblement le camp. L'un assume la charge pour alléger celle de l'autre. Les choses n'ont pas tellement changé.

Dans cette relation déjà délicate, vient s'ajouter une autre variable. Le Premier ministre veut mettre son grain de sel, parfois son grain de sable dans les rouages. Le taux de la taxe sur les produits du tabac, par exemple, échappe totalement à Bercy. Il se fixe soit à l'Élysée, soit à Matignon. La rue de Varenne n'entend pas laisser le couple Élysée-Bercy décider seul de la politique économique. Les arbitrages entre ministres doivent, c'est la règle, se prendre à Matignon, lors des réunions interministérielles (RIM). Les décisions sont consignées dans un document appelé le « bleu ». Matignon réclame aussi sa « part » de la politique économique. Pierre Moscovici en témoigne : « En période de loi de finances, je passais dix ou quinze heures par semaine en réunion à l'Élysée et à Matignon. C'est infernal ! »

La relation entre Bercy et Matignon peut parfois prendre la forme d'un bras de fer. L'un d'entre eux se joue en 2012 autour de l'acier, et de l'usine ArcelorMittal de Florange en Moselle. Deux mille sept cents salariés, deux hauts fourneaux encore actifs mais mis en sommeil depuis le mois de janvier par le propriétaire, Lakshmi Mittal. Face à ce milliardaire indien installé à Londres, les syndicats font de la résistance, notamment le délégué CFDT Édouard Martin, belle gueule burinée et verbe haut. Mobilisés pendant la campagne, les métallos de Florange sont devenus un symbole. Fin septembre, le PDG d'ArcelorMittal annonce qu'il veut éteindre définitivement les hauts fourneaux. Que peut faire pour eux le gouvernement ? L'histoire est connue : le ministre du Redressement productif Arnaud Montebourg se saisit du sujet, obtient de Mittal un délai de deux mois pour trouver un repreneur. Deux projets s'affrontent alors : la nationalisation provisoire du site ou un accord avec Lakshmi Mittal. La deuxième option vient de

Matignon. Ce projet s'enclenche réellement après une interview particulièrement va-t-en-guerre d'Arnaud Montebourg, dans *Les Échos* du 26 novembre 2012 : « Nous ne voulons pas de Mittal en France », clame entre autres le ministre du Redressement productif. Jean-Marc Ayrault, Premier ministre, prend les commandes deux jours plus tard, avec le feu vert du président et pour objectif « le maintien et le développement de l'activité industrielle à Florange ».

La dernière réunion avant le couperet se tient à Matignon, encore, le 30 novembre, en présence du directeur de cabinet d'Arnaud Montebourg, Stéphane Israël. Le quadragénaire aux dents du bonheur l'avoue aisément aujourd'hui : « Je n'étais pas tout à fait certain qu'une nationalisation puisse fonctionner[1]. » À l'issue de ce rendez-vous, Jean-Marc Ayrault veut annoncer l'accord, vite, sans prévenir l'Élysée. Des échanges avec le Palais l'obligent à patienter jusqu'à 21 heures. Sous l'œil médusé des syndicalistes de Florange, réunis dans leur local face à l'écran, le Premier ministre l'annonce : non, il n'y aura pas de nationalisation. Matignon a négocié l'extinction des hauts fourneaux contre un plan d'investissement à cent quatre-vingts millions d'euros, la conservation des installations en place pendant six ans pour les utiliser peut-être pour un projet de captage et stockage de CO_2, l'absence de licenciement pour les six cent vingt-neuf salariés des hauts fourneaux et l'engagement de maintenir cinq ans la filière emballage à

1. Entretien avec les auteurs, le 17 avril 2014.

Florange mais aussi à Basse-Indre en Loire-Atlantique, fief du Premier ministre. Stéphane Israël, attendu par sa famille, a appelé Arnaud Montebourg un peu plus tôt, en sortant du rendez-vous, mais il n'est pas repassé à Bercy. Le ministre du troisième étage ne peut s'appuyer sur son bras droit, quand il reçoit, comme une claque, la déclaration du chef du gouvernement. Le directeur de cabinet et son ministre se réconcilient le dimanche, autour d'un verre. Le lien en revanche ne se renouera plus avec Jean-Marc Ayrault et avec Matignon et ses « sous-pentistes », ses « embusqués », ses « nénuphars », comme les surnomme poétiquement le ministre du Redressement productif. Les deux hommes ne s'écharpent pas, mais se détestent cordialement. Pendant six mois, Arnaud Montebourg traîne son mal-être. Il menace même de démissionner.

Songeur devant un café, un matin de janvier 2015, l'ex-ministre refait l'histoire : « Rétrospectivement, Mittal aurait dû être nationalisé, c'était justice, on avait l'accord de la gauche et de la droite, tout le monde était d'accord[1]. » Contrairement à ce qu'affirme aujourd'hui encore Jean-Marc Ayrault, il y avait bien un repreneur : le sidérurgiste Bernard Serin. Quant à la prise de participation de l'État, elle était complexe mais possible. Un homme-clé nous l'a confirmé lors de cette enquête : Pascal Faure, directeur général des entreprises à Bercy, auteur en juillet 2012 d'un rapport sur le site de Florange – on ne parlait pas encore de nationalisation.

1. Entretien avec les auteurs, le 7 janvier 2015.

Il était alors vice-président d'un service de Bercy, le conseil général de l'industrie, de l'énergie et des technologies. Il avait conclu au manque d'investissement sur les hauts fourneaux, préconisé soit des engagements sur l'investissement, soit une évolution de l'actionnariat. Pense-t-il que la nationalisation était possible ? « Montebourg avait raison, reconnaît le haut fonctionnaire. L'État pouvait investir mais il fallait adosser le site à un groupe, ça ne pouvait pas être une usine autonome. C'était compliqué, mais il y avait des candidats. C'était jouable. » De quoi alimenter les regrets d'Arnaud Montebourg.

Revanchard, le ministre du Redressement productif soutient Manuel Valls pour remplacer Jean-Marc Ayrault à Matignon. La relation commence sous les meilleurs auspices : le nouveau chef de gouvernement promeut Arnaud Montebourg ministre de l'Économie. Et le consulte. « Dans le discours de politique générale de Valls, on a retrouvé des blocs de ce qu'on avait écrit et envoyé à son cabinet, se félicite un ex-conseiller. Notamment sur la baisse de l'euro. » La lune de miel ne dure que quelques mois. Les désaccords sur la politique économique voient le jour, notamment sur les questions budgétaires et le rétablissement des comptes publics voulu par le Premier ministre et le président. Un ex-conseiller d'Arnaud Montebourg évoque une montée en tension volontaire à partir du mois de juin. « Valls, au bout de six mois, il s'est déculotté face à Hollande[1] », résume,

1. Entretien avec les auteurs, le 7 janvier 2015.

laconique, Arnaud Montebourg. Nouveau divorce entre Bercy et Matignon soldé à la fête de la rose à Frangy-en-Bresse le 21 août 2014. Quelques jours avant, le Premier ministre et Arnaud Montebourg ont une discussion. Manuel Valls conseille à son ministre de « surveiller son expression ». Arnaud Montebourg refuse de soumettre son discours. Il le prononce le dimanche, en plein air et au micro, petites lunettes et chemise blanche : « J'ai demandé et sollicité du président de la République une inflexion majeure de notre politique économique. Après avoir aidé les entreprises à se redresser, il me paraît indispensable désormais également de soutenir le pouvoir d'achat des familles. »

Le jeudi suivant, Arnaud Montebourg doit quitter le gouvernement. Sans regret, apparemment : « J'étais à bout, je n'en pouvais plus », nous confie-t-il quelques mois plus tard.

Le paquebot de Bercy tout entier est-il condamné à être téléguidés par le président et son Premier ministre ? Ils ne sauraient l'accepter. Le ministère gagne encore des batailles face à un président parfois indécis. Selon notre enquête, poussé par l'Agence des participations de l'État, le président de la République lui-même demande à l'automne 2014 une privatisation partielle de la Française des jeux. Vendre une partie du capital de cette entreprise – qui détient le monopole sur les jeux de hasard chez les buralistes –, ferait entrer beaucoup d'argent dans les caisses, d'un coup. Réactions outrées à Bercy. En particulier à la direction du Budget. Elle ne veut pas perdre le produit des taxes tirées des jeux de hasard. Les partisans du projet de privatisation avaient gagné au grattage, ils perdent finalement au tirage : devant la levée de boucliers, le chef de l'État y renonce. Normal, pour l'un de ses conseillers de l'époque. « Le président n'allait pas mettre toute son énergie dans quelque chose qui fâchait son ministre et antagonisait son administration. » L'affaire illustre la gestion parfois erratique des entreprises publiques. Elle montre aussi que le paquebot peut encore piloter seul, quand il se sait en danger.

7.

Les ministres passent, l'administration reste

En sa présence, on lui donne du « Monsieur le ministre ». Dans son dos, il est cruellement surnommé « le ministre de passage ». La citadelle de Bercy en a vu passer, des roitelets d'un jour. Des monarques convaincus de leur toute-puissance, emportés par le remaniement suivant. L'administration, elle, se voit comme la gardienne des lieux. La garante de la bonne marche de l'État. Appliquée, rigoureuse, presque mécanique. Avec parfois une once de mépris pour ces responsables politiques, qu'elle soupçonne facilement de démagogie ou d'incompétence.

Du haut de l'hôtel des ministres, le roi, lui, tonne régulièrement contre cette technostructure lente et compliquée. Quand il ne l'accuse pas tout simplement d'entraver ses réformes. En 1995, à la télévision, Jacques Chirac se plaint des blocages liés à l'administration. « Rien ne m'a plus exaspéré », souffle aujourd'hui Xavier Musca, qui fut directeur du Trésor sous la droite. « Les responsables publics qui se cachent derrière la prétendue puissance de Bercy, c'est l'abdication du politique[1]. »

Dans son grand bureau de directeur de la DGFIP, Bruno Parent renchérit : « Le mythe selon lequel il suffirait d'appuyer sur un bouton pour déclencher une idée géniale, mais que ces cons de fonctionnaires bloquent tout, c'est du niveau cour de récréation[2]. »

D'autres, hors de Bercy, se souviennent que le ministre Xavier Bertrand faisait régulièrement huer, dans ses discours, « ce jeune énarque » qui empêchait les réformes, notamment le paiement des retraites dès le premier jour du mois, et non le cinquième.

Se défausser sur l'administration, n'est-ce pas pointer un bouc émissaire facile, qui ne pourra pas répondre publiquement ? L'actuel gouverneur de la Banque de France, François Villeroy de Galhau, en est convaincu : « Une armée fonctionne comme elle est dirigée. Bercy, c'est une maison plus légitimiste qu'on ne le pense[3]. » Alors faut-il blâmer le pilote ? Certes, les méandres administratifs ont leur part de responsabilité. Mais l'impuissance politique vient d'abord du turn-over implacable qui sévit dans l'hôtel des ministres.

1. Entretien avec les auteurs, le 5 mai 2016.
2. Entretien avec les auteurs, le 30 août 2016.
3. Entretien avec l'un des auteurs, le 22 janvier 2016.

La valse des ministres

Ministre de l'Économie et des Finances, ce siège convoité est aussi éjectable. En quinze ans, Bercy a connu douze ministres de l'Économie et des Finances. Soit une durée moyenne d'un an et trois mois. Les pays étrangers observent ce manège avec circonspection. En Allemagne, le ministre des Finances occupe son poste depuis 2009. En Espagne, depuis 2011. En Grande-Bretagne, trois se sont succédé en… dix-neuf ans ! « Ah, j'en ai vu passer des ministres français ! » plaisante ainsi Didier Reynders, le ministre belge, à son arrivée à l'université d'été du Medef en 2016. D'où ce trait d'esprit récurrent dans les couloirs de Bercy : « En Grande-Bretagne, le ministre des Finances présente cette année son dixième budget ; en France, le dixième ministre des Finances présente son premier budget. »

À quoi tient cette maladie française ? D'abord à la désinvolture autour des nominations au gouvernement. Elles relèvent souvent moins de la compétence que de considérations plus prosaïques : équilibres politiques, géographiques, adversaire à isoler, jeune pousse à promouvoir, ami à recaser.

Francis Mer garde en mémoire ce coup de téléphone inattendu, un jour de mai 2002. À soixante-trois ans, il est alors un capitaine d'industrie respecté, passé par Saint-Gobain, Usinor et Safran. Surpris, donc, d'entendre son interlocuteur, un conseiller élyséen, lui proposer un poste de ministre. Encore plus surpris du portefeuille évoqué : l'Éducation nationale ! « Il faut que j'en parle à ma femme », répond Francis Mer, qui ne connaît ni Jacques Chirac, ni Jean-Pierre Raffarin, le nouveau Premier ministre. Deux jours plus tard, nouvel appel. Il n'est plus question de l'Éducation nationale, mais de Bercy. « Dans le casting ministériel, la compétence tout le monde s'en fout. C'est un jeu de chaises musicales », regrette aujourd'hui Francis Mer. Pendant quelques heures, le ministre de l'Économie s'est appelé François Fillon, selon la propre confidence de l'ancien chef du gouvernement et aujourd'hui candidat Les Républicains à la présidentielle[1]. Un moment d'hésitation avant que l'hypothèse Mer ne reprenne l'avantage.

Quelques années plus tard, Hervé Gaymard apprend lui aussi au dernier moment sa nomination. À minuit, un dimanche soir de novembre 2004, le téléphone sonne. Au bout du fil, Dominique de Villepin. « Bravo, tu es promu à Bercy », s'entend dire le jeune espoir chiraquien, alors ministre de l'Agriculture. Son correspondant, à l'époque ministre de l'Intérieur, est manifestement très au fait des mouvements ministériels. Après quelques félicitations, Villepin ajoute : « Je t'ai adjoint Copé au Budget. » « J'ai bien compris que Copé serait là pour me fliquer[2] », note Hervé Gaymard. Dans le choix des ministres, le degré d'expertise macro-économique des nommés ne semble pas primer. Il en fut de même pour Bernard Cazeneuve, bombardé en urgence au ministère du Budget, pour remplacer un Jérôme Cahuzac acculé à la démission.

1. Devant l'Association de la presse ministérielle, le 24 octobre 2016.
2. Entretien avec les auteurs, le 11 mai 2015.

Transition rapide et difficile pour celui qui était jusqu'ici ministre des Affaires européennes : « Ce n'est pas un matheux, Bernard, à la base ! Alors il a bouffé des notes techniques tous les soirs, pendant quatre ou cinq mois », rapporte un proche.

La composition du gouvernement s'apparente souvent à une loterie. La plupart des ministres que nous avons rencontrés nous confient avoir appris leur nomination à Bercy au débotté, parfois par la presse. Sans toujours l'avoir souhaitée, encore moins préparée. Auprès de François Hollande, Pierre Moscovici s'était positionné sur les enjeux internationaux. Ancien ministre des Affaires européennes, connu à Bruxelles et à Strasbourg, il s'estimait suffisamment capé. Mais Laurent Fabius préempta le poste, au terme d'un accord passé avec François Hollande au lendemain de la primaire. Pierre Moscovici obtint donc le ministère de l'Économie et des Finances. Un lot de consolation.

Précipitation, improvisation : ce système n'aide pas le nouveau venu à entrer dans les habits de ministre des Finances. « Je trouve ça assez lamentable, tranche Hervé Gaymard. Sur des grands ministères comme Bercy, c'est un vrai problème. Paradoxalement, c'est moins grave à la Défense ou aux Affaires étrangères, car le patron se trouve à l'Élysée, c'est le fameux domaine réservé du chef de l'État. »

Conséquence : le nouveau ministre, immédiatement absorbé par les parapheurs, les rendez-vous et le Parlement, trouve à peine le temps de composer son équipe. « J'avais un cabinet pléthorique, je ne suis même pas sûr que je connaissais tout le monde », ironise Hervé Gaymard.

Dans l'urgence, le nouveau venu recrute des candidats suggérés par ses amis, d'anciens ministres, par l'Élysée, Matignon, l'administration… « J'ai composé mon cabinet par SMS, depuis les bancs de l'Assemblée », se remémore Jean-François Copé, nommé en plein examen du projet de loi de finances au Parlement. Le nouveau ministre doit aussi se familiariser avec tous les dossiers en cours. Y compris ceux qui lui survivront. « La négociation d'un texte européen dure quatorze ans. Un ministre des Finances, au mieux, deux ans », remarque un ancien conseiller de Bercy chargé de négociations à Bruxelles.

La manie du turn-over frappe d'ailleurs aussi les cabinets : sur les quarante conseillers nommés en 2012 aux grands ministères de Bercy (Économie, Finances, Budget, Industrie), il n'en restait que deux en poste fin 2016.

Le nouveau ministre découvre aussi le protocole, ce qui peut donner lieu à des maladresses. Un mercredi matin de mai 2002, Francis Mer, tout juste propulsé à l'Économie, siège avec ses trente collègues pour la première fois au Conseil des ministres. Au bout d'une heure de réunion, le président Jacques Chirac prononce quelques phrases. Francis Mer, un peu intimidé, enchaîne : « Monsieur le Président je ne suis pas d'accord avec ce que vous venez de dire. » Jacques Chirac se redresse, fixe Francis Mer d'un œil amusé et lui lance : « Francis, vous ne savez pas que quand le président a parlé, c'est la fin du Conseil ? » « Oh monsieur le Président, excusez-moi. » Éclat de rire général autour de la table du salon Murat de l'Élysée. Mais l'essentiel ne réside pas dans les codes politiques. Il reste le plus dur : dompter l'administration.

« La meilleure administration du gouvernement »

Contrairement au personnel politique, l'administration incarne la permanence, y compris face aux menaces extérieures. On le sait peu, mais Bercy dispose d'une cellule liée au risque terroriste. Une équipe de soixante personnes veille à la sécurité informatique du ministère, suite à une cyber-attaque d'une puissance étrangère sur les ordinateurs de Bercy en 2011. Les pirates avaient espionné cent cinquante postes de travail, et récupéré des documents en lien avec les négociations du G20.

Cette cellule « sécurité » doit aussi assurer la continuité économique du pays en cas d'attentat. Elle est dirigée par le secrétaire général du ministère, Laurent de Jekhowsky. Il l'active pour la première fois après les attaques de novembre 2015. Le 16 novembre, précisément, les fédérations du commerce, de la distribution, du tourisme, du spectacle, sont reçues à Bercy. Pour éviter que la croissance ne plonge, la cellule dégaine une sorte d'état d'urgence économique : fonds de soutien aux professionnels, étalement de paiements, aide de la banque publique Bpifrance… Le « monsieur sécurité » du ministère réactive la cellule après l'attentat de Nice, en juillet 2016.

Dans les antichambres des ministères, dans les salons des anciens ministres, dans les travées de l'Assemblée nationale, un constat fait consensus à propos de Bercy. On y trouve la meilleure administration, tous ministères confondus. Des fonctionnaires dévoués. Des cadres compétents. Des « têtes » issues des meilleures écoles françaises (ENA, Mines). « On a l'impression de monter à bord d'une voiture de course[1] », juge l'économiste Jean Pisani-Ferry. François Baroin se souvient, admiratif, de « la forte impression que dégagent tous ces grands directeurs. Ils sont madrés, intelligents, ils ont le savoir-faire, l'éducation, ils cochent toutes les cases. On sait leur puissance[2] ».

Le décalage est évident avec les « politiques », comme on les appelle dans les couloirs de Bercy. Ces ministres hier en charge de l'agriculture ou de la décentralisation, qui prendront demain la Justice ou les Affaires étrangères, comment leur faire confiance ? Souvent, un léger sentiment de supériorité se dégage chez les élites de l'administration, qui pour certaines fréquentent les murs depuis trente ans.

« Immédiatement, se crée un rapport de force entre le ministre et les services de Bercy, observe un jeune membre du Trésor. Un rapport de force lié au savoir technique. Le ministre est obligé de nous croire, il ne peut pas vraiment nous défier, sauf à prendre un risque énorme. » Jean-François Copé confirme : « Au début, les directeurs veulent savoir à quel type ils ont affaire.

1. Entretien avec les auteurs, le 4 avril 2016.
2. Entretien avec les auteurs, le 27 avril 2016.

Ils sont blasés, ils voient un nouveau ministre débarquer tous les ans[1]. »

Dans le revers de sa veste, Laurent Fabius conserve depuis toujours des petites fiches cartonnées, qu'il nous montre, ce jour de mai 2016, dans son bureau du Conseil constitutionnel. Sur les fiches, il liste les dossiers prioritaires. Un pense-bête personnel, pour ne jamais dépendre de l'agenda fixé par l'administration. « Il faut être au moins aussi compétent que la personne qui est en face de vous, explique l'ancien ministre des Finances. Et surtout, ce n'est pas parce qu'une instruction est donnée qu'elle est suivie. Il faut vérifier, vérifier, vérifier[2] », martèle-t-il. « Le ministre doit creuser les sujets techniques, mais pas trop non plus, tempère Éric Woerth. S'il creuse trop profond, il est mort. On ne peut pas devenir des super-experts de la TVA ou des finances sociales[3]. »

Cela dit, le complexe de supériorité existe parfois dans l'autre sens. Un ancien directeur se souvient, amusé, de ces politiques qui ne pouvaient se résoudre à laisser la main aux « services » : « Macron [alors secrétaire général adjoint de l'Élysée] était comme ça : il fallait qu'il prenne le temps de vérifier qu'on n'avait pas bêtement oublié une mesure miracle. » Une mesure qui aurait bien sûr permis de réduire le déficit public sans douleur. Francis Mer, lui, épluchait une à une les lignes du budget en râlant : « Mais c'est pas possible ! On a sûrement des lignes à couper.

1. Entretien avec l'un des auteurs, le 21 juillet 2016.
2. Entretien avec les auteurs, le 19 mai 2016.
3. Entretien avec les auteurs, le 14 septembre 2016.

Débrouillez-vous, je vais en parler à Chirac ! » « Chirac, ça devait lui en toucher une sans faire bouger l'autre », pouffe ce directeur.

Il arrive même que le ministre se fasse tout bonnement écarter des circuits de décision. Comme un rouage superflu dans la grande machine bercyenne. Cinq mois après sa nomination, la socialiste Axelle Lemaire découvre, surprise, un projet de réforme interne. Déjà ficelé, sans qu'elle ait été consultée. Ce projet concerne la réorganisation de la DGE, la Direction générale des entreprises. Un décret est déposé sur le bureau de la ministre, elle n'a qu'à signer. Son sang ne fait qu'un tour. Elle convoque le patron de la DGE. « Les négociations avaient commencé avant que vous n'arriviez, se justifie le directeur. Et puis les discussions avec les syndicats sont bouclées, vous comprenez. » « Donc vous considérez que la sociologie de votre direction est indépendante de toute politique publique ? » s'agace la ministre. Symptomatique. Un membre du gouvernement écarté du processus de décision, juste sollicité pour apposer le tampon final. Autre symbole étonnant : à Bercy, une vingtaine de personnes sont mieux payées que le ministre (9 940 euros bruts par mois). Les directeurs d'administrations centrales, selon leur ancienneté, et certains directeurs de cabinet touchent entre 11 et 12 000 euros bruts mensuels.

Le ministère peut faire sauter les ministres

Gare à ceux qui ne l'auraient pas compris. Le paquebot est à manœuvrer avec précaution. User de brutalité peut s'avérer fatal au capitaine. « Bercy, c'est un gros animal et c'est un animal qui mord[1] ! » prévient Jean-Jacques Barberis, un ancien du Trésor passé à l'Élysée. Les syndicats y sont puissants et unitaires. Entre un quart et un tiers du personnel est encarté. Aux élections professionnelles, la CGT, Solidaires et FO recueillent à eux trois 80 % des votes. Le grand mouvement de grève de 1989 sur la qualité de vie au travail a soudé les centrales. « On travaille bien ensemble, il y a même une amitié entre militants[2] », souligne Patricia Tejas, la secrétaire générale de la CGT-Finances. « On se connaît entre nous, on finit les intersyndicales avec un pot, on s'invite à nos congrès respectifs[3] », renchérit Vincent Drezet, de Solidaires-finances publiques. Leur fait d'armes porte un nom : Christian Sautter. Ensemble, les syndicats ont eu la peau de ce ministre socialiste, au tournant des années 2000. Le successeur de Dominique Strauss-Kahn à Bercy entendait fusionner deux directions. La direction des Impôts et la direction de la Comptabilité publique. Une aberration pour les syndicats, qui craignaient des suppressions de postes. « Résultat : les fonctionnaires ont fait corps, raconte un témoin de l'époque. Ils ont dit à Jospin : "Si

1. Entretien avec l'un des auteurs, le 25 août 2016.
2. Entretien avec les auteurs, le 6 avril 2016.
3. Entretien avec les auteurs, le 14 avril 2016.

vous ne virez pas Sautter, on ne verse pas les salaires des fonctionnaires à la fin du mois." C'est ainsi que Sautter a sauté ! » Le ministre a dû partir au bout de seulement trois mois. Les suivants gardent en tête cette leçon. Le ministre est moins fort que le ministère. Moins durable aussi.

Le contre-pouvoir syndical tend toutefois à s'affaiblir ces dernières années. L'état d'esprit des fonctionnaires de Bercy change, selon Patricia Tejas, de la CGT : « Il fut un temps où nous avions un esprit "maison" très fort. Quand un ministre nous emmerdait, la technostructure se mettait en tortue. Le ministre pouvait demander quelque chose, on faisait comme on voulait et quand on voulait. La hiérarchie était avec nous. Ce n'est plus vrai. Je pense qu'il n'y a plus cet esprit. » Pour preuve, en 2008, la droite réussit la difficile réforme qui a « tué » Christian Sautter. À la différence de ce dernier, Nicolas Sarkozy comprend qu'il est risqué de braquer les fonctionnaires de Bercy. Prudent, bien loin de son slogan de la « rupture », il privilégie la négociation. Et met la main au portefeuille. Le défi paraît alors immense. La fusion concerne cinq mille bâtiments et cent vingt mille agents partout en France répartis en deux directions, chacune très syndicalisée. Le gouvernement veut offrir au contribuable un guichet fiscal unique. Éric Woerth, le ministre chargé de piloter la réforme, se souvient : « C'était très tendu, on a fait beaucoup de travail, agent par agent[1]. » L'homme de confiance de Nicolas Sarkozy commence

1. Entretien avec les auteurs, le 14 septembre 2016.

par réunir les cadres départementaux des deux directions. Cela représente tellement de monde que la réunion se tient à la maison de la Mutualité[1] ! Les inquiétudes ne manquent pas. D'abord sur les déroulements de carrière. Éric Woerth jure qu'il répartira les postes les plus prestigieux à parité stricte entre les deux ex-directions. « Au trébuchet », promet-il. Les personnels s'inquiètent aussi pour leur rémunération. Hors de question de sortir perdants à l'issue de la réforme. Le gouvernement UMP renonce au bras de fer et aligne par le haut avantages et salaires. « Ça coûte cher, reconnaît Éric Woerth. Imaginez : fusionner deux postes, dire aux deux personnes “vous êtes interchangeables”, quand l'un gagne cent et l'autre quatre-vingts, c'est compliqué… » Malgré le mouvement de grogne, la fusion a lieu. Quelques années plus tard, la Cour des comptes tousse. Ces « avantages accordés aux agents [contribuent] à hauteur de 209,1 millions d'euros à l'augmentation de la masse salariale entre 2007 et 2012[2]. » Soit un surcoût de plus de 50 millions d'euros par an.

À la CGT, on en vient presque à regretter l'époque Sarkozy. « Certes, on était contre la réforme et on a perdu. Il n'en demeure pas moins qu'elle s'est faite avec un accompagnement social : beaucoup de requalifications, de promotions internes… Nicolas Sarkozy a sorti son

1. Salle de congrès à Paris, traditionnellement utilisée par les organisations de gauche.

2. Rapport de la Cour des comptes : « La fusion de la direction générale des impôts et de la direction générale de la comptabilité publique : un premier bilan », octobre 2011.

chéquier ! » commente Patricia Tejas. La réforme devait permettre des économies dans la fonction publique. La Cour des comptes, dans son rapport de 2011, regrette les « surcoûts », mais ne parvient pas à se prononcer sur un gain total réel sur le long terme. Une nouvelle étude de la Cour est lancée. Dans cette affaire, l'exécutif a choyé les syndicats. L'épisode en dit long sur la peur qu'inspire la citadelle aux chevaliers de la réforme. D'autant que les responsables syndicaux ont la réputation d'être des « sources » régulières pour les journalistes. Leur pouvoir de nuisance est donc bien réel.

Le poids de la tradition

Il s'agit presque d'un art. Ou d'une chorégraphie soigneusement rodée par des générations de fonctionnaires. La note au ministre. Schématisons : le cabinet demande une note technique à l'administration – sur les assurances-vie, le prix du pétrole ou l'évolution du SMIC, par exemple. La demande, au sein de l'administration, redescend jusqu'à une « petite main », dans un bureau anonyme. Cette « petite main », souvent une jeune recrue, travaille d'arrache-pied sur la note. Cette note remonte ensuite au chef de bureau. Lequel l'annote, biffe quelques phrases puis la transmet au sous-directeur. Le sous-directeur relit la note, corrige un passage, inscrit ses observations, puis l'envoie au chef de service. Là encore quelques modifications, une ou deux précisions, avant que la note soit envoyée au directeur d'administration.

Ce directeur relit la note, y reformule des tournures, ajoute sa patte aux recommandations, signe et transmet le tout au cabinet du ministre. Quel que soit le sujet, la note se termine toujours par la formule traditionnelle : « Si le ministre l'agrée, il voudra bien… »

« Parfois, je me demande à quoi je sers, je relis des notes, je fais quelques modifications pour me sentir utile », soupire un chef de service au Trésor. Une de ses collègues estime, sous couvert d'anonymat, qu'il « y a un échelon hiérarchique en trop ». Quatre à cinq niveaux de la hiérarchie administrative amendent, polissent les expertises. Au point de les aseptiser ? Elles gagnent en consensus ce qu'elles perdent en originalité. « Tellement mâchées et remâchées qu'il n'y a plus rien dedans, grogne une ministre, tout est dilué ! »

Difficile de changer le système. L'exercice de la note au ministre tient du ballet rituel, immuable, mécanique. Dans la chaîne administrative, chaque maillon veut exister. En contourner un revient à risquer l'incident diplomatique. « Tout prend un temps infini. Tout ça est extraordinairement complexe, je ne m'attendais pas à ce que les choses soient aussi compliquées », déplore Régis Turrini, l'ancien patron de la puissante Agence des participations de l'État.

Si ces notes sont rédigées par les meilleurs éléments de l'administration, elles pèchent parfois par leur côté trop théorique. À l'image de celle demandée aux experts du Trésor par le cabinet du ministre sur les contrats d'insertions dans la vie sociale (CIVIS) à destination des jeunes en difficulté. Ces contrats coûtent cher à l'État, qui veut en évaluer l'efficacité. Le cabinet souhaite des statistiques. Quel pourcentage d'emplois durables pour les jeunes ? Combien de CDD ou de formations ? Pour quels coûts ? Remue-méninges dans le bureau « Polsoc 3 » (politique sociale) du Trésor, chargé de rédiger la note. Nouvellement arrivée, l'une des adjointes (« adjoint » est le mot officiel pour « petite main ») suggère de visiter une mission locale, d'aller au contact des jeunes en insertion. Quelques sourires ironiques accueillent cette proposition. La jeune femme persiste et s'entend répondre : « Bon, si c'est ta lubie, vas-y… » Direction Massy, en banlieue parisienne. L'équipe du Trésor, la plus prestigieuse direction de Bercy, arrive avec ses questionnaires sous le bras : combien de CDI signés grâce aux contrats d'insertion ? Sur place, les jeunes de seize à vingt-six ans concernés par le dispositif ouvrent à peine la bouche, intimidés par les questions. Une responsable de la mission locale finit par prendre à part les enquêteurs de Bercy. « Vous savez, vous nous parlez de CDI ou de CDD, mais pour nous, ici, la victoire c'est quand, à la fin de sa formation, le jeune sait prendre le bus tout seul. » Le choc entre les cases préétablies et la réalité du terrain. Entre la précarité vue par les statistiques et celle vécue par les acteurs sociaux. « On s'est aperçu qu'on était totalement déconnectés, témoigne l'adjointe de Bercy. Nous avons rédigé une note en intégrant ce qu'on avait vu ce jour-là. À ma connaissance, cela n'a jamais eu de suites. »

Ces notes, biffées, amendées, contresignées, le ministre les lit-il ? Rien n'est moins sûr. Seules les questions les plus brûlantes et les plus médiatiques passent le filtre du cabinet. Quand l'administration travaille sur des sujets de sa propre initiative, la sélection est encore plus drastique. L'économiste Jean Pisani-Ferry, ancien collaborateur de Dominique Strauss-Kahn à Bercy, témoigne : « Il y a un mouvement montant. Vous êtes submergé de notes venant de l'administration. À l'époque, certains conseillers devaient en traiter une quinzaine par jour. Le nombre de notes qui remontent au ministre est absurdement élevé[1]. » Du côté du cabinet, on renverse l'accusation contre les « technos » (comprendre : les technocrates) : « Les notes font parfois huit pages ! Le ministre n'a évidemment pas le temps de les lire ! Je leur ai demandé de faire une page et demie au maximum », relate une proche collaboratrice de Michel Sapin. D'autres notes redescendent avec un simple coup de stylo du ministre. Édouard Balladur les annotait d'un « soit », peu engageant. La machine à notes ressemble donc à une gigantesque pyramide d'expertises détaillées. Très peu arrivent jusqu'au sommet.

La lourdeur de la tradition ne s'arrête pas là. Elle se ressent aussi dans les réunions interministérielles (RIM). Organisées à Matignon, elles rassemblent des représentants de tous les ministères concernés par l'ordre du jour. Et sont très démocratiques. « Peut-être trop démocratiques, sourit un ancien directeur venu du privé. Tout le monde est autour de la table. Même le type qui a un très vague lien avec le sujet, il faut qu'il s'exprime. Je pense

1. Entretien avec les auteurs, le 4 avril 2016.

que ça ne sert à rien et que tout le monde le sait. On ne peut pas arriver à un consensus quand cinquante mecs sont concernés ! On se sépare en se disant "On se revoit dans quinze jours". On refait la même chose quinze jours après en espérant que ça décante. Ça met des mois et des mois à décanter. Alors, c'est sûr, c'est démocratique... mais en termes de gouvernance, c'est aberrant ! »

Dans la prise de décision, il est parfois possible de contourner le protocole et la « machine à notes ». Mais ce n'est pas courant. Pour preuve, lorsqu'il cherche un exemple, le syndicaliste FO Jean-Claude Mailly, familier de Bercy, doit remonter jusqu'à la décennie 1990. Comme chaque année, se pose la question de revaloriser le SMIC au-delà de la seule obligation légale. Le Premier ministre Michel Rocard l'a promis. Edith Cresson, qui lui succède, tiendra-t-elle parole ? « C'est Bercy qui bloque », assure la Première ministre aux syndicats. Pour s'assurer que l'engagement soit tenu, Marc Blondel, secrétaire général de FO, prend donc rendez-vous avec le ministre de l'Économie Pierre Bérégovoy. Il frappe à la porte du bureau le 20 juin, accompagné de son jeune collaborateur, Jean-Claude Mailly. Au cours de la discussion, Marc Blondel dégaine un argument de poids. Il sait que le frère du ministre, Marcel Bérégovoy, gagne justement le SMIC. Et décide de faire usage de cette référence familiale : « Votre frère serait bien content s'il avait une augmentation ! » Apparemment la tactique fait mouche. À la sortie le secrétaire général de Force Ouvrière déclare qu'il « croit avoir fait évoluer le ministre ». Victoire confirmée le lendemain : la cheffe du gouvernement annonce une hausse de 2,3 % pour le salaire minimum. « Les ministres sont des hommes, aussi[1] », conclut aujourd'hui Jean-Claude Mailly, comme si la machine Bercy permettait parfois d'en douter.

Le ministre n'a pas accès à la « boîte noire »

Dans cet univers très normé, protocolaire, nous avons découvert que le ministre n'a pas accès aux experts de son ministère. Plus exactement, il ne peut prendre contact directement avec l'auteur d'une note technique – qui est souvent, on l'a vu, une jeune « tête » sortie des grandes écoles. Axelle Lemaire, la secrétaire d'État au Numérique, confirme : « Le problème est la lourdeur de la chaîne hiérarchique. On a l'incapacité de parler aux agents sous les directeurs d'administration. Ce n'est pas normal car les directeurs n'ont pas la maîtrise des sujets. Il y a une dilution de la compétence et de l'information qui est totalement contre-productive[2]. »

Or, cela peut sembler ahurissant pour des sujets souvent très lourds (dette de la France, chômage, marchés…), mais c'est bel et bien la « petite main » qui dispose du vrai pouvoir. En tout cas sur les sujets éloignés de l'actualité brûlante. Un ancien membre du Trésor raconte sa stupéfaction quand, à vingt-cinq ans, tout juste diplômé, il se

1. Entretien avec les auteurs, le 29 avril 2016.
2. Entretien avec les auteurs, le 20 septembre 2016.

retrouve chargé – seul – de superviser la négociation sur la réglementation européenne des assurances, un secteur qui représente plusieurs centaines de milliards d'euros. « La plupart des sujets ne remontent même pas au cabinet. En général, il suit ça de très loin. Et le ministre encore plus. Je ne suis même pas sûr que le ministre connaissait l'existence de la négociation. » La position de la France serait ainsi décidée par un jeune expert dans son bureau ? Sans aller jusque-là, l'ancien directeur du Trésor, Bruno Bézard, reconnaît avec franchise : « Dans une journée ordinaire, le directeur du trésor traite des dizaines de sujets, de l'Argentine à la Grèce, du secteur des assurances en France aux affaires budgétaires avec Bruxelles, la réglementation bancaire, le financement des PME, la dette de Cuba et j'en passe… Donc vous n'êtes jamais expert de tous les sujets que vous traitez. On ne peut pas être le Pic de la Mirandole, omniscient, prétendre tout savoir[1] ! »

Résumons : la hiérarchie étant très protocolaire, le ministre n'a pas accès direct à l'expert qui a rédigé la note technique. Et le rédacteur en question a l'impression de « pondre » des expertises sans savoir vraiment ce qu'elles deviennent. Un membre actuel du Trésor raconte, sous couvert d'anonymat : « Pour les dossiers très sensibles, dans la banque ou dans les assurances, le ministre n'a que des emmerdes à prendre. Et politiquement, ce n'est pas très sexy. Donc il ne prend pas de décision. Ce n'est qu'à la vingtième note du Trésor, où il est indiqué au ministre,

1. Entretien avec les auteurs, le 17 avril 2016.

de manière écrite, “si ça pète ce sera de ta faute”, que ça commence à bouger. »

Le cabinet, une interface

Au ministère, une bande-dessinée s'échange sous le manteau depuis des années. Ou par mail, désormais. C'est une parodie des *Shadoks*[1], devenus conseillers à Bercy. Le dessinateur anonyme semble très renseigné sur la vie quotidienne au sein du paquebot. Y compris dans son aspect le plus déroutant. La devise de cette parodie ? « Plus la procédure commence moins tard, plus elle se termine moins vite. » On y voit les membres du cabinet ministériel, en théorie surchargés, dialoguer : « Un tennis, ça te dit ? », « Non, j'ai piscine », « Ma femme m'attend », puis, à l'heure de quitter les bureaux : « Eh, poussez pas. » La parodie raconte aussi un coup de fil comminatoire d'un membre de cabinet à l'administration : « Allô ? Je veux les mêmes économies, mais invisibles et indolores pour le ministère. »

Cette dizaine de pages illustre la défiance qui entoure les fameux cabinets. Les cabinets ? Une quinzaine de conseillers, censés assurer l'interface entre le ministre et l'administration. Un commando au service du politique, avec des profils variés. Il y a les « technos », très pointus sur leur sujet, les « politiques », moins techniciens mais

1. Série d'animation française de Jacques Rouxel, où les personnages ressemblant à des oiseaux n'ont de cesse d'accomplir des tâches absurdes.

plus conscients des subtilités du pouvoir. Leurs spécialités : le budget, les affaires européennes, le social, la communication et bien d'autres.

Au sein de Bercy, leur utilité est souvent remise en cause. Ils sont accusés de faire écran entre le responsable politique et les services administratifs. Pour simplifier, entre celui qui veut et ceux qui savent. Un sentiment illustré par un passage des *Shadoks à Bercy*, en deux cases : dans la première, un membre de l'administration donne son avis sur une proposition auprès d'un conseiller du cabinet : « C'est trop cher. » Dans la case suivante, le même membre de cabinet rejoint le ministre et lui déclare : « C'est trop cher. » Sous les deux cases de la B.D., ce commentaire moqueur : « Le cabinet joue un rôle indispensable très important d'interface entre l'administration et le ministre. »

Pour savoir qui exerce vraiment le pouvoir, il faut comprendre comment les membres du cabinet sont nommés. Le processus est discret, mais immuable : « Le ministre n'a pas le choix, relève Jérôme Grand d'Esnon, ancien directeur des affaires juridiques. Les grandes directions administratives (Trésor, DGFIP…) désignent leur candidat, souvent un jeune énarque, comme conseiller technique du ministre. Diplomatiquement, le nom du conseiller est seulement "proposé", mais en réalité, neuf fois sur dix il est désigné par les grandes administrations[1]. » En somme, les directions administratives placent leurs ambassadeurs auprès des ministres.

1. Entretien avec l'un des auteurs, le 19 juillet 2016.

Francis Mer le confirme : « Je ne connaissais personne, j'ai constitué mon cabinet en faisant confiance à une connaissance qui était déjà à Bercy. Je ne me souviens pas avoir dit non à une seule suggestion[1]. » Résultat : les membres du cabinet, censés défendre les intérêts du ministre, doivent largement leur place à l'administration. « Du coup, les ordres viennent du bas vers le haut, de l'administration vers l'autorité politique, et non l'inverse. C'est pernicieux », estime un ancien directeur. « Les ministres en sont conscients, mais la plupart se font avaler. Ils se reposent sur ces conseillers, tant la tâche de ministre est monstrueuse et complexe », reprend Jérôme Grand d'Esnon. D'où un manque de vision politique au sein de cabinets trop « technos » : « Ils n'ont pas le sixième sens pour discerner ce qui, politiquement, va péter ou pas, estime un ancien cadre. Alors parfois, ils sont trop prudents, y compris sur des choses qui ne posent aucun problème, parce qu'ils ont peur d'exposer le ministre. »

Un conseiller en cabinet (ou plutôt en « cab » selon le diminutif en vigueur) reconnaît que ce système stimule l'instinct de prudence : « La vie de cabinet, c'est mal gérer vingt-huit sujets à la fois », ironise-t-il. Ces conseillers ont rarement beaucoup plus de trente ans, des allures de jeunes premiers, portent des cravates, des chemisiers et des costumes et doivent donner des ordres à l'administration… alors qu'ils en viennent. Un adjoint au Trésor, actuellement en poste, note : « Soudainement, par une

1. Entretien avec les auteurs, le 7 avril 2015.

sorte de fiction étrange, la personne qui était deux étages en dessous du chef de service doit expliquer au chef de service ce qu'il faut faire ! C'est assez bizarre. Du coup, beaucoup de conseillers de cabinet continuent de faire ce qu'ils savent faire : un travail bureaucratique. Sans plus de vision politique que les autres fonctionnaires. »

À quelques pas de Bercy, dans une brasserie, Marie-Christine Lepetit, directrice de l'inspection des Finances, juge sévèrement les cabinets : « La déperdition d'énergie est folle. Ils ont une propension forte à se mettre à notre place, à faire du travail technique qui n'est pas leur métier, regrette cette directrice expérimentée. Normalement, le cabinet devrait se contenter de dire au ministre : "Voilà le projet, qui sont vos alliés, dans quel contexte, avec quelle logique politique", c'est tout[1]. »

À ces propos, on imagine les membres de cabinet bondir, glapir, hurler. Mais pas vraiment : « Soyons clairs, il y a un problème, convient un ancien conseiller ministériel, désormais reconverti dans le privé. On est tous des gens très intelligents et remarquables, mais il faut quand même se calmer… Par exemple, le vrai conseiller du ministre sur les entreprises publiques, c'est le directeur de l'APE [Agence des participations de l'État]. Il a trente ans de bouteille, il sait de quoi il parle. Lui mettre un sympathique gugusse de trente-cinq balais qui fait le filtre entre lui et le ministre, ça déresponsabilise très fortement l'administration. » Il résume son constat d'une phrase :

1. Entretien avec les auteurs, le 10 juin 2016.

« L'administration pousse son truc vers le cabinet, puis *demmerden sie sich* ! »

En permanence dans l'urgence, avec des dizaines de dossiers explosifs, le « cab » a tendance à surinvestir les sujets médiatiquement sensibles. Par exemple, il exige de relire les réponses de l'administration de Bercy aux questionnaires du Haut Conseil des finances publiques (HCFP). Celui-là même qui valide la gestion et les prévisions budgétaires du gouvernement.

À quoi servent vraiment les cabinets ? Et qui servent-ils ? À Bercy, de nombreuses voix plaident pour leur suppression. À l'image de Jean-Jacques Barberis, pourtant passé par les cabinets de Pierre Moscovici puis de François Hollande à l'Élysée : « Je suis contre l'existence des cabinets ministériels, ça ne sert à rien[1]. » Dans la grande bataille entre l'administration et le politique pour se rejeter la responsabilité des échecs, le cabinet fait figure de coupable idéal. Il n'est pourtant pas le seul à blâmer.

L'administration, fossoyeuse des réformes ?

En 2014, lorsqu'il devient directeur du Trésor, Bruno Bézard fait poser une affiche dans son bureau :

« Il est interdit, sous peine d'amende, de prononcer dans ce bureau les expressions suivantes :

Il y a un problème : *5 euros.*

Je suis inquiet : *10 euros.*

---

1. Entretien avec l'un des auteurs, le 25 août 2016.

Ce n'est pas possible : *15 euros.*

On a toujours fait comme ça : *20 euros.* »

Les experts du Trésor sont prévenus. Pas question de se retrancher derrière l'habitude ou le savoir technique pour ne pas appliquer les décisions politiques. Un procès récurrent contre les administrations de Bercy. Tout projet de réforme, passé au tamis de la technostructure, finirait en lambeaux. Bruno Bézard avertit les nouveaux venus : « Ne te prends pas pour le ministre. » « Le rôle du directeur du Trésor, c'est de pouvoir dire au ministre que son idée ne tient pas la route. Mais à la fin, c'est le politique qui décide, explique Bruno Bézard. La légitimité politique appartient à celui qui est élu. C'est lui qui se fait engueuler sur les marchés le week-end[1] ! »

Pour preuve de leur loyauté, plusieurs hauts fonctionnaires nous ont avoué avoir défendu des mesures auxquelles ils ne croyaient pas. Comme Xavier Musca, passé par le Trésor avant de rejoindre Nicolas Sarkozy à l'Élysée. Peu convaincu par le passage aux 35 heures, il se fait pourtant, dans les années 2000, l'avocat de la réduction du temps de travail au cours des réunions internationales : « Vous défendez des thèses auxquelles vous ne souscrivez pas. Vous essayez d'être convaincant. À l'époque, j'étais sous-directeur. Le charme de la chose, c'est qu'à force de répéter les arguments, vous finissez par y croire vous-même[2] ! »

1. Entretien avec les auteurs, le 17 avril 2016.
2. Entretien avec les auteurs, le 5 mai 2016.

Autre exemple, la prise de participation de l'État français dans l'entreprise Alstom, décidée par Arnaud Montebourg en 2014. Alstom, groupe stratégique des transports et de l'énergie, est alors en passe d'être racheté par l'américain General Electric. Le gouvernement, peu désireux de laisser ce fleuron français dans les mains états-uniennes, choisit d'intervenir. Il emprunte ses actions à Bouygues, déjà actionnaire d'Alstom, ce qui lui donne des droits de vote. Un haut fonctionnaire de Bercy, au premier rang des opérations, confie : « Mon avis est que ça ne sert à rien, mais ça permet à M. Montebourg de dire qu'il a renationalisé Alstom. Je l'ai fait totalement loyalement mais je ne crois pas un mot de l'intérêt de ce truc. »

De même, le projet de taxe sur les transactions financières suscite peu d'enthousiasme dans les couloirs de Bercy. Au mieux un sourire compatissant, au pire le mépris exaspéré. Cette taxe, imaginée au niveau des pays européens, le Trésor la juge contreproductive. Il craint une évasion des flux financiers vers des pays où la taxe ne s'applique pas. « Personne ne voit l'intérêt de faire une taxe à onze pays dans une zone euro qui compte vingt-neuf membres, explique un membre actuel du Trésor. Pourtant, à l'international, le Trésor défend et négocie la mesure. »

Alors d'où viennent ces accusations récurrentes de déloyauté ? Peut-être des débats – parfois rudes – entre le politique et l'administration avant la décision finale. « Notre devoir est de tout dire au ministre, y compris si l'on pense qu'il s'apprête à faire une bêtise[1] », explique

1. Entretien avec les auteurs, le 17 avril 2016.

Bruno Bézard. « Mes recommandations reposent d'abord sur l'expertise solide de la direction du Budget. Les contraintes politiques, je ne les intègre qu'au stade du dialogue avec le ministre et son cabinet[1] », complète Denis Morin, l'actuel directeur du Budget. Effectivement, quand le ministre consulte les directions administratives, elles émettent souvent des réserves. Y compris en surdramatisant. Un ancien cadre, parti depuis peu de Bercy, le raconte : « J'ai vu passer des notes ultra-alarmistes. Cela donnait – je caricature à peine : "Après instruction, les services attirent votre attention sur le fait que cette mesure présente vingt inconvénients : le premier c'est qu'elle va mettre la bourse par terre, le deuxième c'est que les Français seront dans la rue, le troisième c'est que la France va s'effondrer, le quatrième c'est que mars va se rapprocher doucement de la lune..." Et ça finissait par : "Toutefois, si le ministre y tient..." », conclut cet ancien de la maison, hilare.

Ces mises en garde ont le don d'agacer les ministres. « J'avais fini par trouver le truc, raconte Francis Mer. Au début, je demandais "Est-ce possible ?" à mes services. La réponse était toujours "non". Puis j'ai compris. J'ai ensuite demandé "Comment est-ce possible ?" Cela les obligeait à trouver une solution. »

Sans doute les politiques font-ils preuve d'une certaine mauvaise foi. Peut-être confondent-ils – volontairement ou non – la phase de débat, quand l'administration donne son avis, et la phase d'application, quand elle obéit.

1. Entretien avec les auteurs, le 27 septembre 2016.

« Pendant la préparation, nous pouvons dire au ministre : "Il ne faut pas faire ça, parce qu'on a déjà essayé, ça n'a pas marché", jure le directeur général des finances publiques, Bruno Parent. Mais une fois que l'orientation est prise, ici c'est la division blindée : droit devant et on fonce[1] ! » Et si le ministre doute de la loyauté de son directeur, il peut le faire révoquer chaque mercredi en Conseil des ministres. Être directeur d'administration à Bercy, c'est disposer d'un « super CDD d'une semaine », pour reprendre la formule de Bruno Bézard.

« Si on veut ensabler, on sait faire »

« Ensabler. » Ce verbe qui respire la plage, les sels marins et le vent d'ouest est très en vogue à Bercy. Ensabler, verbe transitif. Définition : se dit d'une réforme ou d'un projet qui ne rencontre pas l'approbation des services administratifs de Bercy. Synonymes : couler, dénaturer, tuer. « Si on veut ensabler un projet, on sait faire », revendique un ex-directeur de Bercy, récemment parti du paquebot. L'ensablement est tout un art. Il faut d'abord scrupuleusement dire « oui » à chaque instruction du ministre. Ensuite, veiller à laisser traîner, tout en assurant régulièrement au ministre que « c'est en cours ». Avec un peu de chance, ledit ministre se fait emporter par le remaniement. Recommencer l'opération avec le suivant. « Ne pas agir est très facile, agir est très difficile. Bercy

1. Entretien avec les auteurs, le 30 août 2016.

est excellemment équipé pour bloquer », résume un ex-directeur marqué à gauche. « Il faut leur tenir la bride courte », confirme Pierre Moscovici, qui revendique avoir « fait manger son chapeau et son parapluie à l'administration » sur la loi bancaire, qui séparait les dépôts des épargnants des activités plus spéculatives. Mais le ministre, pour s'imposer, a dû attendre que le texte s'éloigne de Bercy et arrive à l'Assemblée nationale. « Mon conseiller, brillant par ailleurs, n'arrêtait pas de me dire : "Monsieur le ministre, vous ne pouvez pas faire ça." À la troisième fois, je lui ai lancé : "Alexis, je ne veux plus entendre le son de votre voix[1]." »

À en croire Michel Sapin, la propension à ensabler n'est pas propre au ministère des Finances. Ce serait même pire ailleurs : « J'ai été au ministère de la Justice[2]. Là-bas, il y avait une sorte de cour d'appel permanente des décisions du ministre. Ce n'est pas le cas à Bercy. » Pas d'éclats de voix. Pas de contestation bruyante. À Bercy, difficile de contrer la technique de l'ensablement. Quasi invisible.

Chacun s'accorde à louer le sens de l'intérêt général des fonctionnaires du ministère des Finances. Un sens poussé si loin que ces serviteurs de l'État sont parfois tentés de freiner discrètement un projet jugé néfaste. Au nom de l'intérêt général, bien sûr. Parmi les raisons qui poussent la technostructure à « ensabler », la

1. Entretien avec les auteurs, le 13 avril 2015.
2. Ministre délégué auprès du ministre de la Justice de mai 1991 à avril 1992.

défense des finances publiques. En d'autres termes, il s'agit de réduire la voilure d'un projet pour qu'il coûte moins cher. Quand un ministre promet cent, faire en sorte que ça ne coûte que cinquante. Confirmation d'un directeur actuellement en poste, sous strict anonymat : « Par exemple, pour une réduction d'impôt, la direction de la Législation fiscale va restreindre les conditions, demander des justificatifs, imposer des durées limitées. Elle peut aussi faire en sorte que le crédit d'impôt soit touché l'an prochain au lieu de cette année. Il y a de l'imagination ! » L'accès aux aides sociales est complexe : seule la moitié de ceux qui ont droit au RSA le demande vraiment[1]. Ce qui permet à l'État de réaliser de substantielles économies. Au téléphone, un conseiller budgétaire à Matignon le reconnaît : « Il peut arriver que Bercy ferme les yeux sur ces complexités », voire les encourage, pour limiter les dépenses de l'État.

Est-il possible de réformer contre l'administration de Bercy ? Éric Woerth fouille dans sa mémoire. L'ancien ministre du Budget de Nicolas Sarkozy se souvient d'une mesure très mal accueillie par les services administratifs : la suppression de la taxe professionnelle. En 2009, l'Élysée décide d'y mettre fin, pour relancer la compétitivité des entreprises. Mais la taxe professionnelle finance les collectivités locales. La réformer demande de repenser tout le système. « C'était une idée juste, mais

1. « Le non-recours au RSA et ses motifs », décembre 2011, Comité national d'évaluation du RSA.

l'administration y était hostile et donc peu encline à collaborer », raconte Éric Woerth. Résultat : « Le truc est parti en vrille. Le texte n'était pas bon, il ne tournait pas. » Un temps, puis : « Je ne dis pas que c'était fait exprès, je constate juste[1]. » L'ancien ministre sous-entend que la direction de la Législation fiscale ne joue pas le jeu. Le texte de loi préparé à Bercy est d'ailleurs largement détricoté à l'Assemblée nationale. La commission des Finances le réécrit entièrement. Puis surgit une fronde de vingt-quatre sénateurs de droite, opposés au projet. « Et là, se lamente Éric Woerth, il n'y a rien de pire qu'un parlementaire qui commence à trifouiller dans la fiscalité[2]. »

Dans les couloirs du ministère, la figure du parlementaire (députés, sénateurs) n'est pas vraiment vénérée. Litote. « Ces types passent la journée à nous solliciter pour obtenir des subventions pour leur circonscription, sans aucun sens de l'intérêt général », balance un ancien du Trésor, passé en cabinet. Dans son bureau de ministre, Axelle Lemaire se dit choquée : « J'ai ressenti de la part de l'administration un immense mépris pour le Parlement et les parlementaires, qui sont vus comme des empêcheurs de tourner en rond. J'ai entendu des phrases comme : "Ces amendements à la con, comment on va les traiter, ça fait chier, c'est du boulot en plus", ou encore "Serre les fesses pour que le texte voté soit le plus conforme possible au texte initial." Il y a cette idée que les rendez-vous

1. Entretien avec les auteurs, le 14 septembre 2016.
2. *Ibid.*

législatifs sont des mauvais moments à passer. D'ailleurs, les parlementaires ne sont jamais reçus par les directeurs d'administration[1] », confie celle qui fut députée des Français de l'étranger.

Évidemment, l'image donnée ici est caricaturale : des responsables politiques vaillants et inspirés, qui verraient systématiquement leurs grandes idées mises à bas par une administration brouillonne et têtue. L'inverse existe aussi. Par exemple, lors de la mise en place d'une allocation d'autonomie pour les personnes âgées. Au début, Bercy conçoit un projet limpide, où les départements distribuent cette aide. Mais l'arbitrage politique coupe la poire en deux : le département versera une moitié de la prestation sociale, l'État versera l'autre. « On passe d'une proposition claire des services à une usine à gaz par le choix du politique, peste Hervé Gaymard, pour des raisons d'équilibre gouvernemental ».

L'appel à un ami

Pour éviter l'ensablement, il arrive que le pouvoir choisisse de contourner Bercy. Et de confier une mission d'expertise à une personnalité qualifiée ou à un comité de spécialistes. Ce fut le cas sous Nicolas Sarkozy, avec la « commission pour la libération de la croissance », présidée par Jacques Attali. C'est aussi le cas sous François

1. Entretien avec les auteurs, le 14 septembre 2016.

Hollande, qui confie un rapport à Louis Gallois, à l'automne 2012.

Ex-patron de la SNCF et d'EADS, homme de gauche mais respecté par le monde de l'entreprise, Louis Gallois est chargé de définir les conditions d'une meilleure compétitivité. Traduisez, une série de mesures pour que la France puisse concurrencer à nouveau ses voisins européens, notamment l'Allemagne, championne industrielle. À Bercy, le Trésor, habituellement chargé de cette thématique, n'est guère coopératif. Vexé ? Sans doute. Même si la lettre de mission, signée par le Premier ministre, stipule que Louis Gallois bénéficiera de l'appui de cette direction, les échanges se font de mauvaise grâce. « À Bercy, nous avons bien vu qu'il n'y avait pas d'enthousiasme », regrette l'entourage de Louis Gallois. Même si le ministère n'est pas complètement absent : l'un des rapporteurs adjoints est inspecteur des Finances, l'autre travaille à la direction des entreprises.

Mine avenante, haute taille et crâne dégarni, Louis Gallois consulte le monde économique : syndicats, patronat, industriels... et prépare dans le plus grand secret ce rapport qui va bouleverser le quinquennat de François Hollande. Afin d'éviter les fuites, Louis Gallois attend le dernier moment, le week-end de la Toussaint, pour rendre son texte. Remis en novembre 2012, son œuvre marque le tournant pro-entreprise du président socialiste. Celui qui suscitera l'essor des parlementaires frondeurs au sein du PS.

Le tournant « social-libéral » de François Hollande aurait-il été possible sans ce rapport, en s'appuyant uniquement sur l'expertise de Bercy ? Beaucoup en doutent. L'entourage de Louis Gallois confie : « Le dogme de Bercy c'était qu'il n'y avait pas besoin d'allégement de charges, parce que ça pèse sur le budget de l'État. Pour eux, quand vous êtes dans une situation de déficit, vous ne dépensez pas 20 milliards d'euros. »

Face à cette pensée dominante du paquebot, seule une personnalité extérieure – qui n'engage qu'elle-même – peut proposer des idées iconoclastes. « On ne m'a pas demandé de faire un rapport de gauche ou de droite, on m'a demandé de faire un rapport sur la compétitivité, j'ai dit ce que je pensais », confie Louis Gallois[1]. Son seul risque : voir le rapport prendre la poussière sur une étagère de Matignon, avec des dizaines de prédécesseurs.

Le 5 novembre 2012, la remise du rapport fait la une de nombreux journaux. Louis Gallois propose un allégement massif et immédiat de cotisations patronales, pour 30 milliards d'euros. Il suggère d'appliquer cet allégement à tous les salaires jusqu'à 3,5 fois le SMIC. À Bercy, l'accueil est contrasté : la direction générale des Entreprises avait défendu le choix retenu, mais le puissant Trésor constate qu'il n'a pas été suivi, lui qui proposait de concentrer les aides sur les bas salaires. Quant à la direction du Budget, elle s'inquiète d'un tel trou dans les caisses de l'État. Alors François Hollande opère la synthèse. Il conserve la trame des propositions du rapport Gallois, mais tranche au milieu : seuls les salaires jusqu'à

1. Entretien avec les auteurs, le 18 mai 2016.

2,5 SMIC seront concernés. Oubliées, les allègements de cotisations pour les salariés… Et le président transforme l'allégement de cotisations patronales (immédiat) en crédit d'impôt (remboursable l'année suivante). Soit un an de gagné pour le bas de laine de l'État, au grand soulagement de la direction du Budget. Contourner Bercy, est-ce la solution ? « La capacité de la machine Bercy à anticiper, à faire de la stratégie est assez faible, note un ancien du cabinet de Dominique Strauss-Kahn. Elle est bonne dans ses missions premières, c'est-à-dire gérer, évaluer, répondre à des questions du ministre, faire des simulations… »

Bon gré mal gré, les services administratifs se sont pliés à la décision. Y compris le Trésor. Son directeur de l'époque, Bruno Bézard, assume : « Ce qu'on aime à Bercy, c'est que les politiques décident. Bien sûr, on préfère qu'ils décident dans le sens de nos propositions, mais on accepte loyalement que les décisions soient différentes. En revanche, ce qu'on déteste c'est qu'aucune décision ne soit prise, comme c'est trop souvent le cas dans l'État[1]. » Dans les ascenseurs qui mènent aux bureaux du Trésor, à l'initiative de Ramon Fernandez, la direction a fait inscrire en toutes lettres les valeurs du lieu. « Ouverture », « engagement » et aussi « loyauté ». Si jamais certains étaient tentés de l'oublier.

Qui bloque ? L'administration, puissante, sûre d'elle et durable ? Ou les responsables politiques, souvent

1. Entretien avec les auteurs, le 17 avril 2016.

insuffisamment préparés, entourés d'un cabinet trop protecteur ?

L'ancien ministre Éric Woerth répond d'un trait d'esprit : « C'est sans doute pratique de mettre la faute sur l'administration – comme l'Europe d'ailleurs – mais c'est souvent quand-même assez vrai[1]. » Dans un sourire, un jeune membre du Trésor confirme à demi-mot : « Si on veut s'opposer à une proposition du ministre, on ne dit pas : "Ce n'est pas possible." On dit : "Ce n'est pas réaliste." »

1. Entretien avec les auteurs, le 14 septembre 2016.

8.

La pensée unique ?

Croyez-le ou non, l'économie de la France tient tout entière dans un classeur. Un classeur de plus en plus gros, un pavé, même. Le Trésor remet ce pavé, surnommé « Rapport sur l'état de l'union » à chaque nouveau ministre, à son arrivée à Bercy. Le document rassemble une centaine de chapitres thématiques, consacrés au livret A, au G20, aux déficits publics, à la réforme des marchés du travail… Un diagnostic de la situation économique française qui s'accompagne de dizaines de propositions de réformes. Une sorte de vademecum pour le nouveau ministre, également remis à Matignon et à l'Élysée.

Que le ministre soit de gauche ou de droite, étonnamment, ce guide des réformes ne change pas. « En réalité, ce classeur est à cinq lignes près le même. On trouvera que c'est atroce ou que c'est très bien[1] », confie Ramon Fernandez, directeur du Trésor jusqu'en 2014. Face à notre mine étonnée, celui qui a dirigé le Trésor sous la droite puis sous la gauche, insiste : « En matière de politique économique, ça va peut-être terroriser vos lecteurs ou peut-être les rassurer, les faits sont têtus sur ce qu'il faut faire ou pas. C'est peut-être la pensée unique. Ou peut-être y a-t-il une réalité qu'il faut regarder en face, et ne pas vivre dans un monde imaginaire. »

Quelles sont donc ces « cinq lignes » ? En 2012, la principale différence portait sur la Banque publique d'investissement, une promesse de campagne de François Hollande. Dans son rapport, le Trésor tentait d'en définir les contours. Mais en dépit du programme du candidat socialiste, nulle mention de la création d'un compte pénibilité, permettant de partir plus tôt à la retraite quand on travaille dans des conditions difficiles. Nulle allusion au départ à la retraite à soixante ans, pour ceux qui ont commencé à travailler jeune. Chaque ministre de Bercy reçoit donc, quelle que soit sa couleur politique, des propositions de réformes quasi similaires.

Cela ne date pas d'hier. Quand le socialiste Laurent Fabius prend à trente-cinq ans le poste de ministre du Budget, son administration lui remet un dossier intitulé « Les risques ». Jean Choussat, alors directeur du Budget, a pris soin de classer le dossier en sous-chemises, chacune correspondant à un risque distinct. Sur la première, en

1. Entretien avec les auteurs, le 14 avril 2016.

grandes lettres noires, le ministre lit : « Risque numéro un : augmentation de l'allocation aux personnes handicapées. » L'intitulé semble peu compatible avec un pouvoir socialiste tout juste élu, qui a promis pendant toute la campagne de renforcer l'aide aux plus défavorisés. Ni une ni deux, Laurent Fabius prend à part son directeur pour lui exprimer son désaccord. « Je lui ai dit : ça c'est une façon de penser qui n'est pas exactement la nôtre, relate Laurent Fabius. Jean Choussat était le gardien du temple budgétaire[1]. » Ces constats administratifs et ces préconisations, poussés à l'extrême, peuvent donner une politique identique quelles que soient les majorités. Droite ou gauche, même combat économique ou presque, si on en croit un jeune fonctionnaire au Trésor. « Je ne vois pas de différence entre les politiques économiques de Hollande et de Sarkozy, nous confie notre interlocuteur qui souhaite rester anonyme. Sauf sur la fiscalité : la gauche a défait la loi TEPA, emblématique du quinquennat Sarkozy (elle prévoyait la défiscalisation des heures supplémentaires), la gauche a augmenté la fiscalité sur les plus riches. Pour le reste… »

La monochromie n'est pourtant pas une fatalité. Au Royaume-Uni, la même administration prépare deux dossiers pour le nouvel arrivant. Un rose pour la gauche, un bleu pour la droite. En France, « nous sommes neutres par définition[2] », revendique Bruno Bézard, directeur du Trésor entre 2014 et 2016. L'administration propose, le

1. Entretien avec les auteurs, le 19 mai 2016.
2. Entretien avec les auteurs, le 17 avril 2016.

pouvoir politique dispose. « Les ministres et leurs cabinets picorent, prennent ou ne prennent pas », poursuit l'ex-directeur.

Emmanuel Macron, la main du système ?

Certains font plus que picorer. Ils engouffrent plat, fromage et dessert. Beaucoup de mesures de la loi Macron prennent leur source dans des propositions de l'administration. Ces propositions remontent parfois à loin, selon un ancien fonctionnaire du Trésor passé ensuite en cabinet : « La libéralisation des professions réglementées, les taxis… Toutes ces mesures d'intensification de la concurrence, ce sont des recommandations historiques de la direction de la Prévision. » Cette direction a disparu en 2004, absorbée par la direction du Trésor. Il s'agit donc de propositions vieilles de plus de douze ans. « Une accumulation de réformettes qui traînaient dans les tiroirs », juge un adjoint du Trésor. La plupart des idées figurent en tout cas noir sur blanc dans le « Rapport sur l'état de l'union » de 2012, à l'arrivée de la majorité socialiste.

« La moitié de l'équipe d'Emmanuel Macron était composée d'inspecteurs des Finances, l'autre d'ingénieurs du corps des Mines, pointe Axelle Lemaire, secrétaire d'État au numérique, concernant son ex-ministre de tutelle. C'était le système qui parle au système[1]. » Ironique, pour Emmanuel Macron qui démissionne de

1. Entretien avec les auteurs, le 20 septembre 2016.

Bercy fin août 2016 sur ces mots : « J'ai touché du doigt les limites du système. »

Étonnant. Le premier à lancer la future loi Macron est… Arnaud Montebourg lui-même, au profil et aux idées pourtant opposés, sur le papier, à ceux de l'ex-banquier d'affaires. Le 10 juillet 2014, peu de temps avant son départ forcé, le chantre de la démondialisation donne une conférence de presse au centre Pierre Mendès-France, à Bercy. Dans la salle, des caméras et des journalistes, mais aussi le numéro un de Force Ouvrière, Jean-Claude Mailly. Arnaud Montebourg, petites lunettes à monture noire sur le nez, annonce :

« Une loi de croissance et de pouvoir d'achat, que nous allons travailler tout l'été avec mes collègues ministres. Elle comprendra une trentaine de mesures destinées à mettre fin aux monopoles ou à les corriger. Et surtout à restituer aux Français, usagers de ces services, le pouvoir d'achat qui leur manque. »

Le ministre vise six milliards de gain pour les ménages, rien qu'en ouvrant ces professions de greffiers, pharmaciens, notaires, taxis… Aujourd'hui pourtant, devant ses proches, Arnaud Montebourg refuse d'être assimilé à la loi Macron. « Ce sont des idées fourguées par Bruxelles, argumente-t-il auprès de son entourage. Après il y a deux manières de faire : soit vous le faites à la sauce libérale et vous n'équilibrez pas, soit vous le faites à la sauce différente. » La sauce différente, autrement dit la sienne.

Réformes inspirées par Bruxelles, *via* la courroie de transmission de l'administration ? Les mesures de la loi viennent aussi pour certaines d'un rapport de l'Inspection générale des finances, prestigieuse agence d'audit bercyenne. L'Inspection des finances, corps d'origine, aussi, d'Emmanuel Macron. « Le “test Macron”, c'est de mettre cinq inspecteurs des finances dans une pièce et de les faire parler d'un sujet, grince notre jeune fonctionnaire du Trésor. À la fin tous ces inspecteurs seront d'accord, contre les 35 heures, pour le revenu universel, la mondialisation heureuse. Vous verrez, ce seront les mêmes positions qu'Emmanuel Macron. » Pas étonnant donc, que le ministre de l'Économie Macron poursuive cette réforme engagée par son prédécesseur. Il ne reprend pas que cela, d'ailleurs. Une bonne partie des conseillers ministériels d'Arnaud Montebourg se retrouvent en 2014 récupérés par le cabinet d'Emmanuel Macron. Dans le cadre de la préparation de la loi, l'équipe reçoit patrons et syndicats. Le locataire du troisième se trouve souvent là aussi, calme et charmeur, sourire aux lèvres. Il s'accroche avec les syndicats contestataires, sur le travail du dimanche et le plafonnement des indemnités prud'homales (censuré plus tard par le Conseil constitutionnel). Jean-Claude Mailly décrit un ministre soutenu bec et ongles par ses services, bien plus qu'Arnaud Montebourg avant lui. « Emmanuel Macron est dans une logique libérale, donc ça colle mieux[1] », estime le numéro un de FO.

1. Entretien avec les auteurs, le 29 avril 2016.

Quant aux autres sujets que pousse Emmanuel Macron, la suppression de l'ISF, la réforme du marché du travail... Ils émanent tous des rapports de l'administration de Bercy. « Macron ne provoque pas de débat aujourd'hui sur des sujets où Bercy n'est pas mobilisé, confirme un fonctionnaire du Trésor. Il n'y a pas de vraie réflexion sur les ouvriers lorrains qui ont perdu leur boulot ni sur les arguments avancés par le FN. » Comme s'il n'y avait finalement qu'une politique, possible. « There Is No Alternative », disait dans les années 1980 Margaret Thatcher.

Le Trésor, ultralibéral ?

« Une administration déloyale et ultralibérale. » Dans les couloirs froids et ouatés de Bercy, la déclaration détonne, heurte, choque. D'autant qu'elle est prononcée par un ministre. Arnaud Montebourg attaque la direction du Trésor, accusée de saboter l'action du gouvernement. Le 26 septembre 2012, le magazine *L'Express* publie cette phrase du ministre du Redressement productif : « Le Trésor n'est pas loyal avec la pensée du gouvernement. Son orientation est clairement ultralibérale. Les modèles économiques qu'il utilise pour bâtir ses prévisions sont libéraux. Il propose toujours les mêmes recettes aux dirigeants de droite comme de gauche et prétend gouverner à la place des ministres. » En privé, Arnaud Montebourg enfonce le clou : « C'est une administration qui a ses propres idées, elle a ses têtes, il faut leur botter les fesses du matin au soir pour qu'ils acceptent l'autorité politique. En réalité, ils sont loyaux avec les ministres qui appliquent leur politique libérale. » Tout à sa colère, Arnaud Montebourg cible ses attaques sur Ramon Fernandez, le directeur du Trésor, qui a eu le malheur d'être nommé par la droite. « Il n'avait rien à faire là, car il était directeur de cabinet d'un ministre sous la mandature précédente [Xavier Bertrand, aux affaires sociales]. Donc sauf à vouloir faire la même politique qu'avant… » Dans les couloirs de Bercy, Arnaud Montebourg se montre encore plus vindicatif. Il surnomme Ramon Fernandez « Ramirez », un diminutif lourd de sens. Ramirez, comme le concierge français incarné par Gérard Jugnot, qui collabore avec l'occupant allemand dans le film *Papy fait de la résistance*. D'autant plus brutal que le grand-père de Ramon Fernandez fut collaborationniste. « Montebourg pouvait-il ne pas le savoir ? » s'interroge un haut fonctionnaire. Conséquence de cette hostilité : le feu couve au Trésor, l'une des plus prestigieuses administrations, peu habituée à se voir malmener publiquement. Les collaborateurs de Ramon Fernandez estiment beaucoup leur directeur et le procès en sabotage intenté par Montebourg les choque : « C'est un peu facile car il sait que l'administration ne peut pas répondre », déplore un membre du Trésor, pourtant le cœur à gauche.

L'affaire prend de telles proportions qu'un autre ministre, Pierre Moscovici, entreprend de jouer les pompiers. Au lendemain des déclarations de son collègue dans *L'Express*, il loue dans une lettre interne la « loyauté » et « la compétence des équipes du ministère et de la direction du Trésor en particulier ». Plusieurs années après, Ramon Fernandez n'a pas digéré les attaques : « Qu'Arnaud Montebourg vise quelqu'un qui avait travaillé pour un autre président de la République, je le comprends. Mais cette attaque contre l'ensemble d'une administration soi-disant déloyale et ultralibérale, c'est risible. Parce que des gens qui seraient ultra-libéraux ne passeraient pas toute leur vie à servir l'État. C'est contradictoire[1]. »

Des années après son passage à Bercy, Laurent Fabius réagit avec ironie aux critiques d'Arnaud Montebourg contre l'administration : « La pensée créative de l'intéressé lui-même reste à définir, s'amuse le président du Conseil constitutionnel, calé dans son fauteuil Empire. Ce sont des gens très travailleurs, très compétents, mais qui ont besoin d'un patron politique. Pas de quelqu'un qui dit : je suis leur chef, il faut que je les suive[2]. » Laurent Fabius nous confie aussi ses conseils pour garder l'esprit libre et le pouvoir d'initiative qui sied au ministre : aller se promener en Corée, s'intéresser à l'ubérisation, qui n'est pas « dans les cartes de l'administration »…

Arnaud Montebourg, lui, ne se limite pas à la « chasse au Trésor ». Dès l'été 2012, il obtient aussi la tête de Jean-Dominique Comolli, nommé par Nicolas Sarkozy pour diriger la très stratégique Agence des participations de l'État (APE). Le ministre a sous ses ordres cette administration, selon la promesse du président de la République.

1. Entretien avec les auteurs, le 14 avril 2016.
2. Entretien avec les auteurs, le 19 mai 2016.

Mais cela se passe mal. Arnaud Montebourg ne le cache pas à ses proches : « Jean-Dominique Comolli a commencé à se répandre dans tout Paris – et tout Bercy – à dire qu'il était hors de question qu'il accepte ma tutelle. Donc je l'ai convoqué et j'ai fait comme chez Lehman Brothers, je lui ai dit : "You're fired." J'ai demandé sa tête en Conseil des ministres. » S'ensuit un long chemin de croix pour le haut fonctionnaire. Il tente de se recaser chez Engie, avec le soutien de Pierre Moscovici. Mais Arnaud Montebourg, rancunier, bloque le processus. Jean-Dominique Comolli appelle chaque mois à l'Agence des participations de l'État sans obtenir de réponse. Il finit par abandonner.

Accoudée à son bureau donnant sur la cour du ministère, Axelle Lemaire soupire. Ses services lui proposent encore un déplacement dans une grande entreprise, elle qui se verrait plutôt visiter les jeunes sociétés en croissance. « Ensemble, elles pèsent plus que le CAC 40 ! » s'exclame la secrétaire d'État au numérique. Et elle poursuit : « Je ne peux pas m'empêcher de penser que le fait d'être de gauche, et de l'assumer, m'a nui. Pour moi, Bercy est une maison de droite. Leur agenda est hyper libéral. Ça se ressent dans les notes qui remontent[1]. » Plusieurs fonctionnaires du Trésor nous confient aussi leur frustration, face à un discours univoque, un manque d'alternative. Repousser l'âge de la retraite, croire aux bienfaits de l'Europe libérale. Cela fait partie de la culture de cette direction. Et elle ne tend pas à la renouveler si l'on

1. Entretien avec les auteurs, le 20 septembre 2016.

en croit cette ex-fonctionnaire chargée de rédiger une note sur l'emploi des seniors : « Il faut ressortir la note d'il y a deux trois ans et dépoussiérer. On ne sait pas inventer des notes nouvelles. »

À Bercy comme ailleurs, rares sont ceux qui revendiquent ouvertement leur libéralisme. Mais la décoration des bureaux en dit parfois plus long qu'un discours. Comme cette affiche, punaisée comme une blague près du bureau d'un conseiller d'Emmanuel Macron : « *If it moves, tax it. If it keeps moving, regulate it. And if it stops moving, subsidize it* » (Une entreprise : si elle bouge, taxez-la ; si elle bouge encore, réglementez-la ; si elle s'arrête de bouger, subventionnez-la). Une façon de dénoncer l'État omniprésent dans l'économie. Une plaisanterie libérale.

Les outils du Trésor ne l'aident guère à sortir des sentiers battus. Investir ? Mauvaise idée si on se fie au logiciel Mésange. « Pour Mésange, l'investissement est vu comme une dépense, jamais comme un générateur de richesses », déplore un grand commis de l'État passé par Bercy. Selon lui, ce modèle économétrique n'intégrerait donc pas l'effet positif de l'investissement multiplicateur de croissance, pourtant théorisé il y a plus de quatre-vingts ans par l'économiste John Maynard Keynes. Plaider pour un État peu interventionniste, quand soi-même on représente l'État, drôle de paradoxe.

Ce libéralisme s'incarne aussi dans des positions très classiques économiquement. La question du salaire minimum continue de fournir un sujet de réflexion aux fonctionnaires du Trésor. À longueur de notes, ils pointent la difficulté croissante à trouver des emplois pour les personnes les moins qualifiées, dans un monde où les robots les auront partiellement remplacées, par exemple aux caisses de supermarché. Cette situation impliquerait de baisser le salaire minimum, selon la loi de l'offre et de la demande. « Dans notre milieu, le discours dominant, indique un jeune fonctionnaire, c'est l'inéluctabilité de la voie Schröder. » En 2003, le chancelier allemand, social-démocrate, a en effet lancé une dérégulation du marché du travail : flexibilité horaire et rémunérations modérées. Au Trésor, on est convaincu que cette loi a joué un rôle crucial dans la baisse du chômage chez notre voisin d'outre-Rhin. « Certains, au Trésor, imaginent même de diminuer le SMIC, rapporte notre interlocuteur. Avec leur courbe, ils regardent jusqu'à combien il faut baisser, c'est très bas. Ça va être le prochain débat. » Ces réflexions ne s'inscrivent jamais explicitement sur les notes au ministre. Trop risqué. Mais elles mûrissent au sein de l'influente direction.

Sur les 35 heures de travail hebdomadaire, la religion est faite depuis longtemps. Depuis le départ en fait. Avant même sa naissance officielle, Bercy souhaite le pire à ce projet porté par Lionel Jospin. Quelle est donc cette réforme qui risque de couler la compétitivité des entreprises ? Jean Pisani-Ferry peut attester de la mauvaise volonté des services. Il occupe entre 1997 et 2000 le poste de conseiller économique de Dominique Strauss-Kahn : « Sur les 35 heures, l'administration proposait plutôt de minimiser les dégâts, raconte l'actuel patron de France-Stratégie. L'idéal de la minimisation des dégâts étant de ne pas le faire en prétendant le faire[1]. » À propos des services de Bercy, l'économiste s'empresse d'ajouter : « Mais ils ont toujours été loyaux. » Loyaux certes mais persistants. Revenir sur les 35 heures fait partie des mesures régulièrement proposées aux nouveaux ministres pour faire des économies. Il faut dire qu'elles s'accompagnent d'exonérations de cotisations sociales et représentent une ligne de douze milliards par an dans le budget de l'État. Somme qui ne tient pas compte, bien sûr, de l'effet éventuel de cette limite hebdomadaire sur l'emploi.

L'empire du « milieu »

Le Trésor cultive ses relations avec les professionnels de la banque et de l'assurance. Des réunions ont lieu deux fois par mois. Impossible de se passer de l'avis de la « place » – quand on régit son activité. « C'est la même chose dans tous les ministères, se justifie un fonctionnaire du Trésor. Le ministère de l'Agriculture écoute les agriculteurs, celui de l'Éducation nationale est attentif aux profs, le ministère des Finances fait entendre la voix du monde financier, c'est normal. Après, la question est celle de la distance par rapport à ce message. » La limite entre la simple consultation et le lobbying peut en effet s'avérer floue.

1. Entretien avec les auteurs, le 4 avril 2016.

Cette pensée pro-entreprise portée par le Trésor se diffuse dans les cabinets ministériels, de droite comme de gauche. Parmi nos interlocuteurs, d'anciens membres d'équipes politiques de gauche, de Delors à Dominique Strauss-Kahn, revendiquent même cette vision favorable au marché. « Bercy, c'est aussi l'endroit où on est à l'écoute, attentif aux besoins du monde de l'entreprise. C'est une philosophie partagée par tous, au Trésor en particulier, décrypte Daniel Lebègue, ancien directeur du Trésor passé au cabinet Delors. L'attention portée au monde des entreprises et de la finance, c'est très important ! Il faut défendre les intérêts de la première banque en Europe, qui est française et s'appelle BNP-Paribas[1] ! »

Voilà résumée et – admettons-le – légèrement caricaturée la pensée du Trésor. Défavorable aux 35 heures, pro-entreprise, enclin à baisser les salaires pour favoriser l'emploi, à reporter l'âge de la retraite pour soutenir la croissance, et méfiant vis-à-vis de l'intervention de l'État, fût-elle sous forme d'investissement. Tout cela ne figure pas dans un manuel, un guide touristique pour nouvel embauché au Trésor. « Toute la ligne politique est implicite, explique un fonctionnaire. Il n'y a jamais aucune objectivation des buts poursuivis. » Pour s'assurer que la nouvelle recrue rentre bien dans les clous, ses supérieurs la testent. Lorsque arrive le moment de rédiger sa première note au ministre – le Graal pour un jeune adjoint – la hiérarchie scrute chaque point, appelle l'auteur si besoin.

1. Entretien avec les auteurs, le 29 février 2016.

Une ligne idéologique diffuse, tacite mais prégnante. Pro-Bruxelles aussi.

« Dès l'ENA, on sait que le Trésor est plutôt libéral, plutôt pro-construction européenne », résume l'un de ses brillants éléments. Au point d'agacer les ministres les plus interventionnistes. Les équipes du Trésor se rappellent un Arnaud Montebourg très désireux de distribuer des aides d'État aux entreprises tricolores en difficulté. La plupart du temps, l'Union européenne interdit ces aides. Le ministre se heurtait donc régulièrement aux réponses négatives de l'administration. « Une aide d'État, c'est un crime ? Je ne vois pas en quoi c'est un crime d'aider ! » s'exclamait le ministre. « Mon sujet ce n'est pas que vous me disiez que vous ne pouvez pas, c'est qu'on s'organise pour qu'on puisse faire ! » Eurobéate, l'administration ? Le secrétaire général de Bercy, Laurent de Jekhowsky, refuse de l'admettre. Lui qui pilote les fonctionnaires de Bercy depuis son bureau du bâtiment Colbert a une tout autre explication : « L'administration n'est pas la seule responsable, c'est plutôt la classe politique. J'ai plutôt le sentiment qu'il n'y a pas d'idées nouvelles à aller chercher. Je crois que, politiques ou administration, on en a tous fait le tour. Et on a un système politico-administratif qui empêche finalement d'innover[1]. »

Bercy, chantre d'un libéralisme sauvage et débridé ? Évidemment, la nuance s'impose. À l'intérieur du paquebot, chaque direction a son propre discours, son idéologie et son agenda.

1. Entretien avec les auteurs le 17 mai 2016.

Les « moines-soldats », impôts et Budget

À chaque administration sa doctrine. L'ambition des directions des Impôts et du Budget tient en quelques mots : trouver et garder l'argent. « Nous, on dit plutôt qu'il faut réduire les dépenses, baisser les déficits, puis baisser les impôts. Pas l'inverse[1] ! » insiste le directeur du Budget, Denis Morin. Un euro est un euro, voilà la règle. Il doit déployer le maximum de son efficacité là où le gouvernement l'investit. Le directeur regrette de ne pas être toujours écouté sur le sujet, et pour cause. « Quand vous discutez avec un budgétaire vous avez vraiment l'impression d'être avec un joueur de bonneteau, s'amuse Jean Pisani-Ferry, économiste et ancien conseiller au cabinet de Dominique Strauss-Kahn. Vous perdez toujours à la fin ! Ils ont l'intelligence des gens qui ont un seul objectif, en l'espèce, économiser l'argent public. Donc tout est permis, ils sont d'une habileté diabolique. Le problème, c'est que vous ne créez pas une culture de la responsabilité[2]. »

Lorsqu'il arrive à Bercy, au printemps 2010, François Baroin reçoit de ses services une dizaine de pages. Des pistes pour dénicher de l'argent en cette période de crise. Tout est chiffré, le ministre du Budget sait ce que coûterait ou rapporterait telle ou telle décision. « En revanche, c'était très fiscal, très budgétaire, se souvient l'ex-ministre, un peu moqueur. Les conséquences politiques, les populations

1. Entretien avec les auteurs, le 27 septembre 2016.
2. Entretien avec les auteurs, le 4 avril 2016.

concernées, pour tout ça, il fallait demander des notes complémentaires[1]. » Interlocuteur régulier de Bercy, l'entrepreneur Jean-David Chamboredon confirme : « Quand il y a une mesure un peu horizontale, ils ne savent pas dire quel est l'impact détaillé sur les grosses PME, les plus petites, sur les entreprises plus anciennes ou les plus jeunes. Ils savent calculer combien rapporte un demi-point de CSG supplémentaire, mais sont incapables d'évaluer le coût d'une réforme. Bercy est très mal outillé[2] ! » témoigne le fondateur du fonds d'investissement Isai, à l'origine de la révolte des « Pigeons », ce mouvement des fondateurs de startups contre une fiscalité trop lourde.

Autre doctrine défendue par Bercy : il vaut toujours mieux un manque à gagner qu'une dépense supplémentaire. En clair, les services préfèrent créer ou perpétuer une niche fiscale plutôt que de débourser de l'argent. « On préfère toujours faire du budgétaire déguisé que décaisser », traduit François Baroin en langage bercyen. Une aversion confirmée par les syndicats du ministère. Plusieurs nous rapportent la difficulté de leurs collègues à signer des chèques à l'époque du bouclier fiscal, sous le quinquennat Sarkozy.

Cette défense de la fiscalité et de l'argent public, Jean-David Chamboredon l'a constatée en 2013. Le président du fonds d'investissement Isai spécialisé dans l'Internet se bat pour que les petites entreprises profitent de la réforme de l'assurance-vie. Il souhaite qu'une partie de l'argent

1. Entretien avec les auteurs, le 27 avril 2016.
2. Entretien avec l'un des auteurs, le 14 décembre 2015.

aille vers le capital-risque, ces prises de participations minoritaires dans des startups. « Côté budget et fiscalité, à Bercy, on vous dit que l'assurance-vie est un paradis fiscal, qu'il faudrait tout taxer, relate l'investisseur devant une tasse de thé fumante. Ils bloquent les projets qui servent à simplifier et assouplir la fiscalité. Leur logique c'est : comment taxer des choses qui ne sont pas taxées ? C'est assez monomaniaque[1]. »

Penser « hors de la boîte »

L'administration serait donc libérale, conformiste et rétive à dépenser ses deniers. Impossible d'y penser « hors de la boîte », selon ses détracteurs. Mais les contraintes, on l'oublierait presque, ne relèvent pas de la seule responsabilité des services de Bercy. Pour chaque mesure nouvelle, se posent immanquablement les questions suivantes : cette mesure est-elle conforme à la Constitution ? Peut-on la mettre en œuvre vu la situation budgétaire ? Respecte-t-elle les règles européennes ? Un ancien conseiller ministériel soupire : « C'est très dur. On ne peut pas accorder d'aides publiques d'État, ni bouger la TVA, ni creuser le déficit. Un ministre gère la conjonction des contraintes. Bercy a tendance à avoir une interprétation ultra-rigoriste des textes européens. »

Le rôle de l'administration est de rappeler le monde tel qu'il est. Donc précisément de ne pas faire fi de ces

1. Entretien avec l'un des auteurs, le 14 décembre 2015.

contraintes. Les fonctionnaires du Budget pensent même que cette vigilance a permis à la France d'échapper au pire : « Ils sont persuadés que c'est grâce à eux que la France n'est pas l'Italie [la dette de la France atteint 100 % du PIB contre 130 % à l'Italie], nous glisse un économiste passé par les cabinets ministériels. C'est aussi ce que je pense. » Tenir bon et accepter les règles de l'économie de marché, difficile de faire autrement pour une administration confrontée au quotidien à la réalité des politiques publiques. « Dans ce monde-là, tripler le SMIC n'a pas de sens », constate un jeune fonctionnaire, le cœur à gauche. De l'aveu même de ses anciens dirigeants, le Trésor se trouve au cœur de la pensée dominante, la même que celle du FMI ou de l'OCDE, l'organisation qui réunit les pays développés.

D'un côté, une administration qui pense la politique dans un monde contraint, de l'autre un politique parfois épris de nouveauté mais potentiellement hors-sol. Cela donne des dialogues de sourds, comme celui qui se déroule au début du quinquennat Hollande. Ramon Fernandez, directeur du Trésor, raconte son entrevue avec un conseiller du nouveau président :

— Je sais que le chef de l'État veut aligner la fiscalité du capital sur celle du travail, permettez-moi de vous faire part de mes doutes, commence le haut fonctionnaire.

— J'entends vos réserves, mais c'est une mesure de gauche.

— Elle est sûrement de gauche, mais être de gauche ne suffit pas, elle a sûrement un sens ?

— …

« A man's man's world »

La blonde Axelle Lemaire tombe des nues en ce printemps 2014, quand elle arrive au troisième étage de Bercy. La secrétaire d'État au Numérique se dirige vers son bureau et croise un conseiller du ministre de l'Économie, affairé. Il lui lance : « Ah, vous êtes la nouvelle secrétaire ? »

Simple maladresse ou symptôme d'une réalité plus crue ? Vous l'avez peut-être remarqué, la plupart des interlocuteurs cités jusqu'ici sont des hommes. Le ministère de l'Économie et des Finances concentre beaucoup de pouvoir, et le pouvoir se conjugue encore au masculin. À Bercy le nombre de costumes anthracite dépasse de bien loin celui des tailleurs et des escarpins. Sous la cinquième République, on y compte seulement deux femmes ministres de plein exercice : Christine Lagarde, aux Finances, et Valérie Pécresse, au Budget. Les autres se voient souvent confier des portefeuilles jugés plus anecdotiques, de la Consommation au Numérique, en passant par l'Artisanat.

De source officielle à Bercy, les femmes n'occupent que 23 % des emplois de direction du ministère. Un chiffre qui devrait progresser, puisque les femmes représentent aussi presque 36 % des nominations à des postes d'encadrement en 2015, mieux que ce qu'exige la loi. Le ministère a d'ailleurs obtenu le « label diversité ». Pour autant, pas de quoi atteindre la parité demain. Et l'homogénéité bercyenne ne se résume pas à cette surreprésentation masculine. Mêmes études, mêmes corps, mêmes formations : la famille Bercy reste encore largement endogame.

ENA, Mines, Insee

Attablé à la terrasse d'un café, face au ministère des Finances, un jeune conseiller ministériel touille son expresso, l'air blasé. « Concernant les impôts, la puissance ne se trouve ni chez Christian Eckert ni chez Michel Sapin mais à la DGFIP (la direction des impôts). Pareil, chez Emmanuel Macron. C'est l'énarchie qui gouverne Bercy. Ce sont les inspecteurs des finances qui pondent l'ensemble des politiques à Bercy. Ensuite, elles sont portées par les ministres qui sont là. » Propos bien désenchantés pour un contractuel au ministère depuis seulement deux ans.

Dans son bureau du paquebot, à quelques mètres à peine, mais à mille lieues de ces réflexions, la DRH de Bercy nous parle du recrutement de la maison. « La direction du Budget est très métissée », avance Isabelle Braun-Lemaire. Métissée ? La directrice se souvient avec admiration du passage de François Villeroy de Galhau à la tête de la Direction générale des impôts. « À la DGI, incroyable, on ne recrutait que des énarques et il a mis des administrateurs Insee ! » Le comble du métissage, pour Bercy. Car le ministère recrute la majorité de ses hauts fonctionnaires au sein de l'élite issue des grandes écoles, des « grands corps », comme on dit dans l'administration. Trois filières se partagent l'essentiel des places :

l'ENA (administrateurs civils et inspecteurs des finances), les ingénieurs des Mines (parfois Polytechnique et Ponts et chaussées), et l'Insee (administrateurs ou inspecteurs). « L'inconvénient de Bercy c'est que c'est un peu uniforme comme recrutement[1] », remarque avec une pointe de malice Jean Pisani-Ferry, ancien conseiller de Dominique Strauss-Kahn et aujourd'hui patron de France Stratégie.

En mai 2016, pour prendre le poste de directeur du Trésor, s'affrontent trois favorites : Claire Waysand, directrice de cabinet de Michel Sapin et polytechnicienne passée par l'Insee, Sandrine Duchêne, polytechnicienne également, et Odile Renaud-Basso, énarque passée par la Caisse des dépôts. Peu d'universitaires, donc, pour venir diversifier la réflexion.

Un jeune fonctionnaire du Trésor se remémore ses années à l'ENA : « On nous soumettait des cas pratiques, conçus par des gens du Trésor. Et nous avions une bonne note quand on avait bien capté l'esprit de la direction générale du Trésor. » Et notre interlocuteur décrit : « Par exemple, considérer que le problème des agriculteurs, ce sont les subventions publiques, par principe mauvaises. Mais surtout pas que c'est la faute à la déréglementation et au libre-échange. » Selon le dogme, le marché est positif, l'intervention publique plutôt dangereuse. Laurent de Jekhowsky, secrétaire général de Bercy, vient lui-même de l'ENA et siège au conseil d'administration de la grande école. Il tient à nuancer ce jugement : « À l'ENA on

1. Entretien avec les auteurs, le 4 avril 2016.

modifie la scolarité et les conditions de recrutement », affirme le calme haut fonctionnaire. « Mais je suis convaincu qu'on ne peut pas uniquement faire avec ces trois corps, ENA, Mines et Insee. » « L'homogénéité ne donne pas la prime à la créativité », confirme un grand commis de l'État, passé par l'ENA et Bercy. Reste à savoir attirer et garder des cadres venus d'ailleurs. Depuis les années 2000, un concours permet de recruter des salariés du privé, élus locaux et associatifs.

Dans le même but, la direction du Budget tente d'innover. Depuis peu, elle recrute *via* les réseaux sociaux, principalement le réseau professionnel LinkedIn. Cette méthode séduit des diplômés d'écoles de commerce, en majorité HEC. Pas de quoi pour autant révolutionner les façons de penser. « Au bout d'un an, on ne voit plus la différence entre le jeune qui sort d'école de commerce et un administrateur civil classique, affirme l'énergique DRH Isabelle Braun-Lemaire. Ils rentrent dans le moule du budget. Ils se remettent dans les pantoufles[1]. » Cette constance s'explique notamment par les mobilités rapides des jeunes recrues. Pour rester attractive, la machine les fait changer de postes tous les deux ou trois ans. « Quand on n'est que de passage, on n'innove pas », résume la directrice des ressources humaines.

Cette homogénéité de la pensée s'applique aussi aux cabinets. À Bercy, l'entourage des ministres, souvent issu des administrations, est moins politique et plus technique qu'ailleurs. Un changement de ministre n'implique

1. Entretien avec les auteurs, le 14 juin 2016.

donc pas forcément de changer tous les conseillers. Au Budget, Bernard Cazeneuve a conservé la quasi-totalité de l'équipe du démissionnaire Jérôme Cahuzac. Qui veut révolutionner les équipes peut d'ailleurs rencontrer bien des obstacles, à l'image d'Axelle Lemaire. À son arrivée en avril 2014, la secrétaire d'État au Numérique entend nommer ses collaborateurs à sa guise. Elle arrive avec des ingénieurs, juristes, anciens de la région Île-de-France… Pas des marginaux, non, mais aucun n'est à la fois issu de grands corps et d'une direction administrative. Axelle Lemaire déchante vite : « Concrètement, cette équipe a eu beaucoup de difficultés à faire avancer les dossiers. Quand on n'est pas du sérail, pas de la même promo, pas du même corps, même dans un cabinet politique, il n'y a pas de réponse aux e-mails, aux coups de fil, pas de suivi des dossiers de la part des services administratifs[1]. » Problématique, quand on prépare une grande loi numérique. La secrétaire d'État doit changer de stratégie. À l'été 2015, elle embauche Alexandre Tisserant et Florent de Bodman, tous deux issus de la direction du Budget. L'un devient directeur de cabinet adjoint, l'autre conseiller open data. La différence est radicale : « Là, ça a commencé à dépoter, raconte la ministre. J'ai vu l'avant et l'après. Ce qui pour moi évidemment pose problème. »

Ce fonctionnement en réseau fermé et monochrome supporte bien sûr des contre-exemples. Des voix au Trésor dénoncent l'accent mis sur la baisse des déficits en 2013 alors que la France subit une récession. D'autres

1. Entretien avec les auteurs, le 20 septembre 2016.

critiquent le programme de rigueur imposé à la Grèce, en pleine crise. Ces réflexions nourrissent des notes au ministre. « Le pouvoir politique n'en fait rien », rumine un jeune fonctionnaire. « On reproche à ce ministère de ne pas être assez ouvert sur l'entreprise, sur la vie réelle des entreprises, des collectivités locales et l'extérieur, admet Laurent de Jekhowsky, son secrétaire général. Ce reproche me semble fondé[1]. »

Allô, l'économie réelle ?

Cheveux argentés, regard bleu et décidé, quelques rides de sourire au coin des yeux qui en atténuent la sévérité, Alain Griset fait partie de ceux qui mesurent bien l'écart entre les plans du paquebot et l'économie concrète, celle des entreprises. Cet artisan taxi tout juste nommé président de l'Union professionnelle des artisans brandit crânement son parcours de « bac moins huit » face à des hauts fonctionnaires et politiques autrement plus capés. Il se montre intarissable sur ces anecdotes absurdes qui émaillent son quotidien. Dès son élection, François Hollande avait clamé l'importance de l'apprentissage pour les jeunes. Mais en juin 2013, l'exécutif annonce l'arrêt de la prime à l'embauche et du crédit d'impôt lié aux apprentis. Le nombre d'apprentis plonge en 2013. Conclusion, selon le représentant des artisans : « Il fallait trois cents millions d'économies, Bercy a trouvé trois

1. Entretien avec les auteurs, le 17 mai 2016.

cents millions. Il y a un mec qui tient la ligne budgétaire et dit "voilà, j'enlève ça", sans même qu'un travail soit fait pour voir les conséquences que cette décision va avoir. » Un exemple parmi d'autres.

Alain Griset regrette que cette administration de qualité préfère « réglementer, contrôler, sanctionner. Ce que je voudrais c'est qu'ils facilitent, accompagnent, conseillent ». Notre interlocuteur pense notamment à la surtaxation des bénéfices. Quand un artisan ne fait pas appel à un centre de gestion agréé, l'État applique à son revenu une taxe de 25 % supplémentaire. Façon de favoriser l'appel à des comptables vérifiés, contrôlés. « Une présomption de fraude », s'agace le président de l'UPA.

Les PME ont-elles droit de cité à Bercy ? Les petites entreprises dominent le tissu économique, mais les règles semblent pensées pour les grandes. Les exemples ne manquent pas : du CICE qui baisse le coût du travail, jusqu'au compte pénibilité[1], en passant par les impôts si facilement minorés par les grandes entreprises. Artisans, CGPME, startups, tous s'accordent sur ce constat. Même le Medef : « Bercy est encore très macroéconomique, constate un haut cadre de l'organisation. Ces gens ont la culture de la modélisation. Ils ne se rendent pas compte que l'économie, ce ne sont pas uniquement les marchés mondiaux, les cycles économiques mais surtout la somme des décisions des entrepreneurs individuels.

1. Système qui permet aux salariés de partir à la retraite plus tôt quand ils exercent un métier difficile.

C'est à chaque entreprise qu'il faut que les politiques parlent. » Pour ça il leur faudrait connaître ces entreprises, y avoir passé un peu de temps. Les fonctionnaires se voient souvent reprocher leur méconnaissance du tissu économique. « La force de ce ministère est longtemps venue de la prédominance pour les considérations budgétaires, admet Laurent Fabius, ex-ministre devenu président du Conseil constitutionnel. On en paie le prix aujourd'hui[1]. »

Faut-il y voir un signe ? La Direction générale des entreprises, spécialiste de la microéconomie et des questions sectorielles, occupe depuis 2012 des locaux dispersés entre Ivry-sur-Seine (Val-de-Marne) et le XIIIe arrondissement parisien. Bien loin des yeux et du cœur de Bercy. « Ça tombe mal », reconnaît le directeur général des Entreprises, Pascal Faure. Mais pour lui cette localisation relève plutôt de raisons pratiques : « Nous occupions des locaux loués, donc nous étions de bons candidats au déménagement. » Cette direction compte sept cents agents au niveau central, six cent cinquante répartis dans les départements. Une goutte d'eau par rapport aux effectifs pléthoriques des impôts. Le DGE le reconnaît : « La culture dominante de Bercy est économique et financière, c'est la culture des banques. La vision de l'économie à travers son financement plutôt que ses entreprises. » Mais le directeur des entreprises veut croire que les choses changent depuis 2008, année de la crise et d'une prise de conscience brutale « si on ne s'occupe pas des entreprises,

1. Entretien avec les auteurs, le 19 mai 2016.

on se fait ratatiner[1] ». Cette direction qui se veut porte-voix des entreprises françaises a retrouvé une place incontournable, pense son patron. La preuve, selon lui : lorsqu'il a quitté le ministère en août 2016, Emmanuel Macron a remercié toute l'administration de Bercy. Dans le discours du ministre, la DGE occupait la première place.

Renouer le contact avec le privé

Les temps changent. D'après notre enquête, le ministère a d'ailleurs recruté, en toute discrétion, un chasseur de têtes issu du privé. Sa mission consiste à sélectionner des profils moins traditionnels, plus proches du monde de l'entreprise. Cet homme, chargé de diversifier l'équipage du paquebot, nous avons pu nous entretenir avec lui. « Pour choisir entre deux chefs de bureau, ce n'est pas uniquement le classement de sortie d'école qui compte, il y a aussi la matière humaine, indique notre interlocuteur. Le cinquième de sa promotion en sortie de l'ENA n'est pas forcément meilleur manager qu'un autre, qui aura fait des études moins prestigieuses mais sera plus compétent et plus humain. » L'arrivée d'un chasseur de têtes du privé demeure manifestement un sujet sensible : le secrétaire général du ministère ne nous confirme pas son existence lorsque nous le rencontrons. Laurent de Jekhowsky admet simplement, du bout des lèvres : « Ça fait partie

1. Entretien avec l'un des auteurs, le 19 septembre 2016.

des outils qu'on envisage d'utiliser. Effectivement, ça n'appartient pas à nos traditions, mais on cherche à développer ce genre de dispositifs. »

Les choses sont plus compliquées qu'il n'y paraît. Pour attirer des salariés du privé, la rémunération devient rapidement un problème. Sur les postes à responsabilité, une rémunération privée peut atteindre deux à trois fois celle de son équivalent du public. Les diplômés d'école de commerce recrutés au Budget se laissent tenter par les cabinets de consultants au bout de quelques années d'expérience. Un grand banquier pressenti à Bercy a récemment renoncé à un poste prestigieux, car il divisait ses émoluments par quatre ! Le ministère s'autorise parfois à s'affranchir des grilles salariales, pour des postes de contractuels aux compétences rares dans la fonction publique – spécialistes de la communication, par exemple – ou pour des emplois à haute responsabilité. Mais, sous l'œil vigilant de la Cour des comptes, pas question de viser les sommets. Une ancienne directrice d'administration s'amuse de ce décalage, qui lui a permis de garder son poste : « Le président souhaitait me remplacer par quelqu'un du privé. Il a cherché, et toutes les personnes contactées ont refusé, pour des raisons financières. »

Une autre réticence existe : d'expérience, les recrutements venus du privés ne fonctionnent pas toujours. Les nouveaux venus doivent intégrer les codes du ministère, ses rythmes, ses chaînes de décision et ses hiérarchies. Dès les premiers jours au paquebot, Régis Turrini découvre qu'il n'a pas la liberté d'embaucher. Une première contrariété pour ce directeur de l'APE (Agence des participations de l'État), venu du privé, et peu habitué à ces atermoiements. À son arrivée, il a urgemment besoin d'un juriste et fait donc une demande aux ressources humaines. Un an après, le poste reste inoccupé, malgré ses relances. Dans le même temps, le cadre s'aperçoit qu'il doit notifier la moindre de ses décisions à toute une série d'interlocuteurs, à Bercy, à Matignon et à l'Élysée. Chacun à son mot à dire. « L'État se mêle de tout, il fait du micro-management[1] », peste aujourd'hui Régis Turrini. Une puissance publique peu encline à donner suite aux initiatives, mais très présente dans les procédures. Au bout d'un an, lassé, agacé, le commissaire aux participations comprend qu'il ferait mieux de repartir. Il occupe désormais de hautes fonctions au sein du groupe SFR.

Et encore, Régis Turrini n'a pas subi le syndrome du « petit con venu du privé ». « Vous avez mille personnes sous vos ordres, et un petit con de vingt-quatre ans qui arrive du privé vous dit "Vous êtes sûr d'avoir bien regardé ça ?" », raconte un cadre, dans la maison depuis plus de vingt ans. Avant d'ajouter en riant : « Alors le fameux oxygène du privé… je ne sais pas, vous voyez. » Même les plus ardents partisans de cette oxygénation en reviennent. À son arrivée à la direction du Trésor, Bruno Bézard a pris le parti d'effectuer la moitié de ses recrutements dans les entreprises. « On a été déçu. C'est bien de diversifier mais il ne faut pas céder aux modes », admet-il

1. Entretien avec les auteurs, le 21 juillet 2016.

devant ses collègues, jugeant que les recrues du privé n'étaient pas franchement plus créatives que les autres.

Encore faut-il pouvoir les intégrer, ces recrues. À Bercy, la progression est très codifiée. Un adjoint devient chef de bureau, puis sous-directeur, puis chef de service. La voie toute tracée intègre difficilement les « intrus ». De fait, les responsabilités intermédiaires sont quasi interdites aux personnes issues de l'entreprise – comme aux universitaires, d'ailleurs.

Enfin, vu du privé, la case Bercy présente peu d'attraits. Les règles de déontologie peuvent dissuader de bons candidats. Pour prévenir les conflits d'intérêt, les anciens de Bercy se voient en effet interdire (pendant trois ans) de travailler dans une entreprise ou dans un secteur dont ils ont eu la charge. Difficile, donc, de trouver un métier en sortant.

Trouver des solutions intermédiaires

Pour oxygéner son administration, le ministère encourage toutefois les escapades dans le privé. Elles peuvent durer jusqu'à dix ans. L'objectif ? Enrichir les compétences des fonctionnaires mais aussi éviter la frustration qui s'empare de certains cadres, freinés dans leur progression autour de la cinquantaine, alors que la durée de la vie active s'allonge. « Malheureusement, aujourd'hui c'est plus compliqué d'aller travailler dans le privé, crise oblige », regrette Laurent de Jekhowsky, yeux bleu-gris et cravate impeccable.

D'autant plus que les talents de Bercy s'exportent difficilement. Prenez la DRH, elle-même, Isabelle Braun-Lemaire. Dans ses fonctions précédentes au ministère, elle a mis en place la déclaration de revenus en ligne. À la tête d'une équipe de mille personnes, elle a bâti cette innovation qui facilite la vie de trente-quatre millions de contribuables. Lors d'un entretien avec une grande entreprise, la DRH se voit proposer un poste avec la responsabilité de cent cinquante personnes seulement. Bien en deçà donc de ses responsabilités à Bercy. Le langage administratif n'aide pas à valoriser les CV. « Par exemple, un chef de service, dans le privé, ils ne savent pas ce que c'est, soupire Isabelle Braun-Lemaire. Ma mère, quand je lui parle de chef de service, elle croit que c'est l'homme de base[1]. » Or le chef de service à Bercy peut endosser de grandes responsabilités.

Dans le sens retour, pour profiter de ces expériences, Bercy tente de faire revenir en priorité les anciens de la maison. « Parfois, les profils qui nous intéressent sont passés par le ministère, puis ils sont partis dans des cabinets comme le BCG ou Mc Kinsey, relate notre chasseur de têtes. Ils ne s'y épanouissent pas toujours. Là-bas, il ne suffit plus de faire une note. Il y a un client en face, qui peut demander de refaire, et refaire encore. C'est parfois une claque, alors ils peuvent revenir dans le public. » Dans ce monde économique hostile et inquiétant, Bercy a bien trop de travail à faire pour construire des parcours cohérents à ses cadres, pour recruter massivement dans les entreprises.

1. Entretien avec les auteurs, le 14 juin 2016.

Le vieux paquebot tente tout de même de s'inspirer des hors-bords du privé. Bercy compte, par exemple, généraliser les évaluations des cadres. Ils seront notés à la fois par leurs subordonnés et leurs supérieurs. Une pratique déjà importée par Ramon Fernandez à la direction du Trésor. Les documents restent anonymes et seul l'évalué sait ce qu'on dit de lui. Il peut s'en servir pour progresser, revoir ses pratiques. « Ce n'est pas un entretien annuel, mais un outil de développement personnel », explique la directrice des ressources humaines.

Certains fonctionnaires demandent aussi à effectuer des stages pour se familiariser avec le secteur qu'ils vont suivre au ministère. Il y a quelques années, un jeune diplômé de l'ENA arrive au Trésor et se voit chargé de réglementer une forme particulièrement complexe de produits financiers. Le jeune homme sollicite son supérieur : « J'aimerais faire un stage dans une salle de trading. » Mine interloquée du cadre. « Si je ne sais pas faire ce produit, je ne peux pas le réglementer », se justifie la jeune recrue. L'encadrement finit par accepter la requête. « On m'a dit oui, mais ce n'était pas commun », raconte aujourd'hui notre homme, encore étonné.

Pour enrichir la pensée au sein de Bercy, les stages dans le privé représentent donc une solution. Les parcours diversifiés en sont une autre. Certains fonctionnaires passent quelques mois, voire quelques années sur le terrain. Le secrétaire général de Bercy, lui-même, salue les bienfaits de son passage dans un service départemental de la Drôme avec quatre cents agents et un objectif d'économies à atteindre. « Si j'avais fait ça avant de me retrouver à la direction du Budget, je ne sais pas si j'aurais préparé le budget de la même façon, admet le haut fonctionnaire. Quand on doit faire des économies, il faut repérer les endroits où il y a des marges acceptables socialement. Pour ça, il faut avoir fait tourner concrètement un service avec ses partenaires, ses syndicats. »

L'imagination au (sein du) pouvoir

Un jour de mai 2016, nous nous rendons, comme souvent, à un rendez-vous à Bercy. Un cadre de la maison chargé de la communication nous accompagne. Au détour d'un couloir, nous croisons un de ses collègues : « J'étais en train de leur parler du pouvoir d'innovation des fonctionnaires ! » sourit notre accompagnateur. Éclat de rire de son collègue, en guise de réponse. « Et ils y croient, en plus ! »

Ce manque d'imagination empêcherait même de voir venir les crises, si l'on en croit un conseiller en poste dans les années 1990. « Cette homogénéité rend l'administration peu capable de traiter des problèmes nouveaux, c'était très frappant au moment de la crise de la zone euro, note ce spécialiste. Ça faisait appel à des choses longues. Les gens qui comprenaient bien étaient ceux qui avaient de la profondeur historique. À Bercy, les gens n'ont pas beaucoup de culture historique. Je me rappelle en 1997, la crise asiatique avait déstabilisé la maison, il n'y avait pas assez de capteurs. »

Au siège du Medef, Michel Guilbaud, costume élégant, dresse un constat similaire. Le directeur général de l'organisation patronale se souvient de ses années à Bercy. « Quand j'étais jeune fonctionnaire, nous passions quatre mois à préparer un dossier et quand le président de la République faisait sa conférence de presse tout était dans le dossier de presse, déjà instruit et décidé. Maintenant, et c'est le cas au moins depuis Sarkozy, il y a d'abord l'annonce, et ensuite on se demande comment on va faire[1]. » Les ministres, pressés par l'accélération du temps médiatique (chaînes d'info continue, réseaux sociaux), dégainent leurs propositions au plus vite. Et tel le lapin blanc d'Alice au pays des merveilles, l'administration de Bercy, elle, court après le temps.

La plupart des anciens nous confirment ces commandes de plus en plus nombreuses, de plus en plus rapides. « Les directeurs sont emmerdés pour des queues de cerise ! » s'indigne une haut fonctionnaire. Quand on passe ses journées à répondre aux demandes du politique, comment réfléchir à des solutions à long terme, comment imaginer des propositions innovantes pour un futur ministre ?

Les cabinets ministériels contribuent aussi à diminuer la créativité des administrations. Ils recrutent beaucoup de bons éléments dans les directions, qui s'en retrouvent donc privées. Mais le système du paquebot lui-même peut noyer les bonnes idées, si on en croit le secrétaire général du ministère. « Le fonctionnement de l'État est le principal

1. Entretien avec les auteurs, le 1er septembre 2016.

frein à l'innovation, déplore Laurent de Jekhowsky. Entre législatif et exécutif, puis dans les réunions interministérielles, dans les cabinets et les services, tout ça crée un ensemble de superstructures, qui au lieu de s'aider, de produire un système plus efficace, se superposent, se neutralisent, voire brident toute capacité d'innovation. » Administration compétente et mobilisée, politiques volontaires et à l'écoute. Chacun se renvoie la balle, mais la responsabilité ne se trouve que partiellement dans un camp ou dans l'autre. L'organisation d'ensemble pèche tout autant, si on écoute David Azéma. L'ex-patron de l'APE a aiguisé son regard critique à la SNCF, chez Vinci mais aussi dans la banque au Royaume-Uni : « La somme des qualités individuelles n'a jamais fait la qualité d'un système[1]. »

« Ce qui se passe souvent c'est qu'on nous dit "faites ça" et du coup, on ne peut pas courir trente-six lièvres », reconnaît avec faconde le directeur général des Entreprises, dans son bureau d'Ivry. Lui identifie un autre frein, une forme d'autocensure prudente, à l'œuvre sur certains sujets, comme le travail du dimanche. Sollicité par le ministre dans le cadre de la loi Macron, la DGE a travaillé d'arrache-pied dès la fin 2014 pour calculer l'impact économique de ces commerces ouverts le week-end. Rencontre avec les chefs d'entreprise, définition de zones touristiques internationales, où les magasins peuvent accueillir les clients le dimanche, simulations, impact économique… La DGE a même esquissé la carte parue dans la presse, qui dessinait bout de trottoir par bout de trottoir les lieux concernés :

1. Entretien avec l'un des auteurs, le 26 septembre 2016.

Opéra, les Champs-Élysées… Un an de travail, pour un résultat tangible et étayé – quoique contesté. Pourquoi ne pas avoir mené ce travail avant, pour le proposer clés en main au ministre ? « Le travail du dimanche faisait partie des sujets, explique le haut fonctionnaire Mais une administration ne peut pas se mettre dessus ouvertement. » Soit la direction s'empare du sujet et le traite en chambre, soit elle décide de rencontrer les acteurs, et c'est là que le bât blesse selon l'ingénieur. « Si vous consultez les acteurs, les gens se disent "tiens, il y a une commande politique" et si vous le faites sans aval politique, vous mettez le ministre en porte à faux. Les gens vont dire : le ministre travaille là-dessus, il ne nous en a pas parlé. Dès que ça devient un peu politique, il nous faut un mandat[1]. »

S'appuyer sur l'administration, sans se faire enfermer dans des cadres ou les limites qu'elle pourrait imposer, tout cela relève de la responsabilité du ministre, selon l'économiste Jean Pisani-Ferry, ancien du cabinet de Dominique Strauss-Kahn, péroide vécue comme un âge d'or par le politique comme par les services. « Si vous arrivez et que vous n'avez pas d'idée, vous finissez par adhérer aux idées de la technostructure, admet le patron de France Stratégie, avec un sourire qui creuse une fossette sur son menton. Mais c'est la faute du politique qui n'a pas travaillé[2] ! »

Ce manque de diversité idéologique s'explique aussi par des raisons plus bassement matérielles. « Il y a un

1. Entretien avec l'un des auteurs, le 19 septembre 2016.
2. Entretien avec les auteurs, le 4 avril 2016.

aspect carrière, admet un jeune fonctionnaire. Les gens sont pragmatiques. La réussite d'une carrière passe par le cabinet ministériel. Si mes idées n'ont aucun relais politique, aucun ministre ne me correspondra et ne voudra me recruter. Ça pousse à minorer ses convictions. » Au moins celui qui souhaite à terme quitter Bercy peut-il s'exprimer librement. Quoique.

Les banquiers et assureurs recrutent, eux aussi, volontiers des fonctionnaires du Trésor ou des cabinets. Les sirènes du privé prennent la forme de courriels, d'appels, d'invitations à déjeuner. Les entreprises cherchent à débaucher ces cerveaux au carnet d'adresses bien rempli. Il suffit d'observer par exemple la promotion Aristide Briand de l'ENA. En 2008, année de leur diplôme, quatre jeunes gens ont intégré le Trésor. Sur ces quatre, deux travaillent désormais dans le secteur bancaire : Jean-Jacques Barbéris et Virginie Delaury s'occupent de gestion d'actifs, respectivement chez Amundi et chez BNP-Paribas. Une pensée trop hétérodoxe n'aurait sans doute pas permis cette ascension.

Des hauts fonctionnaires au service des candidats

Ce soir-là, la cafétéria du bâtiment Necker accueille les huiles de Bercy. Emmanuel Macron assiste, tout sourire, à ce pot de départ. Pas encore le sien, nous sommes à la fin de l'été 2015. La directrice adjointe du Trésor Sandrine Duchêne, quadragénaire aux cheveux clairs, quitte Bercy pour rejoindre l'assureur Axa. Dans son discours, elle s'adresse à « Emmanuel » : « Tu te souviens, Emmanuel, de toutes ces heures passées à travailler sur le programme de 2012 ? » Personne ne semble surpris. Nul n'ignore que tous deux ont rédigé une partie des propositions économiques de François Hollande pour la présidentielle. Au Trésor, l'engagement dans des écuries présidentielles n'est pas un tabou. Les équipes des candidats ont leurs contacts dans les différentes administrations. « Beaucoup de mes collègues travaillent pour des candidats. En ce moment, il y en a plein qui bossent pour Juppé », témoigne un adjoint du Trésor à l'été 2016.

Les cerveaux du ministère contribuent donc officieusement pour alimenter des prétendants à la présidentielle en fiches techniques. Un travail essentiel pour asseoir la crédibilité des programmes. Cela se sait, mais ne se dit guère. En 2012, jeune adjoint au Trésor le jour, Jean-Jacques Barberis travaillait la nuit pour Pierre Moscovici, le directeur de campagne de François Hollande. Ses fiches sur la macroéconomie et les questions européennes le firent repérer : à l'arrivée de la gauche au pouvoir, il fut recruté au cabinet du même Pierre Moscovici, devenu ministre de l'Économie, avant de devenir conseiller de François Hollande. Ces proximités politiques ne créent pas de polémique. « Les gens ne font pas mystère de leurs affinités politiques », observe Jean-Luc Tavernier, le patron de l'Insee, lui-même passé par un cabinet de droite. Il a travaillé sans heurt avec Sandrine Duchêne, à l'époque chef du département de la conjoncture : « Elle était membre du Parti socialiste, mais dans aucune de ses notes, on n'a vu de biais politique[1]. » De même, la cohabitation s'est-elle bien passée entre Ramon Fernandez, directeur du Trésor proche de Nicolas Sarkozy et son adjoint Benoît Coeuré, dont le cœur penchait à gauche. « Je n'ai jamais interdit à mes équipes de contribuer [à des programmes]. C'est utile ! Sinon, vous avez des candidats qui arrivent au pouvoir sans avoir la moindre idée de la réalité des choses. Et brutalement ils doivent atterrir dans des conditions acrobatiques[2]. »

Aucune règle n'interdit cet engagement politique. Même si la pratique peut poser question. N'existe-t-il pas la tentation d'utiliser des données confidentielles de Bercy pour servir un candidat ? C'est la seule limite posée par Ramon Fernandez : « Devoir de réserve et interdiction d'utiliser des documents émanant de l'administration. Par exemple, transmettre une note ministérielle sur les déficits, la trajectoire européenne, ou sur une négociation en cours. Mais ça allait de soi, les gens ont une éthique ! » L'un de ces rédacteurs de l'ombre à l'œuvre pour François Hollande nous l'assure : « Je n'ai jamais fait sortir une note de Bercy. Je n'ai jamais utilisé aucune info pour expliquer à l'équipe de campagne que la taxe sur les transactions financières que préparait Sarkozy était une mauvaise taxe – ce qui était mon avis. C'est une question de déontologie. »

Cela dit, l'influence finale de ces conseillers noctambules reste limitée. Un haut cadre encore en poste se souvient d'avoir été sollicité par Nicolas Sarkozy en 2007.

1. Entretien avec les auteurs, le 20 juin 2016.
2. Entretien avec les auteurs, le 14 avril 2016.

Il avait abreuvé son équipe de campagne en notes sur la politique économique à suivre. « On a produit un document, puis la campagne a pris un tour plus politique. Les « technos » ont arrêté de se réunir, Guaino a rédigé des discours et le document a dû se retrouver dans la poubelle de Mignon[1]. » soupire ce haut fonctionnaire, avant d'ajouter : « Ce que j'avais pu faire n'a servi à rien. »

1. Emmanuelle Mignon fut la directrice des études de l'UMP, chargée de l'élaboration du projet présidentiel de Nicolas Sarkozy.

9.

Le pouvoir de Bruxelles

Comme chaque mois, Michel Sapin reçoit les journalistes dans une salle baignée de soleil, au septième étage de Bercy. Une réunion sans micro ni caméra pour un simple briefing sur l'actualité du moment. Le dialogue tourne souvent à l'auto-justification sur les chiffres du chômage, la dette ou les prévisions de croissance. Si un journaliste pose une question trop délicate, le ministre des Finances l'évacue avec une pirouette. Mais ce matin-là, début septembre 2016, le ton se fait plus hésitant : « Ce dossier que nous avons évoqué au dernier sommet du G20 à… Où était-il déjà, celui-là ? À Shenz… Non, Hangzou ? Euh… bon. » Le trou de mémoire sur cette ville chinoise se comprend aisément. De réunions en sommets, le ministre ne reste jamais longtemps à Bercy. « À ce poste, un tiers du temps est consacré à l'international », assure Laurent Fabius.

La majeure partie de ces déplacements tient aux rendez-vous européens. À Bruxelles, le ministre français des Finances doit démontrer que la France compte respecter les critères budgétaires des traités. Autrement dit, garantir que les déficits vont rester dans les clous (au maximum 3 % de la richesse produite chaque année). D'où, en France, l'idée récurrente de « soumission du gouvernement à Bruxelles ». L'accusation court de l'extrême gauche au Front national, en passant par les courants souverainistes des partis de gouvernement. « Il faut arrêter de se prosterner », raille Arnaud Montebourg, qui veut « casser de la vaisselle » à Bruxelles. Michel Sapin rétorque : « Le problème, quand vous cassez la vaisselle, c'est que vous mangez par terre[1]. » Alors le ministre français passe à table, face à la Commission, aux côtés de ses homologues. Il n'arrive pas en terrain conquis, c'est un euphémisme. Depuis 2007, pas une seule fois Paris n'a respecté la limite des 3 %. À plusieurs reprises, nos dirigeants sont venus réclamer des délais de grâce. Ce qui engendre une hostilité non dissimulée envers le mauvais élève français. « Au début, j'avais l'impression d'aller à une réunion de copropriétaires sans avoir payé mes charges depuis des années[2] », se souvient l'ancien directeur du Trésor, Bruno Bézard. « Et encore, nous avons de la chance que tout le monde oublie de s'intéresser à

1. Entretien avec les auteurs, le 27 septembre 2016.
2. Entretien avec les auteurs, le 17 avril 2016.

la dette », remarque, lucide, Michel Sapin. En plus de la limite des 3 %, les traités interdisent une dette à plus de 60 % de la richesse nationale. En France, elle tutoie les 100 %.

La mission du ministre français relève presque de la schizophrénie. À Paris, il serre les cordons de la bourse. Une heure et demie de Thalys plus tard, à Bruxelles, il réclame une certaine bienveillance budgétaire. Un peu à la manière de Steve Jobs, qui hurlait sur ses collaborateurs, insatisfait d'un nouveau produit Apple. Avant de le présenter comme le produit parfait, quelques jours plus tard, devant la presse.

Jouer les bons élèves

Deux lois « scélérates ». Deux lois « ultra-libérales ». Deux lois « dictées par Bruxelles ». Au moment du bilan final de François Hollande, la loi Travail et la loi Macron pèsent lourd. Ces deux textes ont fracturé la gauche. La réforme du Code du travail dans le premier cas, la libéralisation de l'économie dans le second, ont alimenté les procès en social-libéralisme. Surtout, les opposants à ces deux lois y ont vu le symbole d'une soumission aux injonctions de la Commission européenne.

En privé, François Hollande rejette ces accusations. À propos de la loi Travail, face à quelques journalistes, il affirme ainsi : « Il ne faut pas la présenter comme une loi de circonstance, une loi qu'on aurait été obligé de faire…

On n'est obligé de rien[1]. » Pourtant, les préconisations européennes sont claires : la France doit limiter « les rigidités du marché du travail », « faciliter, au niveau des entreprises, les dérogations aux dispositions juridiques générales, notamment en ce qui concerne l'organisation du temps de travail », est-il écrit dans les recommandations 2016 de la Commission européenne pour la France. On y reconnaît immédiatement l'inspiration des dispositions prévues dans la loi El Khomri, comme le relève l'essayiste Coralie Delaume[2].

À Bruxelles, les négociateurs français reconnaissent avoir utilisé les lois Travail et Macron pour faire baisser la pression de leurs homologues. Ainsi, lorsque l'Assemblée nationale adopte la loi Macron grâce à l'article 49-3[3], les représentants français plastronnent devant leurs homologues. « Le 49-3, on en a fait un événement majeur dans les réunions. Cela démontrait qu'on réformait sans faiblesse ! » se réjouit encore un membre de la délégation française. Dans la grande salle sans fenêtre de la Commission européenne, face aux vingt-sept autres représentants des pays européens, le directeur du Trésor français d'alors, Bruno Bézard, prend la parole : « Vous avez sans doute l'image d'un pays, la France, qui tremble devant

1. Conversation avec l'un des auteurs, le 11 mai 2016.

2. « Ce que la loi El Khomri doit à l'Union européenne », *Figaro Vox*, le 17 mai 2016.

3. L'article 49, alinéa 3 de la Constitution française permet de faire adopter automatiquement une loi, sauf si une motion de censure est votée. Cette possibilité est considérée comme un « déni de démocratie » par de nombreuses voix, à gauche et à droite.

la réforme. Eh bien je vais vous expliquer la décision du gouvernement français hier matin. » S'ensuit un cours accéléré sur le 49-3. Conclusion : le gouvernement reste ferme, déterminé, inflexible. « Ils étaient impressionnés, se rappelle un témoin français. Le directeur du Trésor italien nous a même interpellés, admiratif : comment ça marche ce 49-3 ? » À Paris, l'usage du 49-3 apparaît comme un échec du gouvernement. Comme la preuve de la faiblesse politique du pouvoir. À Bruxelles, il sert à démontrer le volontarisme. Michel Sapin nous confirme l'usage politique qui a été fait du 49-3 sur la scène européenne : « La détermination politique de la France a été admirée. Au sein de la Commission, Oettinger était le plus caricatural contre la France [commissaire européen en charge de l'Économie numérique puis du Budget, l'Allemand Günther Oettinger avait traité la France de "pays déficitaire récidiviste"]. Désormais Oettinger, vous ne l'entendez plus. C'est fini[1] ! » « *I'm not dangerous !* » avait lancé François Hollande à Londres pendant sa campagne, pour tempérer sa déclaration de guerre au « monde de la finance ». « *I'm not dangerous* » pourrait tout aussi bien servir de slogan aux négociateurs français à Bruxelles. Toujours montrer patte blanche. Démontrer qu'on bouge, que les réformes sont conduites, les dépenses maîtrisées, les recettes pérennisées. Il s'agit d'éviter les sanctions financières (la Commission peut infliger des amendes) et les sanctions symboliques (un rappel à l'ordre peut effrayer les marchés). D'où, parfois, une part

1. Entretien avec les auteurs, le 29 mai 2015.

de bluff. En 2014, le gouvernement français annonce cinquante milliards d'euros d'économies en trois ans. Un tour de vis inédit qui doit mettre à contribution l'État, la Sécurité sociale et les collectivités locales. La nouvelle rassure Bruxelles. Mais à Paris, au ministère du Budget, on peine à identifier précisément où ces économies seront trouvées.

Un collaborateur du ministre du Budget se souvient : « Quand Bernard Cazeneuve évoque devant la presse ces fameux cinquante milliards d'économie, je ne comprends rien à ce qu'il raconte. Puis j'ouvre une note, et je me rends compte que ces cinquante milliards concernent en réalité des dépenses théoriques. Des économies sur des dépenses qu'on aurait pu faire, mais qu'on ne fera pas ! » Pratique courante au niveau européen, mais aussi une bonne part d'affichage, souffle ce proche. Trois ans après, le gouvernement enterre le plan d'économies de cinquante milliards.

Du bluff ? Pierre Moscovoci préfère appeler cela du « nécessaire formalisme ». « Quand vous respectez les formes, la Commission peut être flexible sur le fond. Si vous ne respectez pas les formes, elle sera impitoyable[1]. » L'homme sait de quoi il parle : il a connu les deux côtés. Après avoir occupé en France le poste de ministre de l'Économie, chargé de maîtriser les déficits, il est devenu commissaire européen, en charge d'examiner les efforts budgétaires des pays membres ! « Je ne suis pas pour autant un braconnier devenu garde-chasse », plaisante-t-il.

1. Entretien avec les auteurs, le 13 avril 2015.

Pour Arnaud Montebourg, le « nécessaire formalisme » s'apparente à un formatage des politiques publiques : « Sous le manteau, nos diplomates de Bruxelles le disent : "On est la honte parce qu'on cède tout." On est les caniches de Merkel, on a peur de cette femme. Elle a terrorisé Hollande. Il faut les voir ensemble ! J'ai vu, de l'intérieur, des conseils des ministres, c'est incroyable. Il rampe. C'est la reine mère de l'Europe[1]. » À l'évocation de son ancien collègue du gouvernement, Pierre Moscovici soupire : « À Bruxelles, je leur disais : "Ne vous formalisez pas, c'est un pitre[2]". »

Loin des yeux, loin du cœur

D'où vient cette impression que l'Union européenne dicte la politique de la France ? Peut-être du fait que les responsables politiques se désintéressent largement de ce qui se passe à Bruxelles. Prenons l'exemple de ce jeune énarque, que nous avons rencontré. Appelons-le Paul. Paul travaille au Trésor, à Bercy, sur les questions d'assurance. Deux semaines après son embauche, il part à Bruxelles négocier la réglementation européenne sur le sujet. À vingt-cinq ans tout juste, engoncé dans son costume, Paul s'asseoit derrière un petit drapeau tricolore, au milieu des représentants des vingt-huit pays de l'UE et des institutions européennes. Quand il allume son

1. Entretien avec les auteurs, le 7 janvier 2015.
2. Entretien avec les auteurs, le 13 avril 2015.

micro pour prendre la parole, Paul ne dit pas « je pense que », mais « la France pense que ». Autour de la table, le Français figure parmi les moins capés. Il entend la remarque caustique mais juste de son homologue allemand : « Tiens, cette fois-ci, le petit Français est encore plus jeune que la dernière fois. Bientôt ils vont les prendre à l'école ! » La négociation sur la réglementation des assurances est pourtant vitale : rien qu'en France, le secteur pèse deux cent six milliards d'euros[1]. Paul se rend à Bruxelles deux fois par mois, participe à la négociation et se sent étrangement livré à lui-même. Le cabinet du ministre reste muet. Paul envoie des notes, résume son point de vue, demande des consignes. Il ne reçoit jamais de réponse. Un collègue lui explique que le directeur de cabinet croule sous les notes et concentre son attention sur les dossiers médiatiques. Autant dire que d'obscures négociations bruxelloises sur des règlements d'assurance ne constituent pas sa priorité. Paul fait ce qu'il veut, sans contrôle politique : « Je ne suis même pas sûr que le ministre connaissait l'existence de cette négo ! » nous confie-t-il. Un exemple flagrant du désintérêt national pour tout ces lointains dossiers qui se traitent à Bruxelles. « Résultat, explique Paul aujourd'hui, on pousse des cris d'orfraie cinq ans après, quand la réglementation européenne n'est pas celle qu'on aurait voulue. Mais il fallait se réveiller avant ! » La négociation européenne ne semble jamais la priorité du moment. Très lente, peu lisible

1. Montant des cotisations d'assurance en 2015 selon la Fédération française de l'assurance.

depuis Paris, elle dure bien au-delà de l'espérance de vie des cabinets. Celle sur les assurances, appelée joliment « Solvabilité 2 », a nécessité plus de douze ans.

Pierre Moscovici confirme : « Les rendez-vous européens, dans le système français, c'est le désert. D'ailleurs, c'étaient les seuls moments où le président et le Premier ministre m'ont laissé la bride sur le cou. Je n'avais pas de *guideline* [consigne] de l'Élysée ou Matignon. François Hollande était toujours d'accord, il était soulagé que je m'en occupe[1]. »

Il est vrai qu'il faut une vocation de moine-soldat pour s'investir dans le labyrinthe de Bruxelles. « L'Europe, c'est quand même encore quelque chose de compliqué pour la classe politique française, note un membre du Trésor : il faut aller s'asseoir pendant quarante-huit heures tous les quinze jours au milieu d'une trentaine d'homologues et laisser le Chypriote parler autant que vous. » Des réunions interminables, des entrelacs d'intérêts divergents, sans compter les longs discours dans des langues étrangères, péniblement traduits dans les casques audio. « Une horreur ! D'autant que certains ont un vrai problème d'incontinence verbale. Peut-être pour compenser leur vie privée ? » sourit un ancien directeur du Trésor.

Le cabinet du ministre s'intéresse à la négociation lorsque les grands équilibres sont déjà trouvés. « Je n'ai jamais vu un ministre français peser sur l'agenda », confie un jeune négociateur du Trésor. Si les Français

1. Entretien avec les auteurs, le 13 avril 2015.

sont bien représentés dans les institutions économiques internationales[1], le gouvernement n'a pas intégré pleinement l'importance de ces rendez-vous européens. Ni des grandes rencontres internationales. Une scène résume cela mieux que toute autre. Nous sommes au sommet du G20 à Los Cabos, au Mexique, en juin 2012. La réunion préparatoire des « sherpas » (les représentants des chefs d'État) a déjà commencé depuis trois jours, quand l'émissaire français finit par arriver. Un certain Emmanuel Macron, alors secrétaire général adjoint de l'Élysée, chargé des questions économiques. En trois jours sur place, la délégation française n'a pas réussi à placer dans l'agenda la taxe sur les transactions financières, une promesse de campagne de François Hollande. Sur vingt pays, dix-neuf n'en veulent pas. Mis au courant, Emmanuel Macron s'agace : « Le président veut absolument que ça figure dans le communiqué final. Quand je prendrai la parole, je ne parlerai que de ça. » Emmanuel Macron prend la parole. Les représentants du G20 écoutent l'intervention du jeune émissaire français. À la fin, la présidente mexicaine de cette réunion préparatoire reprend la parole. Et lance une réponse sans appel : « Emmanuel, nous sommes contents que tu aies fini par nous rejoindre. La taxe sur les transactions financières ici, personne n'en veut. »

1. Christine Lagarde est présidente du Fonds monétaire international, Benoît Coeuré est membre du directoire de la Banque centrale européenne.

L'interdiction des aides d'État

Quand Arnaud Montebourg veut recruter un nouveau directeur juridique à Bercy, il recherche une qualité principale, qui tient lieu de cahier des charges : « Pouvoir niquer Bruxelles. » Pas officiellement, bien sûr. Mais c'est ainsi, devant ses collaborateurs, qu'il décrit le profil du futur directeur juridique. Alors ministre de l'Économie, Montebourg n'est pas tendre avec les juristes de la Commission européenne, qu'il qualifie de « talibans du droit ». Il reproche aux institutions bruxelloises leur intransigeance quant au rôle de l'État dans l'économie. Les aides d'État aux entreprises, par exemple, sont extrêmement surveillées, pour ne pas dire interdites. « La réglementation européenne interdit à 90 % toute action de l'État sur le secteur économique. Bruxelles est un énorme frein », confirme un ancien directeur des affaires juridiques du ministère.

L'Europe ne plaisante pas avec la fameuse « concurrence libre et non faussée ». Or, un État qui aide une entreprise nationale, selon Bruxelles, c'est un État qui fausse la concurrence avec une entreprise d'un pays voisin. Résultat : quand Bercy imagine un dispositif de soutien à l'Économie française, la première question est toujours la même. « Est-ce que c'est bruxello-compatible ? »

Les services de Bercy ont par exemple planché sur la manière d'améliorer l'isolation des habitations. Sur le papier, le dispositif profite à l'économie : cela permet de faire travailler des artisans locaux, de relancer la consommation de matériaux isolants, tout en réduisant les dépenses de chauffage, donc la facture énergétique. Parmi les projets conçus par les services, figure l'interdiction des fenêtres de basse qualité, pas assez isolantes. Très vite, les cerveaux bercyens doivent abandonner leur projet. L'Union européenne impose la libre circulation des produits. Impossible d'émettre une exigence sur les vitres commercialisées. Plus largement, l'Europe prohibe le fait de réserver des marchés publics aux entreprises locales. Un protectionnisme que les États-Unis autorisent avec le « small business act ».

Dans le détail, les aides d'État ne sont pas totalement interdites. Jusqu'à deux cent mille euros en trois ans pour une entreprise, Bruxelles ferme les yeux. C'est la règle dite « de minimis ». Pour tout montant supérieur, la Commission menace de sanctionner les gouvernements. Alors comment faire ? Bercy s'engouffre dans les interstices de la législation européenne. Quand celle-ci n'est pas tout bonnement – et en toute discrétion – contournée.

Tout ce qui n'est pas interdit est autorisé

« Il faut être imaginatif », remarque Pascal Faure, l'actuel patron de la direction générale des Entreprises à Bercy. Bruxelles est conciliant pour les aides en amont de la vente : innovation, recherche et développement, car « à ce stade, les entreprises ne sont pas tellement en concurrence. Mais plus vous allez en aval, vers le produit, plus c'est encadré, car vous touchez directement aux règles de la concurrence ». D'où les fortes aides consenties par l'État à travers le crédit impôt-recherche à destination des entreprises (5,7 milliards d'euros de crédit d'impôt en 2013). « Les règles sont assez souples, mais il faut argumenter[1] », estime Pascal Faure. Il s'est occupé de l'aide à STmicroelectronics, une entreprise franco-italienne de nano-technologie qui emploie près de six mille employés dans la région de Grenoble. En 2013, la branche « numérique » de l'entreprise est mal en point. L'État français compte lui verser six cents millions d'euros dans le cadre du plan « Nano 2017 ». Mais la somme inquiète la direction de la Concurrence, à Bruxelles. Le directeur général des entreprises se rend à plusieurs reprises à la Commission. « Il faut prendre son bâton de pèlerin, raconte Pascal Faure ; expliquer qu'on ne fait pas n'importe quoi, qu'on ne fausse pas la concurrence. » Les services bruxellois vérifient notamment que les aides publiques ne remplacent pas des investissements privés qui auraient de toute façon eu lieu (les « effets d'aubaine »). Au terme de plusieurs allers-retours à Bruxelles, le dossier est finalement validé, avec quelques ajustements à la marge. La Commission estime, le 25 juin 2014, que le projet du gouvernement français « contribuera à la réalisation des objectifs de l'UE en matière scientifique et environnementale, sans fausser la concurrence de manière indue ». Avec l'Europe, « la confrontation est rarement payante, observe Pascal Faure. Si vous y allez avec l'arrogance française, ça ne les impressionne pas tant que ça ».

1. Entretien avec l'un des auteurs, le 19 septembre 2016.

Le cas d'Alstom est autrement plus litigieux. À l'époque, le gouvernement français engage un plan de sauvetage de ce géant industriel. Avec les grands moyens. L'État promet une garantie d'1,3 milliard d'euros pour les banques. Il monte au capital d'Alstom à hauteur de 21 %. « La Commission européenne a vu rouge, considérant que c'était une aide d'État[1] », se souvient l'un des hommes-clés de l'opération, Xavier Musca. S'ensuivent des négociations entre Nicolas Sarkozy et Mario Monti, le commissaire européen chargé de la Concurrence. Bruxelles finit par obtenir des modifications substantielles : en échange du plan d'aide, Alstom doit se séparer de près de 10 % de son périmètre d'activité (les activités « transport » en Australie et Nouvelle-Zélande, les locomotives de fret en Espagne). La Commission exige aussi de la France qu'elle ouvre davantage son marché des matériels ferroviaires. Autrement dit, qu'elle s'engage, dans le futur, à acheter moins systématiquement à Alstom[2] !

L'accord est conclu. Après des mois d'argumentation, de demandes de précision, de rappels à l'ordre, de menaces de sanction. Durant les négociations, la France et la Commission ont échangé, selon notre décompte, pas moins de trente-neuf courriers officiels. Xavier Musca en

1. Entretien avec les auteurs, le 5 mai 2016.

2. « La France s'engage à entamer une série de mesures structurelles tendant à accroître de manière effective l'ouverture du marché français du matériel ferroviaire afin d'augmenter la concurrence sur ce marché [...] Cet engagement [est] important sur des marchés qui [...] ont tendance à privilégier des entreprises nationales. » Décision de la Commission du 7 juillet 2004 concernant les mesures d'aide mises à exécution par la France en faveur d'Alstom.

conclut : « L'État peut faire des choses, mais pas n'importe quoi. »

Tout ce qui est interdit est autorisé (si ça ne se voit pas)

Au détour d'une conversation, l'un de nos interlocuteurs à Bercy nous lâche : « Mon précédent job, c'était de monter des conventions avec les entreprises en difficulté puis de déguiser les subventions pour que ça ne se voie pas trop. » Déguiser ? « Oui, par exemple en aides à la recherche. » Il existe ainsi des méthodes discrètes mais bien rodées pour flouer la surveillance européenne.

D'abord, le « saucissonnage ». Cela consiste à diviser l'aide d'État en plusieurs tranches, pour rester sous la limite légale de deux cent mille euros. « Mais on se fait souvent attraper par la patrouille », tempère un ancien juriste de Bercy.

Autre technique, l'avance remboursable. Pour soutenir une activité économique, Bercy accorde non pas une subvention – illégale – mais une avance remboursable – légale – par exemple sur dix ans, quinze ans ou vingt ans. Et à l'échéance, Bercy « oublie » de demander le remboursement. Ce qui revient à une subvention. Un ancien directeur juridique confirme : « J'ai connu un cas où Bercy avait consenti une avance remboursable sous vingt ans. La lettre réclamant le remboursement est partie la veille de l'expiration du délai. Histoire de se couvrir : le remboursement avait bien été réclamé ! »

Dernière méthode, le passage en force. Si les textes semblent intangibles, les marges d'interprétation restent grandes. Il est donc possible « de passer au forceps », souligne l'ancien directeur juridique. « L'arme de la Commission, c'est de nous traîner devant la Cour de justice de l'Union européenne. Mais quand ils ne sont pas à 100 % sûrs d'eux, ils n'y vont pas. Ils ne peuvent pas se permettre de se faire désavouer par la Cour. »

Face à Bruxelles « l'intransigeante », la possibilité de négocier existe donc. De manière plus ou moins formelle, plus ou moins honnête, mais elle existe. À plusieurs reprises, la question des aides a suscité des passes d'armes animées entre Arnaud Montebourg et son administration : « C'était notre rôle de lui dire que les aides envisagées n'étaient pas légales. Il y a un cadre, soit on le respecte, soit on le change », explique un membre du Trésor. L'ancien ministre de l'Économie, lui, n'a cessé de pester contre cette impuissance politique : « On a perdu le contrôle de la monnaie [avec la création de l'euro], on a perdu le contrôle du budget... Expliquez-moi ce qu'on peut faire ? » Arnaud Montebourg, toujours intact dans sa dénonciation de « la bruxellose, cette maladie incapacitante », avait lancé à ses équipes : « S'il le faut, on paiera les amendes. » Un jour de rage, il avait même envisagé d'apporter les billets en petites coupures à la Commission. À la manière des agriculteurs rétifs à l'impôt qui règlent leur dû en pièces de vingt centimes à la perception.

L'Europe bouc-émissaire

Une certaine rhétorique politique fait volontiers de Bruxelles l'unique cause de nos malheurs. La limite des 3 % de déficit empêcherait toute politique audacieuse. La libre concurrence entraverait toute intervention de l'État. « Évidemment, on est moins omnipotents qu'avant, reconnaît Michel Sapin. Une partie de nos pouvoirs est partie à Bruxelles. Il y a aussi la contrainte budgétaire. Cela dit, je n'aime pas entendre que l'Europe nous l'impose. C'est une discipline. »

Une discipline, ou un « pacte faustien », comme l'écrivent les chercheurs Fabien Escalona et Mathieu Vieira[1] ? Les responsables politiques français ont en tout cas largement contribué à construire ces règles qu'ils dénoncent régulièrement.

D'où vient ce chiffre de 3 %, qu'on lit à longueur de journaux ? Commençons par la définition. Selon les traités européens, un État a le droit de dépenser plus qu'il ne gagne, mais ce déficit ne doit pas dépasser 3 % de la richesse produite dans le pays (le PIB). Au-delà des 3 %, le gouvernement s'expose à des sanctions européennes.

Tous ceux en Europe – gouvernement allemand en tête – qui s'inquiètent d'un trop grand laxisme budgétaire ont fait de cette règle leur étendard. 3 %, pas plus ! Mais

---

1. Fabien Escalona et Mathieu Vieira, *European Social Democracy During the Global Economic Crisis : Renovation or Resignation ?* Manchester University Press, 2013.

au juste, pourquoi 3 % ? Et pas 2 % ou 4 % ? Comment ce chiffre est-il né ?

On imagine la formule définie par un conclave de brillants économistes européens au terme de calculs incroyablement complexes. La réalité est bien différente. La règle des 3 % a été inventée en France, sur un coin de table du ministère des Finances, par un soir de juin 1981. François Mitterrand, président depuis peu, cherche à modérer l'enthousiasme dépensier de ses ministres. S'il a promis un plan de relance pour oxygéner l'économie, le nouveau chef de l'État craint de dépasser un cap symbolique : un déficit à cent milliards de francs. Ce cap serait psychologiquement désastreux pour le nouveau gouvernement socialiste vis-à-vis des marchés. Alors le président, guère féru d'économie, demande aux services du ministère des Finances de trouver une règle claire, intelligible, qui permette d'ériger une limite aux dépenses. Dans un bureau de la rue de Rivoli (où se trouve encore le ministère), on cogite sec. Un chargé de mission de la direction du budget, Guy Abeille, se pique d'avoir trouvé la solution : le déficit doit être rapporté à la richesse produite en un an. Cela parle à tout le monde. Et il ne doit pas aller au-delà de 3 %. Ce chiffre est choisi pour arranger le gouvernement : selon les prévisions, le budget de l'année suivante dépassera largement les 2 %, il ne faudrait donc pas mettre en difficulté le nouvel exécutif socialiste. Va pour 3 %. Guy Abeille reconnaît, des années après, avoir fait « un peu joujou avec notre boîte à outils, couverts par le statut que nous confèrent nos études. Mais nous n'avions pas mieux[1] ». Laurent Fabius, jeune ministre délégué au Budget, reprend cette règle. Tout heureux de présenter un budget en déficit de « seulement » 2,6 % au lieu d'évoquer les cent milliards de francs. Jacques Delors, le ministre de l'Économie, invoque à son tour ce chiffre magique. L'année suivante, François Mitterrand lui-même cite les 3 % : « J'attends du gouvernement qu'il respecte – je n'ai pas lieu d'en douter sachant l'engagement du gouvernement tout entier – ce plafond de 3 % et pas davantage », déclare-t-il le 9 juin 1982. Dix ans plus tard, le traité européen de Maastricht inclut la règle des 3 % pour qui veut intégrer la future zone euro. Le président de la Commission européenne n'est autre que Jacques Delors, ministre français de l'Économie au moment où Paris s'imposait cette règle. Laurent Fabius confirme l'histoire de ces 3 % : « Je voulais qu'il y ait un butoir. Aussi artificiel ou arbitraire soit-il. J'ai moi-même proposé à François Mitterrand de choisir cette limite, qu'il a ensuite proposée au niveau européen[2]. » Des années après, Guy Abeille met en avant une explication plus poétique pour le choix de ce chiffre : cela rappelle « les trois Grâces, la Trinité, les trois ordres alchimiques, les trois couleurs fondamentales[3]... »

Nous serions donc gouvernés par un chiffre adopté sur un coin de table, « artificiel », sans fondement économique

---

1. Guy Abeille « À l'origine du déficit à 3 % du PIB, une invention 100 %... française », *La Tribune*, le 1er octobre 2010.

2. Entretien avec les auteurs, le 19 mai 2016.

3. « L'histoire secrète du 3 % », *Les Échos*, le 3 octobre 2014.

clair. Michel Sapin nuance : « Certes, au lieu de 3 %, cela pourrait être 2,8 ou 3,2. Mais ce chiffre ne vient pas de nulle part : avec une inflation et une croissance normales, à 3 % de déficit, vous arrêtez d'accumuler de la dette. En réalité, les 3 % sont même un chiffre optimiste par rapport à la situation économique actuelle[1] ! » La croissance faible et l'inflation quasi nulle imposeraient de réduire encore plus le déficit pour stabiliser la dette.

Cette sacro-sainte limite des 3 % est donc une invention française. « C'est vrai qu'on s'est lié les mains, note l'économiste Jean Pisani-Ferry. Mais le débat, ce n'est pas contrainte *versus* liberté. C'est contrainte externe ou contrainte interne[2]. » En somme, la France a délocalisé à Bruxelles une règle qu'elle s'était imposée à elle-même. Avant de reprocher à l'Europe son intransigeance. « La perversité, c'est que ces règles sont incluses dans un traité européen, donc elles sont ressenties comme extérieures aux choix politiques du pays », analyse Xavier Musca. « Du coup, on a parfois l'impression que faire 4 % de déficit, c'est une victoire sur Bruxelles. Pardon de le dire : c'est imbécile. On est co-responsable de ce chiffre des 3 %[3] », estime l'ancien directeur du Trésor, passé ensuite par l'Élysée avec Nicolas Sarkozy.

L'ancien président, justement, a souvent malmené cette règle des 3 %. L'un des premiers actes de son quinquennat

1. Entretien avec les auteurs, le 27 septembre 2016.
2. Entretien avec les auteurs, le 4 avril 2016.
3. Entretien avec les auteurs, le 5 mai 2016.

en 2007 ? Se déplacer à Bruxelles pour demander un délai avant le retour dans les critères européens. Tout juste arrivé au pouvoir, Nicolas Sarkozy met en place un programme dépensier de défiscalisation des heures supplémentaires. Les dents grincent à Bruxelles, mais le nouveau président obtient son sursis. « Tous les présidents français sont allés demander un délai », remarque un ancien directeur du Trésor, marqué à droite. Il ajoute, sévère : « Cela revient à recevoir une gifle à la place d'une fessée. Finalement, qu'obtenez-vous ? La possibilité de laisser la dette croître pour vos enfants. Formidable ! » De fait, si la contrainte des 3 % est souvent décrite comme une règle d'airain, elle a rarement été respectée par la France au cours des deux dernières décennies. Depuis le gouvernement de Lionel Jospin, en 2002, la France n'a été dans les clous que deux années : en 2006 et 2007, sous Dominique de Villepin. Sous Nicolas Sarkozy, avec la crise financière, le déficit public a augmenté jusqu'à 7 % ! Francis Mer, ministre des Finances entre 2002 et 2004, garde le souvenir d'une grande latitude, vis-à-vis des institutions européennes : « Ma marge de manœuvre était très importante. À Bruxelles, c'était décontracté. Les histoires des 3 % n'étaient pas un sujet, on n'en parlait pas ! Aujourd'hui c'est le Graal, l'icône, c'est absurde[1]. »

L'austérité voulue par Bruxelles est une échappatoire pratique. Ainsi, devant nous, François Baroin rejette-t-il la faute sur « les experts de la Commission, de la BCE » pour expliquer le plan d'austérité qu'il a mis en place en

1. Entretien avec les auteurs, le 7 avril 2015.

2011. Selon l'ancien ministre des Finances, à l'époque « le consensus des experts et la doxa allemande » estimaient que la diminution d'un point de déficit entraînait un point de croissance en moins. Or, il s'est avéré, explique François Baroin, que la réduction d'un point de déficit provoquait en réalité un recul de 1,7 point de croissance. Soit un effet récessif beaucoup plus fort qu'attendu. « Si nous l'avions su, nous n'aurions probablement pas préconisé un retour aux 3 % dès 2013, mais peut-être un peu plus tard[1]... » Autrement dit, la potion « austéritaire » a été trop violente. Mais les « experts » européens et la « doxa allemande » en portent la responsabilité.

Ancien directeur du Trésor, Ramon Fernandez garde, lui, le souvenir d'une Union européenne assez accommodante : « Certains décrivent des règles coercitives qui nous étoufferaient : le déficit est censé être à 3 %, la dette ne doit pas dépasser 60 %...Nous sommes pourtant à plus de 100 %, et à ma connaissance, le diable n'est pas sorti de sa boîte[2] ! »

La contestation des critères européens n'épouse pas le clivage droite-gauche. Ancien ministre de l'Économie sous Jacques Chirac, Francis Mer n'est pas convaincu de la pertinence de ces règles, qu'il juge « imposées par les Allemands » : « Il suffit de regarder ce que font les Américains et les Anglais. Ces deux pays ont des déficits et

1. Entretien avec les auteurs, le 27 avril 2016.
2. Entretien avec les auteurs, le 14 avril 2016.

une dette nettement supérieurs aux nôtres, et pourtant ils ont retrouvé le chemin de la croissance. C'est quand même bizarre ! » Dans cette vaste salle de réunion de l'entreprise Safran où il nous reçoit, Francis Mer ajoute : « Ce que je reproche à mes amis allemands, c'est qu'ils n'ont pas surmonté le traumatisme de l'hyperinflation de 1923. Chaque Allemand dans sa famille a le souvenir des brouettes de billets. C'est rentré dans leur ADN, et donc dans celui de l'Europe[1]. » Un discours quasiment jumeau avec celui d'Arnaud Montebourg, le chantre de la démondialisation : « J'en veux à Hollande car il n'a jamais organisé la riposte en Europe. Renzi [l'ex-chef du gouvernement italien, social-démocrate] et les Espagnols cherchaient du soutien. Ils sont fous de rage contre Hollande, qui les a laissés tomber. C'est qu'un trouillard, un type qui n'a pas de consistance, qui dit oui à tout le monde[2]. »

Rêve national et réalité européenne

Formellement, Paris et Bruxelles sont sur le même fuseau horaire. Mais la scène politique nationale et les institutions européennes ne vivent pas dans la même temporalité. L'Union européenne est régie par des traités qui survivent aux gouvernements des pays membres. Mais les dirigeants nationaux, eux, se sentent libérés des

1. Entretien avec les auteurs, le 7 avril 2015.
2. Entretien avec les auteurs, le 7 janvier 2015.

engagements pris par leurs prédécesseurs. Du coup, l'articulation entre la démocratie nationale et les engagements internationaux se fait difficilement. Bercy se trouve au centre de cette contradiction. Deux problèmes se posent, de part et d'autre : quelle est la conséquence d'une élection nationale, si rien ne peut être changé ? Quelle pertinence à signer des traités, si chaque nouveau venu veut les remettre en cause ?

Pendant sa campagne, sur le thème « réenchanter le rêve français », François Hollande avait promis de renégocier le dernier traité européen. Le TSCG (traité sur la stabilité, la coordination et la gouvernance) signé par son prédécesseur, Nicolas Sarkozy. Le nouveau président français s'est contenté d'un vague addendum mentionnant la relance de la croissance, mais pas une ligne du traité initial ne fut retouchée. Les commentateurs y ont décelé une énième manœuvre tactique du chef de l'État. Pourtant, le Trésor a vraiment travaillé sur la renégociation du traité, selon l'un de ses membres : « On ne savait pas que François Hollande ne le ferait pas. Les Allemands non plus d'ailleurs. Alors quand j'entends "tout le monde savait qu'on ne renégocierait pas", c'est faux. » Cela dit, François Hollande a très vite compris qu'il ne pourrait pas obtenir, à lui seul, un nouveau texte élaboré et signé par les vingt-huit États membres. Notre source complète : « Assez vite, nous avons passé le message aux Allemands qu'on en resterait là, en échange d'un vrai-faux plan de relance. » Le fameux addendum. François Mitterrand avait initié son tournant de la rigueur en 1983, deux ans après l'accession au pouvoir. François Hollande a-t-il opéré son tournant deux mois après son élection ? Fin juin 2012, il accepte donc de laisser en l'état le TSCG. L'acte fondateur d'un quinquennat sans le « changement » promis, selon ses contempteurs. Pour le leader du syndicat Force Ouvrière, Jean-Claude Mailly[1], « entre la gauche et la droite il n'y a pas eu de changement de politique économique. À partir du moment où on s'est inscrit sans discuter dans le pacte budgétaire européen, on est rentré dans une seringue. C'est l'élément clé du quinquennat. » Ces contraintes s'imposent à Bercy pour la construction du budget.

Les promesses de campagne se diluent donc bien vite dans la réalité européenne. Reste qu'aucune décision ne se prend à Bruxelles sans que la France la voie passer. De larges pans d'initiative politique restent de la compétence des États, comme le note Laurent Fabius, désormais président du Conseil constitutionnel et donc en retrait de la vie politique : « La fiscalité à 75 % ou à 30 %, cela ne dépend ni des Chinois ni du Luxembourg ni de Bruxelles. C'est nous. L'Europe a bon dos[2]. »

Le VRP de la dette

« Le job de directeur du Trésor, c'est parler savamment de sujets qu'on ne comprend pas, devant des gens qu'on ne connaît pas, dans une langue qu'on ne maîtrise pas. »

1. Entretien avec les auteurs, le 29 avril 2016.
2. Entretien avec les auteurs, le 19 mai 2016.

L'auteur de cette description est Jean-Pierre Jouyet, lui-même ancien titulaire du poste. Il a gardé en mémoire ces innombrables voyages, ces interminables discours devant des parterres d'investisseurs étrangers. Du Canada à Singapour, des Émirats arabes unis aux États-Unis, le directeur du Trésor doit – entre autres – se muer en représentant de commerce. Son produit ? La dette française. « Il faut convaincre les agences de notation, rencontrer les investisseurs, faire des road shows, vanter les réformes que nous menons[1] », résume Bruno Bézard, qui occupa le poste jusqu'en 2016. Les réformes comme gage de stabilité économique, et donc d'un investissement sans risque dans la dette française. Plus les investisseurs ont confiance dans la signature française, plus la dette française est demandée, plus les taux d'intérêt sont bas. Et plus le fardeau s'allège pour les comptes publics. Bruno Bézard revendique « l'aspect promotion » du métier. « Quand un investisseur place cent millions de dollars dans de la dette française, ce n'est pas uniquement parce que le ministre a des beaux yeux bleus, ou parce que le directeur du Trésor est bien habillé ! Son interrogation, c'est : est-ce que la France fait des réformes ? Est-ce qu'ils sont en train de s'enfoncer, de devenir la Grèce de demain, ou est-ce qu'ils ont une économie plus mobile avec plus de croissance ? »

En pleine crise financière, François Baroin se rend aux États-Unis pour rencontrer les fonds d'investissement, comme Blackstone et Blackrock. Objectif : les rassurer sur la crédibilité de la France, au moment où plusieurs pays européens, dont la Grèce, menacent de faire faillite.

1. Entretien avec les auteurs, le 17 avril 2016.

« J'explique les mesures qu'on prend, la réforme des retraites, les mesures fiscales, le point d'indice, les sources d'économies. Comme un chef d'entreprise lorsqu'il va rentrer en bourse[1]. » Le grand oral du ministre français est sans concession. En face, ses interlocuteurs ont travaillé leur dossier. L'un d'eux lève la main pour poser une question très précise. Il évoque la loi Scellier, un avantage fiscal français qui soutient la construction de logements : « Pourquoi cela coûte si cher à votre budget ? » François Baroin reste aujourd'hui encore impressionné par ce niveau de détail. Mieux vaut donc préparer sérieusement son oral. La position du ministre est d'ailleurs ambivalente : devant les investisseurs, il doit montrer sa détermination à tenir un budget serré. Devant l'opinion, il doit convaincre que les sacrifices n'ont rien à voir avec la pression des agences de notation internationales. Ainsi, lorsque le gouvernement décide de geler le point d'indice des fonctionnaires, François Baroin n'utilise jamais devant les syndicats l'argument de « conserver le Triple A », cette bonne note de la dette française, alors que c'est pourtant le défi majeur du moment. Il évoque avec eux « la responsabilité collective » afin de « pouvoir payer les retraites ».

Les VRP de la dette français doivent souvent lutter contre des préjugés : « Je rencontre parfois des gens qui croient qu'en France on ne peut pas travailler plus de 35 heures par semaine. Ils pensent qu'au-delà de 35 heures, la police débarque dans l'entreprise ! » témoigne Anthony

---

1. Entretien avec les auteurs, le 27 avril 2016.

Requin, le patron de l'Agence France Trésor, le service de Bercy chargé de placer la dette française. « C'est très important de rencontrer les gens pour dissiper ces fausses informations. »

En 2012, malgré ces « road shows », les agences de notation finissent par dégrader la note de la dette française, le vendredi 13 janvier. La note passe de « triple A » à « AA+ » chez l'agence Standard & Poor's. Ce qui risque de faire monter les taux d'intérêt pour les emprunts du budget français. L'affaire fait la une des journaux, en pleine campagne présidentielle. En fait, Bercy connaît l'information depuis deux jours. Les agences de notation ont même fait relire au ministère le communiqué qui allait être rendu public. « Pour vérifier qu'il n'y a pas d'erreur de données ou d'analyses », explique une source interne à Bercy. Mais l'information reste confidentielle jusqu'à publication de la décision, le vendredi soir après la clôture des marchés. Seuls les ministres, Matignon et l'Élysée sont dans la confidence. Ils ont donc quarante-huit heures pour préparer leur communication. En l'occurrence, le gouvernement insiste sur le fait que plusieurs pays européens ont subi eux aussi une dégradation de leur note. Factuellement exact. D'ailleurs, les taux d'intérêt sur la dette française ne subissent pas d'envolée spectaculaire.

Qui sont nos créanciers ?

Chaque année, la France émet cent quatre-vingt-sept milliards de dette à moyen et long terme sur les marchés.

Soit l'équivalent de la moitié du budget de l'État. Mais Bercy ne sait pas précisément qui sont ses créanciers. « Il n'y a pas de cadastre de la dette, explique le patron de l'Agence France Trésor Anthony Requin. Je ne peux pas savoir précisément à l'instant T qui détient quoi[1]. » Chaque trimestre, les chiffres de la banque de France permettent d'avoir des indices : la dette est détenue à 38 % par des résidents français (assureurs, investisseurs privés, investisseurs publics), et à 62 % par des résidents extérieurs (dont une moitié dans la zone euro). Un problème de souveraineté ? Pas forcément, d'après Anthony Requin : « Le fait d'être résident français, sur le marché de la dette, n'implique pas en soi un comportement nécessairement patriotique. Chaque investisseur fait face à son jeu de contraintes propres. » En 2011, au moment où la dette française devenait plus risquée, selon lui, les détenteurs français ont autant vendu leurs titres que les autres.

Quelle influence exercent sur Bercy les détenteurs de la dette ? Bien sûr, à la différence d'une entreprise, ils ne sont pas actionnaires. Ils ne se réunissent pas en Assemblée générale annuelle pour fixer le salaire du chef d'État ou décider de la stratégie économique de la France. Pour autant, les créanciers pèsent de manière diffuse mais réelle, reconnaît Anthony Requin : « Quand les décisions de politique économique sont mal reçues par les marchés, que vos taux d'intérêt augmentent, évidemment cela joue sur les décisions de nos autorités. »

1. Entretien avec l'un des auteurs, le 13 septembre 2016.

« Bruxelles » reste l'un des mots les plus prononcés dans les étages de Bercy. Les règles européennes s'imposent aux principaux champs du ministère – budget, aide aux entreprises – même si le gouvernement garde son autonomie en matière fiscale. Cela dit, « l'impuissance due à Bruxelles » comporte une part de mise en scène. D'abord parce que ces règles sont l'œuvre des gouvernements nationaux qui les ont adoptées. Quand ils ne les ont pas tout bonnement inventées. Ensuite parce que les autorités françaises ont souvent dédaigné l'échelon européen pour mieux se plaindre de ces décisions ensuite. Enfin parce que le bouc émissaire est pratique. Certes, les institutions européennes, parfois rigides, ont contribué à faire passer les ministres des Finances nationaux pour des mineurs sous tutelle de Bruxelles. Même le très europhile Pierre Moscovici le reconnaît : « Je ne souhaite pas qu'on aille plus loin dans le contrôle par Bruxelles des budgets nationaux. Je ne suis pas pour une logique où Bruxelles tient la main des États[1]. » Il plonge dans ses souvenirs de ministre pour étayer son propos : « À l'époque, la Commission européenne disait aux pays de déréglementer les taxis, les pharmaciens, les retraites, etc. Moi, je n'écris plus de liste de cette nature, c'est au gouvernement de faire sa liste. Donc, non seulement il ne faut pas renforcer le contrôle budgétaire, mais il faut plutôt l'assouplir. »

1. Entretien avec les auteurs, le 13 avril 2015.

10.

Lobbying, influence… mode d'emploi

« *We are pigeons* ». Sur les réseaux sociaux, le slogan claque en blanc sur fond noir. Au-dessus, le dessin stylisé d'un oiseau. Le volatile affiche un air sévère, sourcils froncés. Ce portrait relayé par les patrons de jeunes pousses et les travailleurs du numérique envahit la toile. Nous sommes à la fin du mois de septembre 2012. En automne, donc, saison de débat sur la loi de finances et donc d'intense bataille d'influence.

Le 28 septembre, le Conseil des ministres adopte un texte fidèle aux engagements de campagne du président Hollande. Dans le projet de loi préparé par Jérôme Cahuzac, beaucoup de mesures peuvent nourrir la polémique : le retour de l'ISF, le plafonnement du quotient familial… Sans doute le gouvernement l'attendait-il moins sur ce sujet apparemment technique : « Taxer le capital autant que le travail. » La mesure choisie prévoit qu'un contribuable qui vend son entreprise, ou des actions, intègre la recette dans son impôt sur le revenu. Jusqu'ici il s'acquittait d'un forfait. Au Conseil des ministres, la secrétaire d'État au Numérique Fleur Pellerin, interlocuteur naturel des startups, découvre le projet. Surprise aussi du président de la commission des finances à l'assemblée, Gilles Carrez, quand en début d'après-midi il récupère le texte budgétaire. Le parlementaire entretient des relations cordiales avec Jérôme Cahuzac, ministre du Budget et ancien de la commission. Il envoie un texto à son ancien collègue : « Jérôme, ton truc sur les plus-values, ça ne peut pas marcher. » Réponse de Jérôme Cahuzac, selon Gilles Carrez : « Tu as totalement raison. » Le président de la commission des finances en est persuadé, le projet vient de l'Élysée.

Dans les bureaux de son fonds d'investissement numérique Isai, le sang de Jean-David Chamboredon ne fait qu'un tour. Il arrive précisément ce qu'il dénonçait le matin même dans une contribution au journal *La Tribune*. La mise en place d'une fiscalité « antiéconomique » et « anti-croissance », selon lui.

« Cela conduira, par exemple, un entrepreneur cédant son entreprise après dix ans de labeur, d'incertitudes, de hauts et de bas, de semaines de soixante-dix heures… à payer […] plus de 60 % sur la plus-value de cession, écrit l'entrepreneur. Nous sommes ici dans le dogme anticapitaliste, l'antiéconomique, le “brisage de rêve”, la démotivation quasi sadique, le je-ne-sais-quoi-qui-donne-la nausée. »

Le vice-président de l'association France Digitale n'imagine pas le retentissement de son coup de gueule. Le soir même, deux chefs d'entreprise du numérique ouvrent une page Facebook. Petit à petit, le pigeon fait son nid sur les réseaux sociaux : des têtes d'oiseaux remplacent les photos de profil des entrepreneurs.

Le phénomène n'échappe ni aux médias ni au fils du président de la République, Thomas Hollande, proche de l'écosystème numérique. Il s'empresse d'alerter son père. Pendant ce temps la campagne Internet bat son plein. Les pigeons recueillent en quelques jours des dizaines de milliers de « j'aime », d'amis Facebook et de followers Twitter. Les entrepreneurs-internautes menacent de manifester le dimanche suivant devant l'Assemblée nationale.

De son côté, Bercy dément que les patrons du numérique passent à un taux d'imposition de 60 % – c'est en fait un maximum. Mais moins d'une semaine plus tard, poussé par l'Élysée, le ministre de l'Économie, Pierre Moscovici, reçoit avec Jérôme Cahuzac une petite délégation de pigeons. Les ministres leur proposent des aménagements spéciaux pour les entrepreneurs. Une conférence de presse acte le recul : le régime fiscal restera inchangé pour un chef d'entreprise qui vend sa société. Manifestation annulée, page Facebook fermée.

Sur son blog, le député Christian Eckert, alors rapporteur socialiste de la commission des finances, publie un billet au vitriol :

« Certains diront bravo ! Le petit pigeon a vaincu l'aigle impérial. [...] Des jeunes patrons habiles en communication et ayant des carnets d'adresses bien fournis ont réussi à se faire passer comme des pauvres victimes. Avant même que l'Assemblée nationale n'ait tenu la moindre séance de travail, pas même en commission, le gouvernement a pour le moins donné l'image de reculer. La loi doit-elle s'écrire en fonction du nombre de "j'aime" recueillis sur la page d'un réseau social ? Doit-elle se faire sous la pression de la rue, de la presse, ou des internautes ? »

Le rapporteur ajuste à la marge les amendements « pigeon » du gouvernement mais la commission des finances les adopte le 19 octobre 2012.

L'histoire ne s'arrête pas là. Jean-David Chamboredon, le père des pigeons, veut pour les investisseurs des mesures comparables à celles décidées pour les propriétaires d'entreprise. Le patron entame une tournée de persuasion. « D'octobre 2012 à mars 2013, j'ai rencontré des ministres, des députés, des conseillers, des hauts fonctionnaires, tout ce qu'on peut imaginer. Une fois qu'on leur expliquait calmement le modèle de développement des startups, ils disaient : effectivement vous êtes différents, c'est une balle perdue, on n'y avait pas pensé[1]. » L'investisseur trouve des oreilles particulièrement compatissantes : Emmanuel Macron, secrétaire général adjoint de l'Élysée, et Fleur Pellerin, qui prend en main le dossier au ministère de l'Économie. Le gouvernement met un point final à la fronde des pigeons avec les Assises de l'entrepreneuriat, organisées à l'Élysée sous la houlette de

1. Entretien avec l'un des auteurs, le 14 décembre 2015.

la secrétaire d'État au Numérique le 29 avril 2013. En rangs d'oignons sous les lambris, des patrons d'entreprise de croissance applaudissent la bonne nouvelle : les plus-values des « business angels », qui investissent dans les jeunes pousses, bénéficieront d'un abattement important si leur argent reste assez longtemps.

« Mais les pigeons sont dans leur gouttière, prêts à se réveiller », sourit Jean-David Chamboredon, barbe de quelques jours et œil malicieux. Les volatiles resurgissent une ou deux fois. Mais on ne les entend plus guère roucouler. L'association France Digitale, en revanche, consacre la moitié de son budget à communiquer. Elle travaille notamment avec le cabinet Macron sur la loi du même nom. Le porte-voix des entreprises du numérique obtient que le ministre revienne sur une mesure du secrétaire d'État Benoît Hamon. Depuis juillet 2014, un chef d'entreprise qui vend sa société doit auparavant en informer ses salariés sous peine d'annulation de la vente. Sous l'impulsion de France Digitale, l'annulation devient une simple amende. « Je n'ai aucun problème à dire que l'épisode des pigeons était du lobbying, revendique aujourd'hui le patron de France Digitale. C'est important pour faire comprendre les sujets qui nous paraissent importants. On est une partie de l'économie qui va bien, mais qui est très petite et très mal représentée[1]. » Mal représentée, peut-être, mais finalement victorieuse. Les pigeons, passés des réseaux sociaux aux réunions

1. Entretien avec l'un des auteurs, le 14 décembre 2015.

ministérielles, incarnent un lobbying réussi. Mais ils sont loin d'avoir acquis l'influence d'autres acteurs.

Influencer, le pouvoir de l'expertise

Comment relancer l'industrie française ? Début 2013, le ministre du Redressement productif donne six mois à la Direction générale des entreprises (DGE) pour répondre à cette question. À l'automne il présente « les trente-quatre plans de la nouvelle France industrielle ». Trente-quatre secteurs porteurs où la France peut s'imposer grâce à ses savoir-faire. Dans la liste, la voiture autonome, l'usine du futur, en passant par les dirigeables et les objets connectés. À chaque fois, le plan identifie un chef de file, le patron d'une grande entreprise, du PDG de Renault à celui de Dassault Systèmes. « C'est le résultat d'un lourd travail », insiste Pascal Faure, le directeur général des entreprises. Si lourd que la direction a eu recours à l'expertise privée. Le cabinet de conseil Mc Kinsey a largement nourri ses réflexions et son rapport. Il a fourni son appui gratuitement, pro bono. Ce qui suscite la méfiance d'une autre ministre de Bercy. « Ces cabinets poussent l'agenda de leurs clients, ça s'appelle du lobbying, assure Axelle Lemaire. Vous savez ce qu'on dit dans le numérique ? Quand c'est gratuit c'est que c'est vous le produit. »

Par sa position d'interface entre les entreprises et le ministre, la DGE fait partie des directions les plus sensibles à ce genre d'influences. Son directeur, Pascal Faure, ne se cache d'ailleurs pas de vouloir jouer les porte-voix du monde économique : « Si vous n'y prenez pas garde, avec des mesures pour protéger le consommateur, la santé, l'environnement, vous mettez des boulets aux pieds des entreprises. Notre rôle c'est aussi de dire : il faut que les entreprises se développent, qu'elles se battent à armes égales avec leurs concurrents. » Ainsi, début 2016, le gouvernement décide de reporter, pour la énième fois, l'interdiction des sacs en plastique aux caisses des supermarchés. Ils devaient disparaître en janvier, leur extinction attendra juillet. La DGE a pesé dans ce report, à la demande de l'industrie des sacs en plastique qui réclamaient du temps pour se repositionner. « Nous sommes parfois vus comme le lobby des entreprises, mais nous n'en sommes pas un, justifie Pascal Faure. Nous sommes là pour éviter qu'on fasse un croc-en-jambe aux entreprises en prenant des mesures disproportionnées, trop rapides ou mal appréciées. »

D'autres directions subissent des influences au quotidien. Comme l'Agence France Trésor, qui place la dette française sur les marchés financiers. Mais son directeur Anthony Requin tique quand on qualifie de « traders » les quelques dizaines de professionnels de marchés chargés de cette tâche. Trader, le mot sonne trop sulfureux peut-être. « Nous disposons de professionnels de marché, corrige Anthony Requin. Mais qui n'ont pas occupé de fonction de trader dans les banques d'investissement ni chez nos partenaires SVT. » SVT comme « spécialistes en valeur du Trésor », les dix-sept banques choisies par le ministère pour acheter la dette française et la distribuer aux investisseurs finaux. Parmi elles : BNP Paribas, Goldman Sachs, HSBC, Société Générale, UBS…

Ces interactions quotidiennes entre l'Agence France Trésor et les banques sont codifiées. Les établissements signent une charte et doivent remplir des obligations. « Les banques ne font pas pression sur nous, assure Anthony Requin. Tant qu'elles sont aussi nombreuses, le balancier est plutôt de notre côté[1]. »

Non, les banques se contentent de remplir leur contrat : acheter de la dette et raconter le marché à l'équipe de l'AFT. Ses variations, ses soubresauts… Diagnostic utile, évidemment, quand il permet de prendre la température au lendemain du vote britannique pour le Brexit. Le 23 juin 2016, au soir du référendum, l'AFT a mis en place un dispositif de surveillance. Anthony Requin reçoit des messages toute la nuit, notamment de la part de ses « spécialistes en valeur du Trésor », tous sur le pont cette nuit-là. Au petit matin du 24 juin, à 7 h 30, le haut fonctionnaire retrouve Michel Sapin dans son bureau pour lui dresser un tableau des conditions de marché. Ce jour-là, l'AFT livre cinq ou six synthèses au ministre, contre une par jour en temps normal. Des synthèses largement nourries par l'expertise des banques. « Il peut arriver que les banques s'efforcent de nous sensibiliser aux conséquences de telle ou telle réglementation sur le marché des titres d'État, reconnaît Anthony Requin. Notre tâche est de faire remonter cette information à qui

1. Entretien avec l'un des auteurs, le 13 septembre 2016.

de droit, pour autant qu'on en partage l'analyse. Si je ne la partage pas, je vais dire que c'était du lobbying classique. »

Plus ou moins codifiée, l'influence des banques, mais aussi des assurances, se fait en tout cas bien sentir sur l'Agence France Trésor et sur sa maison mère, le Trésor, direction reine du ministère. Rien d'étonnant pour un secteur financier qui revendique plus d'un million d'emplois directs et indirects en France et trois cents milliards d'euros investis dans l'économie en 2015.

La place de « la place »

Un jeune énarque vient d'arriver au Trésor. Formé, brillant, élégant dans son costume gris souris. Il devient adjoint au bureau des assurances. Sauf que le domaine se révèle particulièrement technique, même pour une tête bien faite. Le jeune homme se retrouve bien désarmé face à ces subtilités financières. Comment s'en sortir ? Il décroche son téléphone et appelle les assureurs. Le fonctionnaire leur demande de décrypter pour lui le marché et son fonctionnement. « Une expertise indispensable. L'assurance, ça peut être compliqué », justifie cet ancien fonctionnaire. La comptabilité de l'assurance, savoir ce qui apparaît dans le résultat d'exploitation, sur quoi on paie des impôts... Le jeune homme se livre aux mêmes consultations ensuite, quand il passe dans le service chargé des banques et produits financiers. « J'ai fait en sorte d'avoir le plus d'interactions possibles, pour comprendre comment ça se passe », explique-t-il. Cet énarque consulte à tout va la place, c'est-à-dire la bourse, les acteurs du marché, les banques. Une pratique nécessaire donc tout à fait commune.

D'autant plus quand le sujet est nouveau, comme le projet de taxe sur les transactions financières. Là, le Trésor doit faire un travail de collecte de données, tester les hypothèses, les chiffres… « On ne peut pas faire une règle sur un secteur sans l'impliquer, justifie un autre représentant du Trésor. En une ligne de loi, tu peux vraiment tuer un business, et en France on légifère en permanence. » Cinq personnes, seulement, travaillent dans le bureau de notre jeune fonctionnaire, celui des affaires bancaires. « Nous ne pouvons pas tout faire tout le temps. Donc on est tenté de vérifier. » Vérifier comment le milieu analyse telle ou telle mesure, les conséquences qu'elle pourrait avoir sur l'activité et les consommateurs. Voilà comment les nouveaux venus au Trésor apprennent de sources qui sont à la fois juges et partie.

Toute la subtilité consiste à acquérir ce savoir en gardant une distance, sans adopter telle quelle l'analyse des assureurs ou des banquiers. Un fonctionnaire nous livre ses astuces : « Peut-être le Trésor est-il trop capturé par ses interlocuteurs, reconnaît-il. Mais c'est un peu comme un travail journalistique. On filtre, on recoupe. Au sein d'une banque, il y a plein de sons de cloche différents, les banques n'ont pas une position organisée sur tout. Il faut créer son réseau d'acteurs. Après, comme partout, c'est plus facile de reprendre ce que le lobbyiste donne et d'en faire une règle. »

À cet aspect « initiation », s'ajoutent les réunions plus formelles. Des rendez-vous fréquents, au gré des besoins. *A minima*, toutes les semaines ou tous les quinze jours, le Trésor réunit la place en comité. Les fédérations et les pontes de l'assurance ou de la banque se rassemblent autour de la table pour donner leurs positions. Face à une vingtaine de patrons et de cadres aguerris, notre jeune fonctionnaire encore vert : « Ils ont bien compris que c'est l'adjoint qui va tenir le stylo, écrire la note au ministre pour dire ce qu'il faut faire, et rédiger le décret ! » Le même se fait bombarder de notes du secteur financier, de prises de position, mais aussi d'invitations à déjeuner. En pleine réforme réglementaire de l'assurance, le jeune homme découvre, surpris, que le poids lourd Axa vient de créer un nouveau poste uniquement consacré aux relations avec le ministère des Finances. Celui de directeur des affaires européennes – dans d'autres entreprises, il s'appellerait directeur des affaires publiques, ou institutionnelles. « Un poste de lobbyiste en chef, résume notre ex-fonctionnaire. Axa, dans l'assurance, c'est un peu comme BNP Paribas dans la banque. C'est quasiment un rôle d'acteur institutionnel », résume ce bon connaisseur des deux parties.

Tous les ministres n'acceptent pas ce fonctionnement. Les couloirs de Bercy résonnent encore des colères homériques d'Arnaud Montebourg, fâché contre « les banques qui ont leur lit de camp à Bercy ! Une mafia ! » Un jugement excessif, selon un ancien du Trésor : « Honnêtement ce n'est pas le cas ! Toute administration qui a une proximité avec une industrie développe forcément une relation particulière avec elle. » Ce fonctionnaire lui-même est d'ailleurs passé de l'autre côté, dans le secteur financier. Objectif du Trésor donc : éviter de se faire dicter son action par le privé, à l'image de la direction du Trésor de certains pays, Royaume-Uni, États-Unis, Japon… « Les grands ministères japonais sont les porte-parole du patronat du monde des entreprises », affirme Daniel Lebègue, président de l'association Transparency en France. Pour cet ancien haut fonctionnaire, l'action de Bercy contre l'évasion fiscale des entreprises prouve bien qu'en France, ce n'est pas – totalement – le cas.

Les ministres se trouvent pourtant en prise directe avec le secteur financier. Notre jeune énarque spécialisé dans les assurances en a fait l'expérience. Son administration, le Trésor, voulait imposer une réforme qui déplaisait beaucoup aux assureurs. Dans une note, le fonctionnaire du Trésor signale cette vive opposition à la ministre. Pas de réaction de la locataire du sixième étage, Christine Lagarde. Le Trésor reste donc sur sa ligne… Jusqu'à ce que, deux semaines plus tard, Henri de Castries, patron d'Axa, ancien du Trésor et proche de François Fillon, demande rendez-vous à la ministre. « Immédiatement après, on a eu pour instruction de changer notre position », relate l'ex-fonctionnaire. L'un des auteurs du programme économique de François Fillon incarnait donc un « ministre bis » concernant les sujets liés aux assurances. Cette relation particulière concerne les grands assureurs comme les grands banquiers. Leur rôle stratégique dans le fonctionnement de l'économie leur ouvre les portes du bureau ministériel. Un appel suffit. Et les rendez-vous se prennent sans délai. « Quand le ministre recevait la Fédération bancaire française [l'organisation qui représente les banques], c'était comme Total, en seul à seul, se souvient un collaborateur de Bernard Cazeneuve au Budget. Dans ces cas-là, le meilleur moyen c'est de déjeuner. » Déjeuner, ou rendre une visite de courtoisie, ne serait-ce que pour rencontrer le nouveau ministre en poste. « À chaque fois qu'un ministre du Budget est nommé, on va le voir et on tente notre chance », revendique un grand banquier parisien. Il vient muni de sa tablette numérique, sur laquelle il a listé les sujets qui fâchent le secteur financier. De la taxe sur les salaires au droit du travail trop compliqué, en passant par l'impôt sur la fortune. Le grand patron nuance : « En général, on est écouté mais pas entendu. »

D'où la nécessité parfois, pour convaincre Bercy, de passer par l'Élysée. La fédération bancaire française ne s'est d'ailleurs pas privée de le faire sur des sujets comme la taxe sur les transactions financières, défendue par le président.

Le Medef, la référence

Si les banques accèdent facilement aux ministres et au chef de l'État, un autre acteur économique figure dans le répertoire des décideurs politiques : le Medef.

Quand il quitte le ministère de l'Économie, le 30 août 2016, Emmanuel Macron ne se contente pas de déclencher une tempête médiatique, de blesser le président de la République, ni de susciter l'espoir de ses partisans. Il pose aussi un vrai problème pratique au Medef. En effet, les patrons attendaient pour le lendemain l'intervention du ministre à leur traditionnelle université d'été sur le campus d'HEC à Jouy-en-Josas. Tous les ans, le représentant du gouvernement en charge de l'économie va clore le rendez-vous des chefs d'entreprise. Mais en cette année pré-électorale, cette tribune laissée à Emmanuel Macron, possible candidat à la présidentielle, faisait jaser. Et voilà que le ministre démissionne.

Alors que faire ? Annuler l'invitation ? Changer la forme de l'intervention d'Emmanuel Macron ? Lui prévoir un grand oral, comme celui des candidats à la primaires de droite ? L'intégrer dans une table ronde ? Avant d'annuler tout bonnement sa venue, le ministre démissionnaire échange jusque tard dans la nuit des textos avec Pierre Gattaz. Le patron du Medef a la ligne directe du ministre de l'Économie, et ça n'étonne personne, ni au gouvernement, ni au sein de l'organisation patronale.

« Au plan officiel, compte tenu de l'amplitude des domaines de compétence du Medef, on est sans doute l'institution la plus consultée, en quantité et en étendue. C'est une responsabilité importante. » Michel Guilbaud, le directeur général du Medef, nous reçoit au lendemain de ces universités d'été, dans son bureau parisien du septième étage de l'organisation patronale, murs foncés et moquette beige. « Il y a besoin de gens qui comprennent à la fois le privé et le public, développe le quinquagénaire. De gens qui jouent un peu ce rôle d'interface, de décodage, de lobbying au sens noble, d'expliquer le monde économique[1]. » Avec plus de trois millions d'entreprises en France, il faut bien que le ministère choisisse des interlocuteurs, et le Medef est donc le premier. Et pour cause : deux cent quarante-trois grandes entreprises emploient un tiers des salariés du privé ! Normal de s'adresser à leur porte-parole quand on entend agir sur l'économie. Au risque de négliger les autres représentants de l'économie réelle, comme les syndicats. Cette hiérarchie irrite le secrétaire général de FO : « Le patronat est plus entendu que les syndicats à Bercy, à l'Élysée aussi. » Il se reprend : « Mais ce n'est pas le patronat, c'est le Medef[2] ! » Bercy écoute donc plus le Medef que les représentants de PME et TPE, qui emploient davantage de salariés. Il le consulte plus que les artisans, les startups, les entreprises de l'économie sociale, les agriculteurs, les professions libérales. Une place de choix.

Le paquebot sollicite l'avis du Medef sur toutes les mesures concernant la fiscalité des entreprises. Et sur d'autres réformes, comme la loi travail. Dans la loi El Khomri, une partie des mesures contestées vient directement de Bercy. Elles devaient figurer dans la loi Noé, ou loi Macron 2, à laquelle le ministre doit renoncer fin 2015, sous pression du couple exécutif. Avant le couperet, pendant l'année 2015, le Medef travaille donc avec le cabinet du ministre sur plusieurs sujets : le plafonnement des indemnités versées par les prud'hommes aux salariés, et la mise en place d'un licenciement économique

1. Entretien avec les auteurs, le 1er septembre 2016.
2. Entretien avec les auteurs, le 29 avril 2016.

simplifié. « Les prud'hommes, ça vient beaucoup de nous mais avec un fort soutien de Macron, note un dirigeant patronal. Sur ces mesures, on avait un écho très favorable du côté de Bercy. » Mieux, Emmanuel Macron continue à porter ces sujets, même quand il se voit privé de sa loi.

Avoir le soutien du Medef peut se révéler utile pour un cabinet ministériel. Début 2015, la loi Rebsamen sur le dialogue social intéresse beaucoup le cabinet Macron, car il y est question des seuils sociaux, ce nombre de salariés à partir duquel les chefs d'entreprise se voient soumis à des obligations : mettre en place un comité d'entreprise, avoir une salle de repos… Ces paliers déplaisent aux patrons, qui les accusent de bloquer l'embauche. Le ministre de l'Économie tient à savoir comment avance la négociation sur le sujet, mais l'information circule peu entre lui et le ministère du Travail. Le cabinet du ministre compte donc sur le Medef – entre autres – pour le tenir au courant. Finalement la réforme des seuils n'aura pas lieu.

Contre toute attente, cette relation particulière entre le Medef et Bercy ne tient pas à la couleur politique. « Entre un gouvernement de gauche ou de droite, il peut y avoir une différence sur les arbitrages de fond, mais la qualité et l'intensité des échanges sont les mêmes », constate Michel Guilbaud, directeur général du Medef. Arnaud Montebourg lui-même, que l'on peut difficilement soupçonner d'indulgence envers les grands patrons, entretient avec l'organisation patronale des liens cordiaux. Il rencontre Pierre Gattaz régulièrement et noue même des liens d'amitié avec d'autres cadres du Medef, comme Jean-Claude Volot. À chaque fin d'été, l'industriel et le ministre dînent ensemble à la campagne. Le chef d'entreprise porte la plus grande estime au bouillonnant socialiste : « Un pragmatique, qui aime les gens. Même s'il a un côté adolescent attardé[1] ! » Un autre cadre du Medef se vante d'avoir prodigué au chantre de la démondialisation des conseils de bon sens sur le métier de ministre. En 2013, lors de la restructuration d'Alcatel il lui aurait soufflé une astuce : « Laisse-les dire qu'il y aura mille postes supprimés. S'ils te disent six cents, tu les laisse dire mille. Ensuite tu vas batailler et ils redescendront à six cents. Et on dira que grâce à toi, on a sauvé quatre cents postes. »

L'interaction s'organise aussi de manière plus formelle. La loi Sapin 2 sur la corruption en est l'exemple type. Le ministre annonce son texte, puis rencontre Pierre Gattaz. « C'étaient des sujets qu'on discutait déjà avec les fonctionnaires en charge de ça au Trésor », confie un cadre de l'organisation. Les réunions avec le cabinet se multiplient. Petit à petit, les conseillers dévoilent des bribes de mesures aux représentants patronaux, puis leur font parvenir des morceaux de texte au fil des arbitrages. « Il y a eu un énorme débat sur la transaction pénale », confie un négociateur patronal. Le Medef réclame cette mesure, qui permet aux entreprises soupçonnées de corruption de payer une amende pour éviter un procès. « Nous-mêmes, nous avons dû rédiger des choses avec des experts, des avocats et d'autres associations. Donc nous pouvions leur proposer un certain nombre de rédactions. »

1. Entretien avec l'un des auteurs, le 17 janvier 2014.

La discussion achoppe aussi sur le seuil à partir duquel une entreprise doit mettre en place des mesures anti-corruption. La loi les prévoit à partir de cinq cents salariés. Le Medef estime cela trop bas. Arrivent ensuite les arbitrages de Matignon. L'organisation se fait remettre une version de la loi, avant passage au Conseil d'État et à l'Assemblée, où le travail de lobbying va se déplacer. Dans la dernière version de la loi Sapin, figure la transaction pénale chère aux patrons mais le seuil, lui, reste en vigueur. Un parcours très balisé.

Entretenir les liens

Pour assurer tout au long des étapes du parcours, le Medef s'organise en escouade de spécialistes, dont certains affectés à Bercy. Deux directeurs généraux adjoints travaillent avec le ministère, l'un chargé des affaires économiques, l'autre de l'international et des dépenses publiques. À quoi s'ajoutent des spécialistes dont trois chargés des questions fiscales. « C'est comme si je gérais une équipe de consultants, qui sont chacun des experts de leur sujet », explique Michel Guilbaud, le directeur général du Medef. Les autres organisations patronales fonctionnent sur le même modèle. À l'Assemblée permanente de la chambre des métiers et de l'artisanat (APCMA), cinq ou six personnes se rendent régulièrement au ministère. Alain Griset, président de l'APCMA et de l'Union professionnelle des artisans, se déplace au paquebot toutes les trois semaines au moins pour rencontrer le ministre de l'Économie, des Finances ou du Budget. Des rendez-vous plus ou moins formels. « On peut déjeuner ou dîner avec un ministre, explique-t-il. On a plus de temps, c'est tout. On peut s'expliquer différemment. »

Les occasions de contact sont nombreuses. Alain Griset égrène la liste : « Des inaugurations, des manifestations, des assemblées générales. Il y a des ministres que je suivais systématiquement dans toutes leurs visites[1] ! » Le bon lobbyiste cale aussi son tempo sur les préoccupations du moment et le calendrier politique. En affûtant, bien sûr, ses arguments. « Il faut qu'on sache argumenter, parce que leur boulot à eux, c'est aussi de vérifier s'il n'y a pas un loup dans le texte qu'on propose, poursuit Alain Griset. Sinon ils le voient très vite... Vous ne tenez pas quatre ou cinq rendez-vous ! »

Quatre, cinq rendez-vous, voire plus, pour se faire entendre. Un groupe d'intérêt doit souvent insister. Fin 2015 sur la loi Noé avortée et partiellement intégrée ensuite dans la loi Sapin 2, le président de l'APCMA (et de l'UPA) multiplie les rendez-vous avec le cabinet du ministre. Plus d'un par semaine, rien qu'au mois de décembre ! Emmanuel Macron reçoit les artisans avec son armada de conseillers. Chacun maîtrise bien ses dossiers, mais le ton monte parfois au cours des réunions. Le ministre veut abaisser le niveau de qualification requis pour exercer certains métiers, une façon de favoriser la création d'entreprise. Les artisans refusent cette idée qui selon

1. Entretien avec les auteurs, le 26 avril 2016.

eux dévalorise leur savoir-faire. Cela donne des discussions parfois musclées.

— Nous essayons d'ouvrir les professions pour créer de l'emploi ! Dans beaucoup de cas les qualifications sont un frein…, argumente le cabinet du ministre.

— Mais regardez les coiffeurs ! On ne peut pas nier qu'il y a un lien direct avec la sécurité du consommateur, puisque vous allez mettre un produit sur les cheveux et que ça peut vous brûler ! Si un jour il y a un problème…

Derrière ces points de suspension lourds de sous-entendus, le représentant des artisans laisse clairement entendre que ses adhérents pourraient, en cas d'incident, attaquer l'État. Le ministre et son cabinet accusent réception et cherchent d'autres voies possibles. Finalement, les mesures intégrées dans la loi Sapin 2 changent très peu la situation d'origine sur les qualifications professionnelles. Elles prévoient seulement quelques dérogations.

Évidemment les stratégies déployées par les différents groupes d'intérêt pour convaincre Bercy ne marchent pas à tous les coups. Les organisations d'artisans portent depuis vingt ans l'idée de protéger les conjoints-collaborateurs. La femme du boucher, le mari de la boulangère, qui servent le client derrière le comptoir et risquent, si leur conjoint meurt, de se retrouver sans ressource. Aujourd'hui, le compagnon ou la compagne peut bénéficier d'une protection, mais seulement si l'artisan en fait explicitement la demande. La profession réclame une protection par défaut. « Quand on en parle à Bercy, ils ont l'impression qu'on veut faire la révolution, s'indigne Alain Griset, dans son vaste bureau parisien. Quelque part il y a toujours un mec, une fille, qui trouve un texte pour dire que c'est impossible. » À l'inverse, les victoires remportées à Bercy se révèlent parfois plus écrasantes que prévu. Avec l'épisode des Pigeons, les entreprises du numérique n'ont pas seulement préservé leurs deniers, si l'on en croit les acteurs du dossier : « Ce qui est intéressant c'est qu'on a fait évoluer quand même la perception des PME innovantes grâce aux Pigeons. On a été compris. Potentiellement, nous ne sommes plus les victimes d'une balle perdue. Les gens vont penser qu'il faut favoriser cette économie-là, plutôt vertueuse. » Ce que la secrétaire d'État au numérique d'alors, Fleur Pellerin, résume en quelques mots : « Ce n'est pas faux de dire qu'à cette occasion, Bercy a découvert l'économie numérique[1]. »

Le père des Pigeons dément tout lien avec les bonnets rouges et autres révoltes fiscales nées dans le sillage de la fronde en 2013. Il y en a un : la faculté de faire résonner son combat dans les médias, numériques ou télévisuels. Alain Griset, pourtant artisan taxi, regrette l'influence des conflits les plus spectaculaires sur les décisions gouvernementales. « Le fait que les taxis puissent en manifestant être reçus deux fois par le Premier ministre en une semaine… Il y a un tas d'autres corporations qui pourraient légitimement en réclamer autant ! De toute façon dans ce pays, c'est celui qui gueule le plus qui obtient le plus. Pour passer à la télé ou à la radio il faut tuer sa belle-mère ! » Manifestations plus ou moins chahutées, campagnes de publicité choc dans les journaux, pétitions…

1. Entretien téléphonique avec l'un des auteurs, le 9 octobre 2016.

Dans ce monde du lobbying, pas de règle. Pour se faire entendre, tous les moyens sont bons. À la différence de nombreux pays où le lobbying est plus formel, en France Bercy n'est pas tenu de consulter des organisations pourtant légitimes. Il peut d'ailleurs oublier. Rien n'oblige le ministère à communiquer ses projets aux organisations au fur et à mesure du processus législatif. Les choses se font au cas par cas, avec des interlocuteurs choisis selon des critères subjectifs. Une jungle que regrette Michel Guilbaud, le directeur général du Medef : « En France, il y a un règne de l'informel. Cela peut être vu comme un déficit démocratique. Cela favorise paradoxalement des organisations comme le Medef qui disposent d'équipes pour suivre les dossiers, mais ce n'est pas satisfaisant pour la transparence[1]. » Conséquence de ce fonctionnement informel, la prime va aux plus initiés, ceux qui savent précisément à qui adresser leurs demandes.

Identifier son interlocuteur

Ce 18 mars 2014, la nouvelle ne fait pas les titres de la presse généraliste, pas même un entrefilet. Mais sur le site Internet *Le Monde du Tabac*, l'information s'inscrit en lettre marron et noires, avec la plus grande précision. « Nouvelles fonctions pour Laurent Martel. Auparavant chargé du dossier du tabac à Bercy, Laurent Martel se voit confier la sous-direction des professionnels et

1. Entretien avec les auteurs, le 1er septembre 2016.

de l'action en recouvrement à la direction générale des finances publiques. » Bref, le conseiller fiscal de Bernard Cazeneuve au Budget rejoint la direction des impôts. Pas de quoi mobiliser les foules. Mais selon le comité national contre le tabagisme, la gérante du site *Le Monde du Tabac* est liée à la confédération des buralistes. Sûrement très intéressés, eux, de savoir à qui ils doivent adresser questions et récriminations. Le b.a.-ba du lobbying.

En matière d'interlocuteurs, il faut se méfier des fausses pistes. Au temps où Emmanuel Macron occupait le poste de ministre de l'Économie, les artisans ne se cachaient pas d'aller le voir directement. Lui, plutôt que des secrétaires d'État chargées de l'artisanat, jugées peu au fait de leurs dossiers et politiquement faibles. Dans l'immense Bercy, le parfait lobbyiste doit localiser ses opposants et ses alliés. Mais aussi le fonctionnaire ou le conseiller qui sera capable de l'aider. « Si vous ne connaissez pas le monsieur ou la dame du quatrième étage de la quatrième aile qui suit le dossier, vous êtes chocolat, explique Alain Griset, président de l'UPA. Il suffit que cette personne-là garde le dossier sous son coude et puis c'est terminé ! »

Et qui connaît le mieux Bercy ? Un ancien de la maison, voyons. Habilement, les organisations patronales recrutent donc les meilleurs experts du paquebot, ceux qui y voyagent depuis un certain temps.

Pour défendre l'intérêt des artisans à l'APCMA, Alain Griset a choisi comme directeur général François Moutot, énarque passé par la sous-direction de la TVA aux Impôts, et par la direction du Budget. « Quand on est en contact avec quelqu'un dans la maison, il y a une chance sur trois qu'à un moment il l'ait croisé », se félicite le représentant patronal. Le directeur général du Medef, Michel Guilbaud, vient lui aussi de Bercy. Il y a travaillé comme directeur de cabinet de Hervé Novelli, secrétaire d'État au Commerce et aux PME. Jusqu'à ce que la patronne du Medef, Laurence Parisot, repère ce « dircab » en mai 2010 pour ses qualités et son entregent. Et, très vite, le débauche.

Mais la technique la plus efficace consiste peut-être à faire les choses dans l'autre sens. Non pas à embaucher un ancien du paquebot mais à y placer l'un de ses lieutenants. L'un des spécialistes du genre s'appelle Guillaume Pepy. Le patron de la SNCF a recruté Florence Parly, ancienne secrétaire d'État au Budget, comme directrice générale déléguée. Mais il a aussi envoyé au Budget son ancien directeur de cabinet. Antoine de Rocquigny a servi Jérôme Cahuzac puis Bernard Cazeneuve, avant de revenir chez l'opérateur ferroviaire où il s'occupe aujourd'hui de la stratégie juridique et des finances.

Les allers-retours public privé

Les premières fois, il a été surpris, et peut-être un peu flatté. Puis il s'est habitué. Sur sa boîte mail, des propositions d'embauche dans des grands groupes privés. Ce jeune adjoint du Trésor fait partie des cerveaux convoités par les entreprises. Par mails, appels ou messages privés sur LinkedIn, « ils demandent à quoi on pense pour notre avenir professionnel. Quand ils ont repéré que tu connaissais bien ton business, ils n'hésitent pas à démarcher », explique-t-il, sans s'interdire de céder un jour à la tentation. Les profils de jeunes énarques du Trésor intéressent particulièrement les grands groupes. À moins de trente ans, leurs responsabilités sont déjà importantes, ils savent travailler vite et connaissent finement leurs secteurs. « Ce que j'ai appris à Bercy me sert tous les jours aujourd'hui, plastronne un trentenaire reconverti dans le secteur bancaire à Londres. D'ailleurs, la plupart de mes contacts, je les ai rencontrés quand j'étais au Trésor. » Derrière ces propositions d'embauche, peut se cacher une forme de lobbying par la promesse d'une belle carrière. Est-il possible vraiment d'aller contre les intérêts d'un secteur où l'on pourrait travailler demain ? Mais le départ vers le privé peut aussi bénéficier à Bercy. Il renforce, chez ces jeunes fonctionnaires, la connaissance du monde économique. John Palacin, ancien conseiller d'Arnaud Montebourg, le reconnaît : « La théorie de la respiration entre le public et le privé, j'ai longtemps cru que c'était uniquement de la propagande libérale. Puis j'ai changé d'avis. » Selon lui, face à un interlocuteur venu de l'entreprise, un fonctionnaire n'a pas toujours les clés pour comprendre, « même avec toute la bienveillance possible. L'économie bouge très vite. La capacité de compréhension et d'empathie est renforcée par un passage dans le privé[1] ».

« Ce n'est pas vrai que vous savez réglementer une activité tant que vous ne l'avez pas exercée. C'est du *bullshit* », estime cet ancien du Trésor, passé par un

1. Entretien avec les auteurs, le 21 juillet 2016.

cabinet ministériel avant d'exercer dans un fonds d'investissement. Il n'exclut d'ailleurs pas de revenir un jour dans l'administration.

Les experts

Le prestige du CV ou la vélocité intellectuelle ne sont pas les seuls atouts des cadres de Bercy. Les grands groupes recherchent aussi une connaissance précise de la loi. Surtout quand ce sont ces fonctionnaires qui ont créé cette loi. Ainsi le groupe Total a-t-il recruté comme directeur des affaires fiscales un ancien dirigeant de la direction de la législation fiscale à Bercy. Soit un des meilleurs experts des impôts. D'autres monnayent leur expertise en tant qu'avocats fiscalistes. Les failles de la loi n'ont pas de secret pour eux, le fonctionnement de l'administration non plus. Tel cet ancien dirigeant de la Direction de la législation fiscale (DLF), qui reconnaît « pouvoir obtenir des rendez-vous » et « savoir comment parler aux inspecteurs des impôts pour les convaincre ». Plusieurs fois pourtant, ses contacts dans l'administration lui ont répondu : « Vous n'êtes plus patron de la DLF ! » La limite entre l'expertise et le conflit d'intérêt est poreuse. La mécanique fiscale n'est-elle pas un secret industriel ? Dans le privé, une clause de confidentialité interdirait d'utiliser les petits secrets glanés dans son ancien job. Un familier de Bercy surenchérit : « Certains cadres de la législation fiscale ont monté des usines à gaz, avant de passer dans le privé pour expliquer, moyennant rémunération, comment s'y retrouver ! » Eux s'en défendent et voient là une pratique américaine mais pas française.

Certains de ces transferts du public vers le privé suscitent la controverse. À l'été 2016, Jean-Jacques Barbéris rejoint le groupe Amundi, une société de gestion d'actifs, filiale du Crédit agricole. D'après *Médiapart*, il touchera « environ quatre cent mille euros par an » dans ses nouvelles fonctions. Jusque-là, il était conseiller pour les affaires économiques et financières auprès de François Hollande, après avoir conseillé Pierre Moscovici au ministère de l'Économie. L'occasion est trop belle : l'opposition raille ce collaborateur de François Hollande « ami de la finance » et pointe un éventuel conflit d'intérêt. D'autant que Jean-Jacques Barbéris avait eu son quart d'heure de gloire, un an avant : costume gris et pochette violette, visage juvénile et allure sérieuse, il avait fait la couverture d'un numéro de *L'Obs*, consacré à la jeune garde dans l'ombre de François Hollande[1]. Face au procès en désertion, l'intéressé répond aujourd'hui à ses proches que « 0 % de [s]on activité concerne la France ». La loi interdit à un fonctionnaire ou à un membre de cabinet de travailler dans une entreprise s'il a été amené à la superviser ou à la contrôler au cours des trois années précédentes. En l'occurrence, la commission de déontologie n'a pas trouvé d'incompatibilité.

Pas plus qu'elle n'a adressé de reproche à Xavier Musca. L'homme a dirigé le Trésor, avant de devenir le secrétaire

1. « La jeune garde du président », *L'Obs*, le 4 février 2015.

général de l'Élysée sous Nicolas Sarkozy. À la défaite de ce dernier, en 2012, il part vers le secteur bancaire et devient directeur général délégué du Crédit agricole.

Autre proche de Nicolas Sarkozy, et ancien de Bercy, François Pérol a lui été poursuivi en justice pour « prise illégale d'intérêt ». Ex-numéro trois de l'Élysée, il était accusé d'avoir pris la tête du groupe Banque populaire-Caisse d'épargne après avoir supervisé la fusion entre les deux entités. Lors du procès, la procureure a évoqué « trente-neuf réunions à l'Élysée » à propos de ce dossier. Le tribunal a relaxé François Pérol en première instance, le 24 septembre 2015. Le parquet a fait appel.

Dans l'affaire Pérol, la commission de déontologie, théoriquement chargée de valider les départs dans le privé, n'avait pas été saisie. Pour protester, les membres de cette commission avaient d'ailleurs envisagé de démissionner collectivement, comme l'a révélé son président devant l'Assemblée nationale.

La commission de déontologie

« J'en garde un mauvais souvenir. C'était dur. » L'un des anciens fonctionnaires passés au tamis de la commission de déontologie se souvient : « Ils essayent de montrer que si on va dans le privé, c'est qu'on a été malhonnête dans l'administration. Ils vont chercher le vice très loin. Ce sont des préjugés, des procès d'intention. » Quelle est donc cette commission de déontologie ? Présidée par un conseiller d'État, composée d'un magistrat judiciaire, d'un magistrat de la Cour des comptes et de personnalités qualifiées, elle a rendu 1 061 avis en 2015 – concernant la seule fonction publique d'État. « La commission travaille avec des moyens bien modestes, pour ne pas dire dérisoires », juge Daniel Lebègue, le dirigeant de l'ONG Transparency en France.

Lorsqu'on prononce les mots « commission de déontologie » devant ce grand patron d'une entreprise publique, il esquisse immédiatement un sourire. « À côté de la plaque », semble dire son regard. Dans sa bouche, les mots sont plus châtiés : « Il y a des dizaines et des dizaines de décisions marquées par le conflit d'intérêt le plus absolu, qui ne sont jamais détectées par la commission de déontologie. Par exemple, si vous favorisez une entreprise, vous donnez un tuyau, vous faites du copinage, elle ne le voit pas. En revanche, dans beaucoup de cas, la commission interdit à des gens de partir dans le privé sans aucun fondement. Juste parce que cela pourrait paraître suspect. C'est la théorie des apparences. » Beaucoup de cas ? Pas tant que cela. Selon son rapport d'activité 2015, la commission a validé 80 % des dossiers, avec ou sans réserves. Dans 15 % des cas, elle s'est déclarée incompétente. Ce qui laisse une vingtaine de vetos, gardés secrets : les avis ne sont pas publics.

En matière de conflits d'intérêt, on revient de loin. Daniel Lebègue cite son propre cas pour le prouver. À la fin des années 1980, il est devenu directeur général de BNP, quelques semaines seulement après avoir siégé au conseil d'administration pour le compte de l'État.

« Moi-même, à l'époque ça m'a pas choqué, c'était courant. Aujourd'hui ça ne passerait pas, et à juste titre », estime l'ancien haut fonctionnaire de Bercy.

Si le privé draine de nombreux talents de la fonction publique, l'inverse existe également. Avec là aussi des questions. La brigade « VIP » des impôts, la DNVSF[1] a récemment recruté un ancien banquier de Londres. « Il en avait marre du manque de sens dans son métier », selon une source interne. Le cas d'un ancien de la Société générale recruté au cabinet de Michel Sapin suscite plus de difficultés. En août 2016, Thierry Aulagnon devient directeur de cabinet du ministre des Finances. Ce recrutement nécessite des aménagements. Dans une lettre interne, le ministre des Finances interdit à ses collaborateurs d'évoquer avec l'ancien banquier les dossiers liés à la Société générale. Afin, précise la lettre, de prévenir « tout risque de conflit d'intérêt ou toute interrogation sur de possibles conflits d'intérêt ». L'affaire Kerviel explique cette prudence. En vertu d'une disposition fiscale réservée aux entreprises victimes de fraude, la banque avait bénéficié d'un crédit d'impôt d'environ 2,2 milliards d'euros. Le fisc envisage récupérer une partie de cette ristourne.

Améliorer les règles de déontologie ?

Le cas Aulagnon l'illustre, les règles de déontologie restent encore largement perfectibles. Les retours du

1. Direction nationale de vérification de situation fiscale.

monde de l'entreprise vers le service public à Bercy demeurent encore une zone floue. Rien ne garantit que Martin Vial, ancien président de la Poste et mari d'une cadre dirigeante de la SNCF, traitera ces deux entreprises comme les autres, lui qui occupe aujourd'hui un poste de commissaire aux participations. Rien ne le garantit, sinon sa propre éthique. « Les passage du public vers le privé ou l'entreprise est codifié, confirme Éric Alt, vice-président de l'association de lutte contre la corruption Anticor. Mais du privé vers le public, c'est nouveau. Il n'y a pas de contrôle et le délit de prise illégale d'intérêt ne fonctionne pas dans l'autre sens[1]. »

Et même quand le mouvement se fait dans le sens Bercy – entreprises, la commission de déontologie se modère parfois elle-même sur les cas de dirigeants à plus hautes responsabilités, comme les directeurs de cabinet. Car plus les compétences et le pouvoir sont étendus, plus la déontologie limite en principe la possibilité de trouver un poste dans une entreprise. Mais appliquer strictement la règle, « ça reviendrait à interdire l'accès au secteur privé », résume le vice-président d'Anticor.

Pour garantir un fonctionnement déontologique du système, mieux encadrer les lobbies semble aussi indispensable. Les groupes d'intérêt eux-mêmes en conviennent. Formaliser les relations, introduire plus de transparence, voilà l'objectif. Car jusqu'à aujourd'hui seul un registre à l'Assemblée nationale répertorie quelques-unes des associations, organisations patronales ou fédérations

1. Entretien avec l'un des auteurs, le 14 août 2016.

désireuses d'influencer le pouvoir en place. « Dans la loi Sapin 2, il y a un registre national obligatoire pour être reçu dans une administration ou un cabinet ministériel », se réjouit Daniel Lebègue. Les lobbies devront s'enregistrer dans ce répertoire en ligne pour rencontrer les décideurs publics, y compris à Bercy. Ils devront dévoiler leur nom, celui de leurs clients, et transmettre des bilans financiers, sous peine d'amende ou de suspension. Mais la définition des représentants d'intérêts reste circonscrite à ceux qui font du lobbying leur activité principale ou régulière. Et les relations entre ces groupes et le ministère ne sont toujours pas codifiées. Les plus riches, les initiés et les plus installés n'ont guère de souci à se faire pour leur pré carré.

11.

La schizophrénie de l'État actionnaire

« C'est facile, c'est pas cher et ça peut rapporter gros ! » Ce vieux slogan du Loto, Régis Turrini croit pouvoir l'appliquer en arrivant à la tête de l'Agence des participations de l'État (APE) le 1er septembre 2014. Sur son bureau, au cinquième étage du bâtiment Colbert, il trouve une note signée du président de la République. L'ex-patron de fusions-acquisitions de Vivendi enfile ses petites lunettes. Il s'agit d'un ordre de mission en deux points : privatiser les aéroports de province et ouvrir partiellement le capital de la Française des jeux, maison mère du loto. La FDJ, publique à 72 %, rapporte gros au Budget de l'État, trois milliards en 2015. Mais l'État pourrait facilement vendre une partie du capital en restant l'actionnaire de référence. À la clé, un gain de trois cents à quatre cents millions d'euros et une modernisation de l'entreprise considérée à l'APE comme une belle endormie.

Régis Turrini met donc l'ouvrage sur le métier. Très vite, une réunion au sommet douche ses espoirs. Autour de la table, ministres, directeurs de cabinet, directeurs d'administration… Selon un témoin, le directeur du Budget prend la parole pour dénoncer le projet de privatisation de la Française des jeux : « Je n'étais pas présent au moment de la décision, le président de la République aura été mal conseillé. » Le haut fonctionnaire assure que l'on ne vendrait jamais la pépite FDJ à son vrai prix, que la tutelle de l'État garantit l'éthique de ce secteur sensible. La réunion accouche finalement du lancement d'une étude commune aux deux directions. Façon d'enterrer le sujet, un serpent de mer depuis des années. « On ne touche pas à la Française des jeux, c'est la vache à lait du Budget », analyse un ancien de la direction.

Cette histoire dit beaucoup sur l'État actionnaire. Les décisions prennent du temps, beaucoup de temps. Le coup de frein définitif sur l'opération Française des jeux intervient plusieurs mois après les premières démarches. Autre enseignement : l'État actionnaire n'est pas un, mais multiple. Bercy doit composer avec l'Élysée et Matignon, et même avec ses propres divisions. Les représentants de l'État incarnent souvent leur direction d'origine et non une position unique et définie. Cela donne des préoccupations contradictoires : sociales, pécuniaires, stratégiques et, parfois, personnelles. Des membres de l'APE reprochent encore au Budget d'avoir voulu rester maître de la « chasse gardée » où les anciens fonctionnaires de la direction peuvent se recaser.

L'État, actionnaire interventionniste

EDF, Orange, PSA, SNCF, Air France, Airbus, Renault, la Poste... quatre-vingt-une entreprises parent comme des joyaux la couronne de Bercy. Tout ou partie de leur capital est public, des 20 % de droits de vote d'Alstom, jusqu'aux 100 %, par exemple, du laboratoire pharmaceutique LFB Biomedicaments. L'État actionnaire a en fait trois bras : l'Agence des participations de l'État, mais aussi la banque publique Bpifrance et la Caisse des dépôts et consignations – indépendante, elle, de Bercy. « L'État actionnaire, c'est utile, explique le ministre des Finances Michel Sapin. Dans les entreprises stratégiques, énergétiques, les technologies pointues, c'est parfaitement légitime ! Beaucoup de pays agissent ainsi, y compris par la loi[1]. » Les États-Unis par exemple, ont nationalisé en 2008-2009 l'assureur AIG et le constructeur auto General Motors, pour les sauver.

Renault, Orange ou Airbus seraient-ils, eux aussi, au bord du crash ? Vu leurs résultats financiers, on peut en douter. Au sein du paquebot, les représentants de l'État actionnaire ne servent pas seulement de canot de sauvetage, loin de là. L'APE suit un code de conduite plus

1. Entretien avec les auteurs, le 27 septembre 2016.

large. Elle protège aussi les secteurs de souveraineté, préserve des opérateurs pourvoyant aux besoins fondamentaux (EDF, Areva) et développe et consolide des secteurs de croissance. Très large casquette. Qui peut rappeler celle d'un chef de gare.

En mai 2016, la SNCF tente de négocier un statut moins protecteur pour ses cheminots. L'entreprise sera d'ici 2020 soumise à la concurrence sur les lignes voyageurs. Elle veut réorganiser le temps de travail, rendre « plus efficace » l'organisation des 35 heures hebdomadaires, selon les mots du PDG de l'opérateur ferroviaire. Mais le gouvernement craint que les grèves perturbent l'Euro de football. Le weekend du 28 et 29 mai, l'État actionnaire reprend la main par l'intermédiaire du secrétaire d'État aux Transports. Syndicats et direction se retrouvent pour une réunion sous la houlette d'Alain Vidalies, mandaté par Manuel Valls. La présence de la direction de l'entreprise est symbolique. À la table de discussion siège bien Jean-Marc Ambrosini, directeur des ressources humaines de la SNCF. Mais le patron de la SNCF l'a envoyé sans mandat « pour faire le pot de fleurs », déplore un syndicaliste. Condamné à voir sans mot dire le gouvernement détricoter la tentative de réforme. À l'issue du weekend, l'entreprise doit reculer sur la plupart des points. « Bercy a tendance à se faire contrer par Matignon, qui réinjecte du politique », analyse un très proche du dossier. En effet, côté paquebot, les émissaires de l'État défendent l'ouverture à la concurrence et le changement qui doit, selon eux, l'accompagner. Une aile dure, à la direction du Budget, préconise même de laisser la SNCF s'effondrer financièrement. Changer son statut pour qu'elle puisse faire faillite. « Seul le chaos permettra la réforme », estiment les plus libéraux au Budget. En l'occurrence, ici, c'est une tentative de réforme qui a engendré le chaos. Tentative plutôt soutenue par Bercy et torpillée par le Premier ministre.

Quand Matignon n'intervient pas, l'Élysée lui-même peut s'en mêler. Il veut imprimer sa marque en particulier sur le choix des dirigeants, nommés directement en Conseil des ministres. Presque toutes les nominations passent sous les fourches caudines du président de la République, ou de son secrétaire général. Pendant le quinquennat Hollande, Jean-Pierre Jouyet lui-même fait parfois des suggestions appuyées. Cette volonté centralisatrice ne s'applique pas uniquement pour des chefs d'entreprise, elle concerne aussi les nombreux administrateurs ! La proposition de nomination émane donc des services de Bercy, remonte au cabinet, puis d'étage en étage jusqu'à l'Élysée. Une longue chaîne de validation où chaque maillon peut faire capoter un projet.

« L'État tend à intervenir sur des sujets mineurs, regrette Daniel Lebègue, ex-directeur du Trésor. Mais l'État n'a pas souvent de stratégie à proposer à telle ou telle grande entreprise publique. » En 2003 René Barbier de La Serre a créé l'Agence des participations de l'État pour mettre fin à « la confusion par l'État de ses différentes fonctions [qui] nuit à la gestion équilibrée des entreprises publiques ». Mais non, nous confirment nos interlocuteurs, l'APE n'a pas les mains libres. Le téléphone des représentants de l'État est leur fil à la patte. Ils reçoivent des instructions par texto même en plein conseil d'administration. « L'APE, c'est une direction de Bercy comme une autre, et non une agence, constate Régis Turrini, son patron de 2014 à 2015. L'État se mêle de tout[1]. »

L'État actionnaire peut peu

Les grands patrons de l'automobile font rugir leur salaire. Au printemps 2016, l'automobile va mieux, les rémunérations explosent.

Chez PSA d'abord. La marque au lion fait pourtant figure de bon élève depuis quelque temps. En février 2016, PSA Peugeot Citroën joue les premiers de la classe, et annonce avoir pris de l'avance sur son plan de relance. L'entreprise va verser une prime exceptionnelle de deux mille euros par salarié. Jusqu'ici, leur rémunération était gelée, un effort pour sortir leur employeur du rouge. Sauf que Carlos Tavares, président du directoire du constructeur, se sert bien, lui aussi : il a doublé sa rémunération en 2015, soit 5,24 millions d'euros annuels. Bond spectaculaire dans une entreprise au régime sec. Quelques jours plus tard, installé dans le studio rouge de la matinale de France Inter, Michel Sapin – d'ordinaire patelin – répond à une question d'Hélène Jouan, présentatrice de la revue de presse :

1. Entretien avec les auteurs, le 21 juillet 2016.

— Confirmez-vous que les représentants de l'État ont voté contre la flambée de ces rémunérations, et au final ça change quoi ?

— À votre première question, la réponse est oui [...] indique Michel Sapin. Nous avons souhaité que nos représentants votent contre. Qu'est-ce que ça change ? Si nous étions dans une entreprise où l'État possédait 30 %, 40 %, 50 %, cela aurait bloqué. Là, nous sommes dans des entreprises où nous avons 12 ou 17 %. Dans ces cas-là, si les autres actionnaires ne suivent pas, c'est ainsi que cela se passe. [...] Chacun le voit bien, c'est dommageable.

Les représentants de l'État votent contre une rémunération jugée trop élevée mais... ça ne change rien. Il faut expliquer ce paradoxe. Dans les entreprises majoritairement publiques, la Poste, EDF, ou Radio France, les patrons ne peuvent gagner plus de quatre cent cinquante mille euros par an, règle fixée par l'État. Dans les entreprises où l'actionnaire public reste minoritaire, il existe seulement une incitation. L'État encourage les chefs d'entreprise à baisser leur rémunération de 30 %, taux inspiré par la réduction que s'est imposée le président lui-même en prenant son poste. « Sur les salaires l'État est coincé, explique un ancien cadre de l'APE. Car il ne rentre pas dans un débat sur la bonne rémunération, pour quelle performance, et les sanctions nécessaires en cas d'échec. Il a juste un dogme. » Tenté de légiférer, le gouvernement a finalement préféré miser sur l'autorégulation des grands patrons. Insuffisant, apparemment.

Ce même printemps 2016, le schéma se reproduit chez Renault avec les 7,2 millions d'euros de Carlos Ghosn. Cette fois, la majorité des actionnaires s'oppose. Peine perdue, le conseil d'administration confirme dans la foulée le montant jugé mirobolant. Malgré le vote contre des représentants de Bercy. « Nous n'avons pas la majorité, admet Pascal Faure, directeur général des entreprises, l'un des représentants de l'État de la marque au losange. Être administrateur ce n'est jamais simple[1]. » Vu ces deux « accidents », on s'interroge sur l'utilité même de la présence de Bercy dans la gouvernance de ces entreprises. Pascal Faure, lui, paraît persuadé de son bien-fondé. « Renault a fait des accords de compétitivité, assez bons, et a rapatrié de la production en France. L'État en tant qu'administrateur a joué aussi dans l'intérêt de l'entreprise, il n'est pas schizophrène. »

Cet énergique haut fonctionnaire fait référence à ce qu'il considère comme un fait d'armes de l'État actionnaire : l'accord passé en 2013 entre les syndicats et la direction de Renault. Il prévoit des efforts du personnel, avec gel des salaires et postes non remplacés, en échange du maintien des usines en France. Au moment de la signature de cet accord, le ministre et ses services s'agitent en coulisses, reçoivent les syndicats. L'accord se conclut, avec des effets positifs et négatifs. La marque au losange fait bondir sa production de voitures « Made in France » mais les syndicats dénoncent aujourd'hui encore cadences infernales et pénuries de personnel. Les fonctionnaires de

1. Entretien avec l'un des auteurs, le 19 septembre 2016.

Bercy présentent toujours la manœuvre comme une réussite de leur maison. « Quand il y a eu des choix de site, l'État a veillé aux effets en emploi, en compétitivité du territoire », assure Pascal Faure.

Le ministère peut choisir de montrer les muscles plus ouvertement. Le 8 avril 2015, les deux ministres de Bercy publient un communiqué de presse difficilement compréhensible par le commun des mortels. Ils y annoncent « l'acquisition d'un maximum de quatorze millions de titres Renault (environ 4,73 % du capital) ». Leur objectif : contrer une résolution bientôt soumise au vote des actionnaires de Renault. Elle prévoit un refus des droits de vote double. La loi vient d'instaurer cette nouvelle mesure qui récompense les actionnaires de long terme car elle les autorise à peser doublement sur les décisions. L'État compte exercer ce droit mais les dirigeants de Renault n'en veulent pas. D'où cette opération de rachat, qui permet à l'État d'atteindre 23 % des droits de vote chez le constructeur. Assez pour imposer le vote double.

« L'État n'est pas un actionnaire naïf, de seconde catégorie », se justifiera plus tard le ministre de l'Économie dans la presse. Colère de l'omnipotent patron de la marque au losange. Mi-avril, le conseil d'administration extraordinaire prend une tournure fort désagréable. Les représentants de l'État se retrouvent en position de force, une situation qui irrite les autres administrateurs. « Nous étions seuls face à une quinzaine de mecs hystériques qui nous traitaient de tous les noms, assure l'un des émissaires de Bercy. Chez Renault le conseil d'administration et le management sont très anti-État. » Le 29 avril 2015, finalement, les actionnaires – dont l'État – rejettent la résolution voulue par le patron de Renault.

À l'achat des nouvelles actions, Emmanuel Macron avait promis de vendre au plus vite. Mais en septembre 2015 éclate le scandale des émissions polluantes truquées de Volkswagen. Les constructeurs auto font le yoyo en bourse. Impossible pour l'État de se délester de ses parts sans perte. Bilan de cette épopée : en 2016, l'APE détient toujours chez Renault ses 20 % d'actions, 26 % de droits de vote. Une puissance certaine, pas forcément appréciée par le patron de Renault-Nissan.

Savoir sans pouvoir

Gabegie, le terme s'emploie beaucoup aussi à propos d'Areva, champion du nucléaire français. Les comptes de l'entreprise plongent à cause d'investissements contestés et de retards sur le chantier du réacteur finlandais. Début 2015, les pertes atteignent cinq milliards et le fleuron autoproclamé du nucléaire frôle la faillite. Il annonce un plan social, quatre mille départs volontaires. Personne au ministère n'ignorait jusque-là la situation difficile d'Areva. L'État détient 87 % du capital en direct, *via* la Banque publique d'investissement, et surtout *via* le Commissariat à l'énergie atomique. Mais l'œil de Bercy dans les instances dirigeantes n'a pas permis d'éviter la catastrophe. Ce n'est pas faute d'avoir conscience du problème. À l'automne 2014, on l'a dit, Régis Turrini prend les rênes de l'Agence des participations de l'État.

L'homme au crâne lisse et au regard bleu rencontre celui qui préside alors le conseil de surveillance du groupe nucléaire. Grisonnant, abrasif, Pierre Blayau ne mâche pas ses mots : « cette boîte va mal », lâche le patron. Les nuages noirs s'accumulent : l'onde de choc Fukushima et l'arrêt du nucléaire dans plusieurs pays ralentissent l'entreprise ; le gaz de schiste introduit une concurrence nouvelle ; l'EPR, réacteur trop sophistiqué, se vend difficilement… Le ministre de l'Économie, Arnaud Montebourg, demande en vain la tête du président Luc Oursel. Il a ordonné dès juin 2013 à Pierre Blayau, proche de François Hollande, de superviser l'entreprise. « Vous êtes nommé président du conseil de surveillance, faut surveiller », lui a lancé Arnaud Montebourg à son arrivée.

Six mois plus tard, selon un ancien de Bercy, Pierre Blayau confie à Arnaud Montebourg que les comptes d'Areva sont truqués. Le ministre s'alarme. D'interminables discussions s'engagent sous la houlette de Bercy. Le ministère veut restructurer, Laurent Fabius, ministre des Affaires étrangères et créateur d'Areva, s'y oppose. En janvier 2016, l'Élysée valide un plan de renflouement de cinq milliards d'euros pour l'entreprise. Quand Bruxelles aura donné le feu vert, le contribuable va donc payer. Dans ce plan, EDF doit racheter les réacteurs d'Areva, ce qui sera fait mi-novembre 2016 avec la signature du contrat. Il aura fallu près de deux ans.

État au courant, mais État longtemps impuissant… Pour autant, en l'occurrence personne ne remet en cause la présence de l'actionnaire public au sein d'une activité aussi cruciale pour la sécurité du pays. Plusieurs représentants de Bercy estiment au contraire que l'État devrait être plus présent encore. « En toute logique, analyse Régis Turrini, patron de l'APE au pire moment d'Areva, il faudrait nationaliser l'entreprise, mettre en régie, en refaire un atelier d'État. Ça coûterait certes de l'argent mais on essaierait au moins de gérer autrement. »

Côté dirigeants, le président du conseil de surveillance, Pierre Blayau, mène une vie infernale à Luc Oursel. Le patron tombe malade et doit quitter son poste en octobre 2014. Matignon pousse Pierre Blayau vers la sortie quelques mois plus tard. Sans qu'à Bercy, on sache vraiment pourquoi. « Du jour au lendemain d'un coup, plus de Blayau », s'étonne un témoin. Aux problèmes stratégiques et conjoncturels s'ajoutent donc des problèmes d'hommes, et de femmes, car Anne Lauvergeon, présidente historique des années 2000, se trouve elle aussi sous le feu des critiques pour ses choix hasardeux. Un ancien cadre de l'APE attribue la débâcle Areva à ce qu'il qualifie d'un « ego trop délirant de Luc Oursel et Anne Lauvergeon. La boîte vivait au-dessus de ses moyens », assure ce bon connaisseur. « Avec l'État actionnaire, soit les patrons reçoivent des ordres changeants, soit ils confisquent le système comme l'a fait Lauvergeon », persifle un ancien de Bercy, lui-même dirigeant d'entreprise publique.

Dur dur d'être un patron d'entreprise publique. En tout cas, avec l'État comme observateur, critique ou soutien, ces dirigeants ne disposent pas des mêmes moyens d'action que les autres. À l'image de Jean-Bernard Levy, chez EDF, propriété de l'État à 85 %. Cheveux blancs, inaltérable mine avenante, depuis que le PDG dirige l'opérateur public, il écume les médias pour réclamer qu'on l'autorise à augmenter ses tarifs. Impensable pour un patron « classique », maître de ses prix. Mais EDF a beau agir dans un marché ouvert, pour vingt-huit millions de foyers, ses prix sont déterminés en fonction des calculs de la Commission de régulation de l'énergie (CRE). Elle fait ses préconisations selon les prix du marché et les coûts d'acheminement. L'État suit, ou pas, par décret du ministère de l'Énergie et non de Bercy. « Le PDG d'EDF, apparemment puissant, n'a pas de pouvoir, c'est un métier de lobbyiste, un métier très politique », interprète un ancien directeur de l'APE. S'ajoute à cela, on l'a vu, le devoir de voler au secours d'Areva, l'interdiction de couper brutalement dans les effectifs et l'obligation d'investir pour le projet Hinkley Point au Royaume-Uni, ou pour prolonger la vie des centrales nucléaires. En aparté, un ex-ministre de l'Économie ne se prive pas de critiquer : « On tue EDF par des décisions contradictoires ! » Pourtant Jean-Bernard Levy se départ rarement de son petit sourire. Car face au politique parfois inconstant et divisé, il a l'avantage de la continuité. « Si Jean-Bernard Levy avait voulu planter le projet Hinkley Point, il aurait pu, assure un autre ancien de l'APE. Il serait venu voir l'État avec un dossier sous le bras en disant que c'était une connerie, et l'État n'aurait rien pu faire. »

La plus grande force du patron d'entreprise publique ou semi-publique réside sans doute dans les contradictions de son actionnaire, capable d'inertie, mais peu de décision. Le prédécesseur de Jean-Bernard Levy chez EDF, Henri Proglio, en sait quelque chose. Réputé proche de Nicolas Sarkozy, il suscite l'hostilité du nouveau président. François Hollande n'en veut plus mais ne prend aucune mesure radicale pour s'en débarrasser. Commencent alors à filtrer dans la presse des informations gênantes pour Henri Proglio. L'inspection des finances, un service de Bercy, enquêterait contre le patron d'EDF, soupçonné de s'être engagé avec son homologue chinois dans le dos d'Areva. « Finalement, l'État a utilisé *Le Canard enchaîné* pour le déstabiliser au risque d'affaiblir l'entreprise dont il était propriétaire, s'indigne un connaisseur du dossier. Les informations venaient forcément de l'intérieur de l'État. Je n'appelle pas ça un actionnaire puissant. » Henri Proglio ne partira qu'à la fin de son mandat en octobre 2014.

État divisé encore, quand au sein des conseils d'administration d'entreprises publiques la direction du Budget, celle des Entreprises et celle du Trésor sont tentées d'adopter des points de vue divergents. « Il faut parfois faire des réunions préalables pour faire arbitrer la position de l'État. Encore faut-il ensuite que les gens veuillent bien la tenir », raconte, exaspéré, un ancien de l'APE.

Mais même cette position unifiée au conseil d'administration n'empêche pas les réunions de tourner parfois à l'absurde. « Pour l'État, le conseil d'administration, c'est un truc pour faire du théâtre avec les syndicats », déplore un ancien de Bercy. Dans les entreprises qu'il contrôle, l'État actionnaire ne dispose en général que d'un tiers des sièges au conseil d'administration, une position de faiblesse. Les représentants du personnel en occupent un tiers, le reste doit revenir à des personnalités indépendantes, pour rassurer les investisseurs. Cela donne des situations incompréhensibles de l'extérieur, comme sur le projet britannique de réacteur EDF à Hinkley Point. Jusqu'au dernier conseil d'administration de l'opérateur public, fin juillet 2016, l'Agence des participations de l'État ne peut avoir la garantie que le conseil va dire « yes » ! Une apparence de démocratie. Apparence seulement, car tout se joue souvent en coulisses, avant la réunion elle-même. « Si je sais que l'État va être battu dans un vote dans mon conseil d'administration, je ne mets pas la mesure au vote », confie un patron dont l'État est premier actionnaire.

Jacques Rapoport, directeur démissionnaire de SNCF Réseau, le gestionnaire des voies ferrées, a tenté en vain de supprimer la réunion préalable qui décide de tout avec administration et cabinets. Sans succès. « Ça veut dire que les autres membres du conseil d'administration, représentants du personnel, des collectivités, sont des potiches, explique un ancien cadre de la SNCF. C'est terrible[1]. »

Si la puissance des émissaires de Bercy est nébuleuse, leur expertise s'avère aussi fragile. « Personne n'occupe un poste plus de deux ou trois ans maximum, confie un ancien cadre de l'APE. Ce qui obsède les directions de Bercy, c'est être attractives à la sortie de l'ENA. Pour ça, il faut offrir aux jeunes le maximum de postes possibles

1. Entretien avec l'un des auteurs, le 16 juillet 2016.

dans le moins de temps possible. » Jouer les administrateurs pour le compte de l'État représente une sacrée responsabilité et une jolie ligne sur un CV. Moins jolie sans doute qu'un poste en cabinet, puisque l'Agence des participations de l'État a vu il y a quelques années passer un fonctionnaire qui est resté vingt-quatre heures seulement, avant d'intégrer l'entourage d'un ministre. Conséquence de cette valse rapide, le représentant de l'État actionnaire redécouvre tous les deux ou trois ans le dossier, et doit regagner le respect des autres administrateurs.

Même les règles de déontologie viennent aggraver ce manque d'expérience. Pour éviter les conflits d'intérêt, elles interdisent à un fonctionnaire de travailler dans une entreprise privée quand il a eu pour mission, dans les trois années précédentes, de les surveiller, de les contrôler, de conclure des contrats avec elles, ou de proposer des décisions les concernant. Par effet pervers, une partie de l'expertise se perd au passage. « Quelqu'un qui vient du secteur de l'énergie et est censé en être spécialiste, ne voudra pas suivre les dossiers EDF ou Areva, par exemple, car ça lui interdirait d'y travailler après, développe un ancien cadre de l'APE. Les ingénieurs de l'armement vont suivre des entreprises de l'énergie, les ingénieurs des Mines des entreprises de l'armement, pour éviter de se prendre les pieds dans la commission de déontologie. » Ces règles, évidemment indispensables, gênent aussi l'embauche des patrons de l'Agence de participations eux-mêmes. Le patron de l'APE, à la sortie, se voit interdire l'accès aux quatre-vingt-une entreprises du portefeuille ainsi qu'à toutes celles avec qui il a contracté, banques et cabinets d'avocats mandatés sur certaines opérations. « Le problème pour recruter ce sont surtout les règles de déontologie qui font qu'il est très difficile de retrouver un job après[1] » confirme Régis Turrini. L'exemple de David Azéma en témoigne. Le patron de l'APE, de 2012 à 2014, a dû refuser nombre d'offres d'emploi françaises et partir à Londres travailler pour la banque d'affaires Merril Lynch, avant de revenir dans l'Hexagone. La gymnastique annoncée à la sortie du poste peut dissuader beaucoup de bons candidats.

À cela s'ajoutent des directives parfois bien floues. « On ne vous dit rien clairement, on ne vous appelle pas forcément, ça suinte des murs », regrette un ancien de l'APE. Au point que Régis Turrini, ex-patron de l'APE venu du privé, a refusé pendant presque tout son temps à Bercy d'assister aux réunions interministérielles. Cette gouvernance difficile pousse les décisions de l'État actionnaire à traîner en longueur. Il a fallu un an et demi pour réorganiser le service en quatre directions sectorielles. Un an et demi, en pleine débâcle d'Areva, pour arriver à signer un protocole d'accord qui acte la cession des réacteurs du groupe à l'opérateur EDF. Un an et demi, une éternité, pour une entreprise en crise.

Dimanche 22 juin 2014. Arnaud Montebourg est satisfait. Certes, le ministre de l'Économie n'a pu empêcher l'américain General Electric de récupérer l'activité énergie de l'industriel Alstom. Mais selon les mots même du

1. Entretien avec les auteurs, le 21 juillet 2016.

Premier ministre on se trouve dans un « anti-Florange ». Manuel Valls a signé le mois précédent un « décret Alstom » qui permet de bloquer des rachats d'entreprises françaises par des investisseurs étrangers. Avec cette arme et l'appui de l'APE, Arnaud Montebourg a pu arranger à sa guise cette union qu'il ne souhaitait pas : Alstom récupère la branche signalisation ferroviaire de GE, la propriété intellectuelle des turbines nucléaires Arabelle reste dans le giron français, Alstom se constitue aussi des réserves financières *via* sa participation à des coentreprises avec GE. Surtout, en ce mois de juin, se conclut un accord avec Bouygues, un autre actionnaire d'Alstom. Le géant du BTP prête, en quelque sorte, ses parts dans l'entreprise, et Bercy décroche grâce à cette manœuvre 20 % des droits de vote. L'État devient actionnaire principal sans posséder une action, jusqu'à l'automne 2017. Avec tout ça, que pourrait-il bien arriver ?

« Ces 20 % sont symboliques, analyse aujourd'hui un acteur du dossier. Deux sièges sur dix-huit au conseil d'administration, ce ne sont que deux sièges sur dix-huit. » L'État semble pourtant bien sûr de lui. Très vite, des rumeurs de plan social circulent concernant l'usine de Belfort. Les syndicats s'en inquiètent auprès du ministre de l'Économie Emmanuel Macron, en visite sur le site en mai 2015. Il leur répond dans un courrier daté du 11 septembre 2015 et signé de sa main. Dans cette lettre, que nous nous sommes procurée, Emmanuel Macron s'engage sur le maintien de l'activité sur le site :

« Je tiens tout d'abord à vous confirmer solennellement mon engagement total pour l'avenir et le développement industriel de Belfort, dans ses deux composantes, transport et énergie. »

« Je tiens à vous rassurer sur le fait qu'il n'est aucunement question d'arrêter la fabrication des motrices de TGV à Belfort. »

En février 2016, le directeur de cabinet du même Emmanuel Macron reçoit les syndicats. Ils craignent cette fois pour le site de Reichshoffen (Bas-Rhin), fabricant des trains Intercités, ex-Corail. Alexis Kohler les rassure : le ministère a stoppé la restructuration prévue, pas de crainte à avoir.

Pourtant, le 7 septembre 2016, la direction d'Alstom annonce aux quatre cents salariés de Belfort la fermeture de l'usine historique. Ils iront travailler, s'ils le souhaitent, à Reichshoffen. Les deux représentants de l'État ont été avertis quarante-huit heures avant « sans délai de réaction », assure l'un d'eux. Ils n'ignoraient pas le manque de commandes dans certaines usines françaises d'Alstom, mais ne comprennent pas le tempo de cette décision : « Il y a des commandes jusqu'en 2018 ! »

La solution arrive le 4 octobre 2016, après des semaines de tractations, de manifestations, de réunions. Elle vient non pas de l'État actionnaire mais de l'État client, de l'État stratège. Le secrétaire d'État à l'Industrie, Christophe Sirugue, va jusqu'à Belfort en faire l'annonce. L'État sort le portefeuille et commande directement des trains pour passer le trou d'air : quinze TGV (quatre cent cinquante millions d'euros) sont commandés pour les lignes Intercités Bordeaux-Marseille et Montpellier-Perpignan. Les trains ne pourront rouler à la vitesse maximale – jusque-là rien de grave – mais coûtent aussi plus cher à l'achat et à l'entretien. La SNCF accélère des commandes et demande en plus une vingtaine de locomotives de secours (trente millions). Alstom, de son côté, s'engage à investir pour développer la maintenance à Belfort et diversifier l'usine. « Le site de Belfort est sauvé », se réjouit le Premier ministre. Bercy y a indubitablement mis du sien mais l'État, actionnaire principal, n'y a été pour rien.

Pire : selon le PDG d'Alstom, deux ans avant, un service de Bercy lui reprochait de ne pas restructurer assez vite ses usines. Dont l'une, selon les fonctionnaires, devait disparaître. D'un côté, des injonctions à se restructurer, de l'autre, une pression contre les fermetures de site. Pour le moins contradictoire !

L'État, actionnaire exemplaire ?

« Schizophrène », le mot revient dans la bouche de tous nos interlocuteurs quand il s'agit de qualifier l'État actionnaire. Un cliché, peut-être, mais il se justifie. Comme une hydre, l'État actionnaire agite ses nombreuses têtes dans des directions différentes. Il y a l'actionnaire qui veut valoriser son patrimoine. Le financier, qui veut récupérer de l'argent. Et puis le régulateur et le politique, parfois en porte à faux avec toutes ces aspirations, et souvent plus intéressé par l'emploi, le social, ou le désendettement. « L'État est mû par des injonctions contradictoires, explique un grand patron d'entreprise publique. La paix sociale à court terme OU la survie de l'entreprise à long terme. Le fait de recruter un PDG à Air France dans les limites de rémunérations fixées par l'État OU le fait que tous les grands patrons de la scène mondiale soient payés dix fois plus. Il y a aussi le fait d'acheter français OU de permettre à la compagnie d'acheter les matériels les moins chers. » Un vrai casse-tête. L'Agence des participations de l'État, censée jouer les juges de paix, y perd parfois son latin.

Un autre bon connaisseur de l'État actionnaire porte d'ailleurs un jugement assez critique sur les interventions publiques. Ramon Fernandez, ex-directeur général du Trésor, occupe aujourd'hui le poste de directeur financier chez Orange. Il nous reçoit dans son bureau moderne, dans les étages du siège parisien de l'opérateur, peu après l'échec du rachat de Bouygues par Orange. L'État faisait partie de la négociation. « L'État est complètement légitime à contrôler et diriger des entreprises qui sont dans un monopole public ou sur lesquelles il y a des enjeux de souveraineté nationale. Je pense que c'est beaucoup moins clair pour des entreprises en concurrence. On le ressent de plus en plus au fil des années. Le temps de l'État et des entreprises n'est pas toujours le même[1]. »

L'État actionnaire revendique une gestion de « bon père de famille ». Parfois le bon père de famille dissimule des secrets inavouables. Des dettes. Monstrueuses.

1. Entretien avec les auteurs, le 14 avril 2016.

Chez EDF par exemple. L'État se sert un milliard et demi d'euros de dividendes par an de la part de l'électricien, malgré la dette colossale de l'entreprise, plus de trente milliards. Le portefeuille a ses raisons que la raison ignore parfois. « J'ai été obligé de faire des choses que je n'avais pas envie de faire, soupire un ancien de l'APE. Voter pour la distribution de dividendes et contre l'intérêt de l'entreprise. Je n'ai pas le choix. L'État pense qu'EDF va bien et qu'on peut lui soutirer des milliards par an, je n'y crois pas. » Depuis les déboires du nucléaire en 2015, l'entreprise distribue cette manne non plus en liquide mais en actions. Façon de ne pas creuser sa dette. Mais face à cette politique, Daniel Lebègue, autrefois directeur du Trésor, ne décolère pas : « C'est absurde, pas un chef d'entreprise ne raisonnerait comme ça ! Le Trésor, l'APE, la BPI, ont pourtant la bonne formation pour gérer ça. Mais ce sont des sujets dont la politique s'empare[1]. » Cette dette d'une entreprise publique, le député Les Républicains Gilles Carrez la qualifie de « dette cachée ». Et pour cause, elle n'est pas intégrée dans les très symboliques plafonds des 3 % de déficit et 60 % de dette publique, établis par Bruxelles. Ni vu, ni connu.

À la SNCF, même combat. Il faut assurer la sécurité, améliorer la qualité de service, dans une enveloppe contrainte que Bercy rogne de 2 % par an, pour compenser la hausse mécanique des salaires. S'ajoute la pression des élus locaux qui réclament chacun leur gare.

1. Entretien avec l'un des auteurs, le 29 février 2016.

« C'est pour ça que Jacques Rapoport est parti », assure un ancien cadre de l'entreprise. Jacques Rapoport dirigeait SNCF Réseau, la partie du groupe SNCF consacrée à la gestion des voies ferrées. La partie la plus endettée. Il a quitté l'entreprise le 19 février 2016. Lui se défend d'avoir voulu protester contre ces injonctions contradictoires : « J'ai anticipé mon départ à la retraite d'un an, car la complexité du poste exigeait plus de visibilité, assure l'ex-patron. Ceci étant, l'absence de contrat de performance était pesant. » Le contrat de performance, cette feuille de route pluriannuelle, prévue par la réforme ferroviaire de 2014, n'est toujours pas mise en place à l'heure où nous écrivons. Impossible pour SNCF Réseau donc, de prévoir réellement à long terme. La direction du Budget à Bercy met bien en place une programmation sur trois ans, mais au sein même de ce service, on reconnaît que « le gouvernement n'en a pas vraiment conscience ». Autrement dit, rien n'est gravé dans le marbre. Ce décalage de tempo entre Bercy et les entreprises publiques qui agissent sur le long terme se traduit très concrètement. « Ça explique que pour un plan de relance ce ne sont jamais les projets ferroviaires qui passent en premier, note un bon connaisseur de la SNCF. Déclencher un projet routier prend deux mois, lancer une nouvelle ligne ferroviaire prend dix ans. »

Pendant ce temps, la dette ne cesse de se creuser, mécaniquement. La plupart des pays d'Europe subventionnent les investissements du rail, tandis que l'usager paie pour le fonctionnement des trains. Chez nous, l'État paie deux milliards par an pour l'investissement sur les voies. Sauf que les cinquante milliards d'euros de dette du groupe ferroviaire coûtent au groupe SNCF un milliard et demi d'intérêts chaque année. Pour parvenir à renouveler les voies, il faut donc encore plus s'endetter. « Bercy a raison, il faut qu'on soit plus efficace pour l'entretien, admet Jacques Rapoport, ex-patron de SNCF Réseau. Mais ce n'est pas à la mesure du problème sur nos voies ferrées vieillissantes, donc chaque année, on augmente la dette. » Au printemps 2016, quand Matignon met un coup d'arrêt à la réforme sociale explosive chez l'opérateur ferroviaire, il évoque l'idée de reprendre une partie de la dette dans le giron de l'État. Hypothèse totalement écartée à l'automne, dans le rapport du gouvernement présenté aux députés. *« Une reprise de dette, partielle ou totale, [...] aurait des conséquences pour les finances publiques »*, affirme le document que nous avons consulté. L'opération *« dégraderait le déficit de l'État, sans réel bénéfice sur le coût de la dette »*. Elle serait aussi *« porteuse d'un fort risque de contagion à d'autres entités publiques et pourrait ainsi affecter la qualité de signature de l'État français »*. Autrement dit nuire à sa crédibilité auprès des investisseurs. Voilà donc la SNCF coincée avec sa dette massive. « Cette dette relève de l'État, s'indigne Jacques Rapoport. Car il n'a pas apporté tous les financements nécessaires pour les investissements. La dette vient se substituer à des financements publics insuffisants. » Un ancien patron de l'APE confirme l'interprétation de l'ex-patron. « Cette dette en fait est garantie par l'État, sinon personne ne prêterait à SNCF Réseau, vu leurs comptes ! Depuis des décennies sur le secteur ferroviaire, le ministère du Budget fait de l'abus de droit. Il ment tous les jours aux Français sur la réalité de la dette française. » Sur ce sujet nous avons questionné le directeur du budget, Denis Morin. Lui se défend de toute manipulation : « Quand une entité a plus de recettes commerciales que de subventions – c'est le cas de la SNCF –, sa dette est hors Maastricht[1], détaille ce technicien de haut vol. Une partie de la dette ferroviaire compte dans la dette publique. »

Manipulation ou non, la lourde dette de la SNCF pèse sur ses performances et ses investissements. L'État a beau ne pas solliciter de dividendes sur l'entreprise, cet endettement nuit à la qualité du réseau. « C'est une boîte subclaquante, dramatise un ancien de l'APE. Des accidents de Brétigny il va y en avoir plein ! » Brétigny, où le 12 juillet 2013, un train Intercité Paris-Limoges déraille. L'accident tue sept personnes et en blesse une trentaine. Une pièce s'est détachée puis coincée dans l'aiguillage. Dès 2008, les inspections signalaient une fissure. Depuis, la maintenance du réseau SNCF est dans la ligne de mire. Maintenance complexe, au vu des moyens et du rythme imposés par l'État actionnaire. La direction du Budget a du coup renoncé à baisser les financements. « C'est faux de dire qu'il va y avoir plein d'autres Brétigny, rassure Jacques Rapoport. On procède à des ralentissements de trains sur les portions de voie les plus sensibles. » Quatre

1. C'est-à-dire non prise en compte dans les règles européennes établies par le traité de Maastricht : un déficit public inférieur à 3 % du PIB, une dette publique inférieure à 60 %.

mille kilomètres de voies où les rames roulent au ralenti, soit 10 % du réseau. À nous de vous faire préférer le train.

Il suffit d'observer le joli portefeuille d'entreprises de l'État actionnaire pour comprendre qu'il se trouve parfois au centre de conflits d'intérêt. Par exemple, Bercy s'occupe à la fois du groupe ADP, gestionnaire des deux aéroports franciliens, et d'Air France. Le premier réclame des redevances au deuxième. Ces redevances pèsent sur la compagnie aérienne qui n'a de cesse de dénoncer. L'État actionnaire privilégiera-t-il le groupe ADP qu'il détient à 51 % ou Air France, dont il est propriétaire à 18 % ? Prendra-t-il position contre lui-même ? Même type de conflit sur le financement de la navette CDG Express, liaison ferroviaire ultra-rapide annoncée pour 2023 entre la Gare de l'Est et l'aéroport Paris Charles-de-Gaulle. Augustin de Romanet, patron du groupe ADP, veut la voir financée par une taxe sur les billets d'avion. Air France, tout récemment sorti du rouge et encore en pleines turbulences, s'y oppose et suggère par la voix de son PDG – proche de François Hollande – un prélèvement imposé au gestionnaire d'infrastructure, riche de ses nombreux commerces. Oui, mais les actions que détient l'État dans le groupe ADP valent une quinzaine de fois celles qu'il possède chez Air France. Dilemme. Finalement, il y aura taxe sur les billets mais en 2014 seulement.

Dans ce système parfois ubuesque, l'Agence des participations de l'État doit faire la synthèse, incarner une position unifiée, trancher dans le meilleur intérêt de l'État et de ses entreprises. De quoi perdre la tête.

Un rapport du Sénat pointe en octobre 2015 les mauvaises pratiques du représentant de l'État actionnaire lui-même. Lorsqu'elle cède des participations ou lorsqu'elle en achète, l'APE fait souvent appel à des banques d'affaires et des cabinets d'avocats ou d'audit. Leurs prestations s'élèvent à six millions d'euros en moyenne par an. Rien que de très classique. Sauf que ces marchés se passent généralement de gré à gré, sans appel d'offres ni mise en concurrence, affirme le Sénat. La rémunération des prestataires ne répond pas à des critères stricts. Bref, l'APE, dans ses marchés comme dans les médias, joue les discrètes.

Discrète, et même impénétrable lors de certaines nominations. Pourquoi donc Philippe Varin, ancien patron de PSA, se voit-il en 2015 propulser à la tête d'Areva, le géant nucléaire ? Il vient de l'industrie, certes, mais quel rapport entre le nucléaire et les automobiles ? Philippe Varin affiche un profil de redresseur d'entreprises qui sait faire des choix douloureux, mais est-ce un argument suffisant ? Selon nos informations, l'explication est à la fois plus terre à terre et plus surprenante. Quand Matignon chasse Pierre Blayau de la tête du géant nucléaire, Philippe Varin cherche une présidence et s'intéresse à l'industriel Safran. À Bercy, on apprécie l'homme, réputé avoir « joué le jeu » chez PSA mais on cherche aussi pour Areva un patron compatible avec Jean-Bernard Levy, PDG d'EDF, puisque les deux entreprises doivent travailler ensemble. « Philippe Varin est un copain de Jean-Bernard Levy, justifie un ancien de l'APE. Ils se connaissent, ils étaient dans la même promotion à polytechnique et ont joué au rugby ensemble. » Le patron de l'automobile se voit donc proposer un marché : Areva, ou rien. Il accepte.

Pourquoi rester actionnaire ?

« Il faudrait tout vendre ou tout nationaliser », rumine un ancien cadre de l'Agence des participations de l'État. Son ancien patron, Régis Turrini, use d'un langage plus modéré : « Parfois, garder des participations c'est de l'ordre du symbolique, du politique. Renault par exemple, c'est considéré comme un joyau de la couronne. » Reste à comprendre pourquoi Bercy laisse son argent et ses représentants dans des sociétés où il ne parvient pas toujours à se faire écouter.

Près de quatre milliards d'euros. Selon le rapport annuel de l'Agence des participations de l'État, ce montant correspond aux dividendes touchés par l'État en 2015 grâce aux résultats de ses quatre-vingt-une entreprises. En 2014, c'était un peu plus. EDF, Engie, Orange, le groupe ADP et La Poste représentant la plus grande partie de ces ressources qui chaque année viennent nourrir les finances d'un État affamé. Rester actionnaire correspond donc à l'intérêt financier bien compris de Bercy.

Sauf que la valeur des participations, elle, fond. Elle a diminué d'un quart en un an, d'avril 2015 à avril 2016.

Les difficultés de l'énergie ont plombé le portefeuille de l'APE. Les parts détenues dans Airbus, Renault ou PSA ont permis d'éviter le pire. Mais combien vaut-il ce portefeuille ? Une soixantaine de milliards ? Difficile à évaluer en réalité, si l'on en croit cet ancien patron de l'APE. « Les indicateurs imposés par le Parlement ne veulent rien dire, on additionne des choux et des carottes. La partie chiffrée de notre rapport annuel ne correspond à rien, et ça oblige à trouver un sous-traitant pour mouliner les chiffres, car à Bercy, la comptabilité privée n'est pas une spécialité. » Impossible de savoir si l'État réalise une plus-value. « On ne sait pas combien valait le portefeuille à l'origine, ni combien il vaut aujourd'hui », résume notre spécialiste. Plus de soixante milliards d'euros, cela correspond à la valeur des actions, mais si Bercy décidait de les vendre toutes en même temps, cela ferait chuter la Bourse, et elles lui rapporteraient beaucoup moins.

Sans compter que pour Bercy, vendre des participations semble très compliqué. Peur de choquer les partisans les plus farouches de l'État actionnaire, peur qu'une fermeture d'usine ou un plan social ne soit annoncé juste après la cession de titres, peur aussi de ne pas vendre le jour où la transaction rapporte le plus d'argent à l'État.

Les patrons successifs de l'APE ont essayé sans succès de se délester d'une petite partie d'EDF, pour récupérer de l'argent frais. « L'État détient plus de 80 %. Or, à 51 % on dispose du même nombre de sièges ! » s'exclame l'un d'entre eux. « On ne peut pas s'en détacher, on risque de fâcher la CGT », grince un autre. Quoi qu'il en soit, l'État ne peut descendre sous les 70 % de participation dans EDF, c'est la loi.

L'État reste parfois actionnaire pour des raisons discutables. Par exemple, parce que les entreprises fournissent des débouchés aux jeunes recrues de Bercy. Mais il existe aussi des raisons bien plus défendables, quand un champion tricolore se trouve en danger de mort.

Le 12 juillet 2012, éclate le premier gros dossier social du quinquennat Hollande. Après des mois de rumeurs, le groupe automobile PSA annonce au cœur de l'été huit mille suppressions d'emplois et la fermeture de son usine d'Aulnay-sous-Bois. Mais ce symbole désastreux déclenche les foudres du ministre du Redressement productif. Arnaud Montebourg accuse les actionnaires dans la matinale de Patrick Cohen sur France Inter : « Nous avons un vrai problème sur la stratégie de Peugeot. » S'engage un bras de fer pour le reclassement et l'accompagnement des salariés. Personne ne peut empêcher PSA, entreprise privée, de mener sa stratégie. Sauf que le constructeur automobile perd toujours de l'argent. La Banque PSA, en difficulté, risque de ne plus pouvoir emprunter d'argent sur le marché et financer ainsi les achats d'automobiles. PSA n'a d'autre ressource que d'appeler l'État au secours. Le gouvernement propose une garantie à hauteur de sept milliards d'euros. Pas d'argent déboursé mais un message rassurant pour les investisseurs. « Donnant, donnant », réclame alors le ministre du Redressement productif. Il veut la promesse qu'aucun salarié de PSA ne se retrouvera à Pôle emploi et il exige un droit de regard de l'État dans les instances dirigeantes de l'entreprise. Chose acquise à la fin de l'année 2012 : le grand industriel Louis Gallois entre au conseil de surveillance. « L'État a probablement sauvé le groupe, lorsqu'il a accordé sa garantie à la banque PSA, analyse aujourd'hui le grand patron. Sinon toute l'entreprise risquait d'être entraînée dans les difficultés de refinancement de la banque. Elle aurait passé l'arme à gauche. L'intervention de l'État me paraît là à la fois légitime et très utile[1]. »

La deuxième étape de ce sauvetage intervient en février 2014. PSA continue de perdre de l'argent et son partenaire américain General Motors le lâche. Robert Peugeot toque à la porte du paquebot. Il propose à Bercy de devenir actionnaire du constructeur, conjointement avec le chinois Dongfeng. Une façon de stabiliser l'entreprise tricolore. Beaucoup de fonctionnaires inquiets pour leurs deniers refusent d'envisager cette solution. Mais David Azéma, le commissaire aux participations, dispose d'une belle trésorerie : il vient de céder 1 % d'Airbus Group, pour quatre cent cinquante millions d'euros. Les équipes de l'APE se prennent au jeu. Le 18 février donc, Dongfeng, l'État français et PSA signent un protocole d'accord. Ils rachètent à deux 14 % du constructeur. La famille Peugeot perd le contrôle du groupe. Un mois plus tard, Louis Gallois, soutenu par les représentants de l'État, devient président du conseil de surveillance.

Tancer PSA un jour, le soutenir le lendemain, comment expliquer l'attitude d'Arnaud Montebourg vis-à-vis

1. Entretien avec les auteurs, le 18 mai 2016.

du constructeur ? « Je suis le même, je ne suis pas divisible, s'explique aujourd'hui l'ex-ministre. C'est normal qu'on tape sur la famille PSA qui a coulé une boîte qu'il a fallu sauver à coups de nationalisations partielles et de soutien à des niveaux jamais égalés... Je ne vois pas pourquoi j'aurais dû faire l'économie de cette expression[1]. » Sévérité justifiée sur le fond, même selon son prudent directeur de cabinet de l'époque, Stéphane Israël : « Ce que je constate, c'est qu'Arnaud Montebourg a mis en cause la gouvernance et que la gouvernance a été renouvelée, donc il y avait manifestement une difficulté[2]. » Tous nos interlocuteurs s'accordent en tout cas, la prise de participation de l'État, elle, était justifiée.

Pouvoirs : peau de chagrin

Depuis des décennies, quand un commissaire aux participations arrive à son poste à Bercy, il a au moins une mission claire : réduire la voilure des participations de l'État. Sous le gouvernement Jospin, de grandes entreprises quittent le giron public (Crédit Lyonnais, CNP, GAN...), d'autres ouvrent leur porte au privé (France Télécom, Air France, Autoroutes du Sud...) Plus récemment, Bercy vend les aéroports de Nice et de Lyon et il ne cesse aujourd'hui de répéter que sa vocation est de céder une partie des actions acquises chez Renault.

1. Entretien avec les auteurs, le 5 avril 2016.
2. Entretien avec les auteurs, le 17 avril 2014.

« Le gestionnaire des participations publiques est aujourd'hui l'ombre de lui-même par rapport aux années 1990. C'était une compétence majeure du ministre des Finances[1] », regrette le député et ex-ministre de Bercy Hervé Gaymard.

Cela exige parfois de revoir la loi. Pour Engie (ex-Gaz de France), l'APE a obtenu que les parlementaires rabaissent le plancher des participations de l'État à 33 %. L'occasion de vendre 0,5 % du capital et de récupérer quelques centaines de millions d'euros. « Il faut vendre pour pouvoir acheter », résume un bon connaisseur. Et l'APE a besoin de cet argent pour venir au secours de ses entreprises du secteur de l'énergie.

Si l'État réduit volontairement sa voilure, c'est aussi pour réduire son déficit et sa dette. À plus ou moins bon escient. Un représentant de l'APE s'en ouvre un jour au ministre des Finances, Michel Sapin :

— Vous me dites de vendre, mais cela a-t-il un sens de vendre des actifs qui rapportent 4 à 5 % par an, alors qu'on s'endette à des taux très bas, voire à 0 % ?

— Vous n'avez pas tort, lui répond le ministre. Mais ce n'est pas de la finance, c'est de la politique. On se désendette.

Le désengagement de l'État dans ses entreprises s'explique aussi par une forme de scepticisme sur l'efficacité de l'intervention publique. Que Régis Turrini, ex-commissaire aux participations, résume en quelques mots : « SNCF, GDF, EDF, Thalès, Safran, Renault… Je pense que si ces

1. Entretien avec les auteurs, le 11 mai 2015.

entreprises étaient totalement privées, elles seraient sans doute mieux gérées[1]. »

Menaces et persuasion

Des milliers d'entreprises en France, un peu plus de quatre-vingts dans le portefeuille de l'État… L'influence de Bercy s'arrête-t-elle aux portes de toutes les autres ? Certainement pas : « même quand l'État n'a pas au sens strict le pouvoir de l'actionnaire, on l'écoute. Il a le pouvoir d'influence », note Régis Turrini, parti travailler avec Patrick Drahi au sein du puissant groupe Altice. Car au-delà de l'État actionnaire, la puissance publique peut jouer d'autres cartes : l'État est aussi un client, un régulateur des tarifs de l'énergie, un facilitateur des prêts et de l'investissement…

Pas de pouvoir juridique mais un pouvoir symbolique, et un pouvoir de pression et de nuisance aussi. Dans l'affaire Mory-Ducros, Arnaud Montebourg tente de jouer sur toutes ces cordes. En France, le transporteur emploie cinq mille quatre cents personnes dans quatre-vingt-cinq agences. Il traverse une très mauvaise passe, jusqu'à se retrouver devant le tribunal de commerce en novembre 2013, avec dix fois plus de pertes que de chiffre d'affaires. « Dans un contexte normal, l'entreprise aurait été liquidée[2] », estime Fabian Tosolini, de la

1. Entretien avec les auteurs, le 21 juillet 2016.
2. Entretien avec l'un des auteurs, le 16 septembre 2016.

CFDT-Transports, un des acteurs clés du dossier. Mais les élections municipales se rapprochent et Bercy a déjà annoncé la couleur : pas question de laisser démanteler l'entreprise. Au tribunal de commerce de Pontoise, la justice annonce un délai pour trouver des repreneurs. En aparté, selon le syndicaliste, le président du tribunal lui aurait confié : « On a eu des ordres ! » Version démentie aujourd'hui par Arnaud Montebourg : « On ne fait pas de pression dans les affaires commerciales, assure le ministre. Mais j'avais monté avec Taubira une procédure d'intervention, où l'on donne par écrit la position du gouvernement, qui est lue par le commissaire au redressement productif et qui donne la position au procureur[1]. » Faute de candidat à la reprise, le ministre décide de négocier avec l'actionnaire principal du groupe, André Lebrun. Une nuit froide de janvier, Bercy convoque les fédérations syndicales du transport. Elles se réunissent dans un grand salon de l'hôtel des ministres. L'actionnaire se trouve aussi dans la salle, avec ses avocats, et des conseillers ministériels. Arnaud Montebourg arrive :

— Il faut trouver une solution, la procédure judiciaire se termine dans quinze jours ! Que fait-on ?

— Il n'y a pas d'offre de reprise, répondent les syndicats.

— La seule solution, avance un syndicaliste, c'est de relancer l'offre de M. Lebrun. Pourquoi ne pourrait-il pas conserver deux mille deux cents emplois ?

1. Entretien avec l'un des auteurs, le 22 octobre 2016.

— Deux mille deux cents ça paraît bien, admet Montebourg. Monsieur Lebrun, votre offre projette de garder mille huit cents salariés, que fait-on ?

— On ne peut rien faire, répond en substance l'homme en costume.

— Je vous propose d'aller discuter à côté, qu'en pensez-vous ?

Le ministre et l'actionnaire s'éclipsent dans une salle attenante. Une demi-heure plus tard, ils reviennent.

— Je fais une reprise à deux mille deux cents emplois, annonce André Lebrun.

— Je peux aller me coucher, je vous laisse finaliser l'administratif, enchaîne le ministre. Il est 5 h 30 du matin.

Le 6 février, le tribunal de commerce valide la reprise exceptionnelle d'une entreprise par son actionnaire principal. S'ajoute un prêt de l'État à hauteur de 17,5 milliards d'euros. Un à un au tribunal de commerce, les créanciers renoncent à leurs dettes. Deux mille huit cents emplois doivent maintenant être supprimés.

Une réussite de l'État pompier ? Un moindre mal ? Pas sûr. Les syndicats qui avaient validé le plan changent leur fusil d'épaule. Les organisations de terrain saisissent le tribunal administratif. Un an et demi plus tard, la justice annule les licenciements. Les salariés peuvent aller aux prud'hommes, et près de deux cents sont réintégrés de force dans la nouvelle société, ce qui alourdit les coûts. Le montant des indemnités pèse aussi. L'année suivante, Bruxelles ordonne à l'État de récupérer son prêt de 17,5 millions, considéré comme une aide d'État interdite. Il ne pourra pas le faire. Au printemps, la justice prononce la liquidation de la nouvelle entité. Les deux mille deux cents salariés auront gagné un an et demi de travail supplémentaire. Un délai à deux cent cinquante millions d'euros pour les finances publiques. « Oui mais sur Kem one [entreprise chimique, autre dossier du quinquennat], la reprise est une réussite », argumente l'ex-ministre du Redressement productif.

L'État très (trop ?) interventionniste peut coûter cher pour un résultat peu satisfaisant. Mais parfois à l'inverse, Bercy semble plier sans se battre ni négocier. Un patron de centre d'appels en contrat avec le groupe Altice ne se remet toujours pas de son rendez-vous avec le cabinet d'Emmanuel Macron et la direction générale des Entreprises. Le groupe de Patrick Drahi veut rompre son contrat en six mois. Le sous-traitant réclame en vain deux ans, pour s'adapter à la baisse d'activité. « La DGE a l'air énervée et inquiète, mais semble résignée, ils nous disent presque de faire du bruit pour nous faire entendre, raconte dépité le patron de centres d'appels. Le cabinet ministériel, lui, estime que c'est inadmissible, mais on dirait qu'ils ont du mal à avoir des moyens de pression car Patrick Drahi n'a pas de tabou. » Dans les couloirs de Bercy on a même entendu ce redoutable homme d'affaires dire au ministre que ne pas payer les fournisseurs fait partie de sa stratégie ! Une connaissance du magnat des télécoms confirme son caractère iconoclaste : « Drahi n'en a rien à faire, il n'est pas dans l'institution. » Sauf que le ministère dispose en l'occurrence d'autres moyens d'action que son pouvoir symbolique, selon le patron de centres d'appels. « La moitié des antennes relais se trouvent sur des bâtiments publics ! » À trop se croire impuissant, Bercy oublie parfois qu'il ne l'est pas.

Conclusion

Que retenir de ces déambulations dans les kilomètres de couloirs du ministère ? Que conserver de ces dizaines d'entretiens ?

Bercy concentre les blocages français. La bataille des egos, la division des périmètres ministériels, le turn-over incessant entravent l'action de long terme. La crise économique place Bercy au centre du jeu mais lui taille une image de père Fouettard, et lui fait parfois oublier les outils d'économie « positive ». Malgré les succès dans la lutte contre la fraude fiscale, la fiscalité garde ses zones d'ombre et ses instrumentalisations. Baigné dans l'idéologie libérale, le paquebot semble aussi s'ingénier à renoncer à ses pouvoirs, au profit de Bruxelles, des lobbies ou simplement du conformisme. L'administration et le politique communiquent difficilement, ce qui grippe la machine à idées. De tout cela, Bercy sort affaibli et moins capable d'accomplir sa mission première : réguler et stimuler notre économie.

Pourtant, nous avons rencontré au ministère des interlocuteurs investis, compétents, parfois brillants et fervents défenseurs de l'intérêt général. Nous avons ausculté une machine complexe mais rodée. Comment tirer parti de ces atouts ? Comment dépasser les blocages ?

Cette enquête nous laisse quelques pistes de réflexion, abondées par ceux qui ont eu la gentillesse de nous répondre.

Sur l'organisation du ministère : un ministre unique semble la solution idoine. Quand le cap du paquebot est fixé par plusieurs ministres, il n'est pas fixé. Un ministre de l'Économie et des Finances aux pouvoirs larges, aidé par des secrétaires d'État spécialisés (Budget, Artisanat...), semble l'architecture la plus cohérente.

Quel profil ? Mieux vaut un poids lourd politique qu'un technicien de l'économie. À de rares exceptions près, les ministres « techniques », économistes de formation ou chefs d'entreprise, ont été broyés par les rouages du pouvoir, pénalisés par leur méconnaissance des réseaux, affaiblis par leur manque d'influence politique. La compétence technique existe dans le ministère. Elle relève de l'administration. Encore faut-il gagner son respect et son estime. Maîtriser – un peu – les dossiers peut aider.

Certains évoquent les avantages d'un « spoil system », ce système des dépouilles américain qui permet de remplacer, à chaque alternance, les cadres de l'administration par des fonctionnaires proches du pouvoir. En réalité, cette possibilité existe déjà en France. Tous les directeurs des administrations centrales sont révocables en Conseil des ministres, chaque mercredi. Le « spoil system » systématique risque de provoquer une instabilité administrative dont les avantages ne sautent pas aux yeux. D'autant que l'instabilité ministérielle nuit gravement à Bercy : en moyenne, un nouveau ministre de l'Économie tous les quinze mois ! La prise en main d'une machine aussi complexe, la connaissance des dossiers et l'autorité sur l'administration demandent des durées plus longues.

Sur la machine de décision : il existe au sein de Bercy et dans l'ensemble de l'appareil d'État une culture du conflit. Le Budget affronte le Trésor, lui-même contesté par la DGE (Direction générale des Entreprises). Le ministre du Budget et ses collègues du gouvernement se livrent d'ardentes batailles budgétaires, y compris par médias interposés. Et le ministre de l'Économie dispute parfois à celui du Travail les mesures favorables à l'emploi. Le système mériterait plus de collégialité. Les directeurs d'administration regrettent de ne pas avoir de rendez-vous réguliers avec le ministre. De manière générale, Bercy gagnerait à remplacer la culture de l'arbitrage et de l'affrontement par celle du dialogue et de la co-construction, au sein de l'administration mais aussi entre ministres et fonctionnaires, entre Bercy et les autres ministères.

Sur les parcours bercyens : trop homogènes, ils ne permettent pas de diversifier la pensée. La France possède d'excellentes écoles en sciences sociales, de très bonnes universités. Pourquoi ne pas y recruter pour enrichir le ministère ? Embaucher dans le privé permettrait aussi d'oxygéner les services du paquebot et d'affiner leur vision de l'entreprise. Mais cela nécessiterait une réflexion plus poussée encore sur les parcours et les équivalences. La commission de déontologie doit aussi adapter ses règles à la mobilité du privé vers le public.

Voici quelques pistes, suggérées par nos nombreux interlocuteurs, pour rendre plus efficace ce ministère réputé pour sa compétence, mais entravé par son fonctionnement.

Au cours de cette enquête, nous avons aussi découvert une atmosphère. Celle du huis-clos formé par les bâtiments du ministère. Un monde qui s'apprivoise lentement, avec ses rituels. À l'entrée du ministère des Finances, nous avons pris l'habitude de vider nos poches (consigne vigipirate, aucune allusion à la fiscalité). Nous sommes devenus familiers des rendez-vous « à Colbert », dans des bureaux au numéro bardé de lettres et de chiffres.

Au sein du paquebot, des mots incongrus ponctuent les conversations : « antagoniser », « incrémental », « modulo » « challenger », « toutes apures », « commensurables », « archétypal », sont presque passés dans notre langage courant. À force de rencontrer des spécialistes de la comptabilité, des férus de la statistique, nous avons fini par nous y mettre aussi. Ce livre, en chiffres, c'est :

Entretiens : 80

Entretiens avec des femmes : 8 (malgré nos efforts)

Quelques milliers de calories dépensées au long des couloirs de Bercy

Nombre de pages d'entretiens : 663

Nombre de fois où les auteurs se sont perdus dans Bercy : 12

Nombre d'interlocuteurs qui affirment avoir créé le système des déclarations d'impôts pré-remplies (apparemment un fait de gloire) : au moins 12 – un jour on démasquera tous ceux qui se vantent.

Il y a enfin toutes ces citations que nous avons dû couper au montage. Derrière les grandes théories, surgissaient parfois des considérations plus personnelles.

« Il y a des grands ministres qui ont de tout petits pouvoirs. Ils pensent qu'il suffit d'arriver dans sa batmobile pour relancer la consommation, aider l'industrie, taper les Allemands à Bruxelles puis sauver une usine à Belfort… »

« Lui, [le ministre] il était redoutable. Il organisait des réunions en tête à tête à 7 h 30 du matin. Il se levait tôt, ce con ! »

Remerciements

Soient remerciés pour le temps qu'ils nous ont consacré : David Azéma, Jean-Jacques Barbéris, Jean Bassères, François Baroin, Clément Beaune, Bruno Bézard, Isabelle Braun-Lemaire, Gilles Carrez, Jean-David Chamboredon, Paul Chemetov, Nicolas Chouin, Isabelle Clap, Jean-François Copé, Laurent de Jekhowsky, Alexandre Derigny, Vincent Drezet, Christian Eckert, Laurent Fabius, Pascal Faure, Ramon Fernandez, Maïté Gabet, Louis Gallois, Hervé Gaymard, Alain Griset, Michel Guilbaud, Stéphane Israël, Alain Lambert, Daniel Lebègue, Axelle Lemaire, Marie-Christine Lepetit, Jean-Claude Mailly, Francis Mer, Arnaud Montebourg, Denis Morin, Pierre Moscovici, Xavier Musca, John Palacin, Nancy Pacchiani, Bruno Parent, Aurélien Pérol, Jean Pisani-Ferry, Jacques Rapoport, Anthony Requin, Luc Rousseau, Michel Sapin, Michel Taly, Jean-Luc Tavernier, Patricia Tejas, Fabian Tosolini, Régis Turrini, François Villeroy de Galhau, Jean-Claude Volot, Eric Woerth, et tous ceux – nombreux – qui n'ont pas voulu apparaître nommément, dont les témoignages nous ont été précieux.

Nos remerciements vont aussi vers nos collègues des rédactions de France Culture et France Inter. Merci en particulier pour leur bienveillance à Frédéric Barreyre, Jean-Marc Four, Angélique Bouin, Clotilde Dumetz, Bruce de Galzain et Ludovic Piedtenu.

Merci à Laurent Laffont pour sa confiance, à Isabelle Monnin et Jeanne Morosoff pour leurs conseils avisés.

Merci, enfin, à nos familles, à nos amis, à Antoine et à Pauline pour leur patience et leur soutien.

CET OUVRAGE A ÉTÉ COMPOSÉ
PAR PCA-CMB

ET ACHEVÉ D'IMPRIMER
PAR CPI FIRMIN DIDOT
POUR LE COMPTE DES ÉDITIONS J.-C. LATTÈS
17, RUE JACOB – 75006 PARIS
EN JANVIER 2017

N° d'édition : 01
N° d'impression : 139668

Dépôt légal : janvier 2017
Imprimé en France

PAPIER À BASE DE
FIBRES CERTIFIÉES

JC Lattès s'engage pour
l'environnement en réduisant
l'empreinte carbone de ses livres.
Celle de cet exemplaire est de :
846 g éq. CO_2
Rendez-vous sur
www.jclattes-durable.fr